古典文獻研究輯刊

二四編

潘美月・杜潔祥 主編

第 14 冊

先唐雜傳地記輯校
——地記輯校甲編
（第九冊）

王琳主編　江永紅、王琳輯校

國家圖書館出版品預行編目資料

先唐雜傳地記輯校——地記輯校甲編（第九冊）／王琳主編
江永紅、王琳輯校 -- 初版 -- 新北市：花木蘭文化出版社，
2017〔民 106〕
目 4+ 面 262；19×26 公分
（古典文獻研究輯刊 二四編；第 14 冊）
ISBN 978-986-485-001-3（精裝）
1. 藝文志 2. 唐代
011.08   106001871

ISBN-978-986-485-001-3

9 789864 850013

古典文獻研究輯刊
二四編　第十四冊　　　　　　　ISBN：978-986-485-001-3

先唐雜傳地記輯校——地記輯校甲編（第九冊）

編 校 者　王琳主編　　江永紅、王琳輯校
主　　編　潘美月　杜潔祥
總 編 輯　杜潔祥
副總編輯　楊嘉樂
編　　輯　許郁翎、王筑　美術編輯　陳逸婷
企劃出版　北京大學文化資源研究中心
出　　版　花木蘭文化出版社
社　　長　高小娟
聯絡地址　235　新北市中和區中安街七二號十三樓
　　　　　電話：02-2923-1455／傳眞：02-2923-1452
網　　址　http://www.huamulan.tw 信箱 hml 810518@gmail.com
印　　刷　普羅文化出版廣告事業
初　　版　2017 年 3 月
全書字數　451053 字
定　　價　二四編 32 冊（精裝）新台幣 62,000 元　　　版權所有‧請勿翻印

先唐雜傳地記輯校

——地記輯校甲編

（第九冊）

王琳主編　江永紅、王琳輯校

目次

第九冊

《湘中記》 晉羅含

　　《湘中記》，亦作《湘中山水記》、《湘川記》，東晉羅含所撰。羅含，字君章，桂陽耒陽（今湖南省耒陽市）人，少有志尚，博學廣知，聞名鄉里。弱冠，州三辟不就，后官歷郡功曹、州主簿、征西參軍、官尚書郎、宜都太守、郎中令等職。含長於文辭，著有《湘中記》三卷、《更生論》、《答孫安國書》等。此書《隋書・經籍志》、《舊唐書・經籍志》、《新唐書・藝文志》均不著錄。《崇文總目》：「《湘中山水記》三卷，中散大夫桂陽羅含君章撰。」鄭樵《通志・藝文略》：「《湘川記》一卷，羅含撰。」尤袤《遂書堂書目》：「《湘中山水記》。」陳振孫《直齋書錄解題》：「《湘中山水記》三卷，晉耒陽羅含君章撰。范陽盧拯注。其書頗及隋唐以後事，則亦後人附益也。」《宋史・藝文志》：「《湘中記》一卷。」明代以後諸書無著錄，則應在其時亡佚。

衡山

　　衡山，遙望如陣雲〔一〕，沿湘千里〔二〕，九向九背。（《初學記》卷五。又見《北堂書鈔》卷一百六十、涵芬樓本《說郛》卷四、宛委山堂本《說郛》卷六十一，文字稍異。）

　　〔校記〕

　　〔一〕《北堂書鈔》引至此句。

　　〔二〕沿，宛委山堂本《說郛》作「沿」。

　　衡山有玉牒，遙望衡山如陣雲。（《太平寰宇記》卷一百一十四）

　　另存文字差異較大者，錄於下：

　　衡山九疑，皆有舜廟。遙望衡山，如陣雲，沿湘千里〔一〕，九向九背，乃不復見〔二〕。（《藝文類聚》卷七。又見《太平御覽》卷三十九，文字稍異。）

　　〔校記〕

　　〔一〕沿，《太平御覽》作「沿」。

　　〔二〕此句下，《太平御覽》作「有玉牒焉」。

衡山有玉牒，禹案其文以治水。遙望衡山如陣雲，沿湘千里，九向九背，
迺不復見。（《後漢書·郡國志》李賢等注）

九疑山

九疑山〔一〕，在營道縣，九山相似〔二〕，行者疑惑，故名「九疑」〔三〕。（《藝
文類聚》卷七。又見《太平御覽》卷四十一、涵芬樓本《說郛》卷四、宛委山堂本《說
郛》卷六十一，文字稍異。）

〔校記〕

〔一〕山，宛委山堂本《說郛》無。

〔二〕「九」上，宛委山堂本《說郛》有「與」。

〔三〕此句，《太平御覽》作「因名九疑」，《說郛》作「故名之」。

另存文字差異較大者，錄於下：

山有峰，差玄相隱映。九峰狀兒相似，行者疑之，故曰九疑也。（《類要》
卷二）

九疑山，在營道縣，北有峰參差，互相隱映，九山相似，行者疑惑，故
名「九疑」也。（《輿地紀勝》卷五十八）

湘水

湘水至清，雖深五六丈〔一〕，見底了了〔二〕，石子如樗蒲矢〔三〕，五色鮮
明〔四〕，白沙如霜雪〔五〕，赤岸如朝霞〔六〕。（《藝文類聚》卷八。又見《太平御
覽》卷六十五、《類要》卷二、涵芬樓本《說郛》卷四、宛委山堂本《說郛》卷六十
一，文字稍異。）

〔校記〕

〔一〕雖，《類要》無。丈，涵芬樓本《說郛》作「尺」。

〔二〕「見」上，《類要》有「下」字。「了了」下，《太平御覽》有「然」字。

〔三〕矢，《類要》無，《說郛》作「大」。此句，《太平御覽》作「石子如樗蒲矣」。

〔四〕此句，《類要》無。

〔五〕沙，《說郛》作「砂」。霜雪，《太平御覽》作「雪」，涵芬樓本《說郛》引至此。

〔六〕如，《類要》作「若」。此句，宛委山堂本《說郛》作「赤岸若朝霞」。此句下，《太
　　平御覽》有「綠竹生焉，上葉甚密，下疏遼，常如有風氣」四句。

另存文字簡潔者，錄於下：

白沙如霜雪〔一〕，赤岸似朝霞〔二〕。（《太平御覽》卷七十四。又見《資治通
鑒》卷一百四十三，文字稍異。）

〔校記〕

〔一〕此句上，《資治通鑑》有「湘川」二字。

〔二〕此句，《資治通鑑》作「赤崖若朝霞」。

湘水之出於陽朔，則觴爲之舟；至洞庭，日月若出入於其中也。（《水經注》卷三十八）

湘川清照五六丈，下見底石如擟蒱矢，五色鮮明，白沙如霜雪，赤崖若朝霞，是納瀟湘之名矣。故民爲立祠於水側焉，荊州牧劉表刊石立碑，樹之於廟，以旌不朽之傳矣。（《水經注》卷三十八）

舜廟

衡山、九疑皆有舜廟。太守至官〔一〕，常遣戶曹致敬脩祀〔二〕，則如有弦歌之聲〔三〕。（《北堂書鈔》卷一百六十。又見《初學記》卷五、《太平御覽》卷三十九、涵芬樓本《說郛》卷四、宛委山堂本《說郛》卷六十一，文字稍異。）

〔校記〕

〔一〕官，《太平御覽》無。

〔二〕脩，《初學記》作「修」。此句，《太平御覽》、《說郛》作「常遣戶曹致祀」。

〔三〕此句，《太平御覽》作「則如弦歌之聲也」，涵芬樓本《說郛》作「則如聞弦歌之聲」，宛委山堂本《說郛》作「則如聞絃歌之聲」。

懸泉

衡山有懸泉〔一〕，滴瀝巖間，聲泠泠如絃音〔二〕；有鶴迴翔其上，如舞。（《初學記》卷五。又見宛委山堂本《說郛》卷六十一，文字稍異。）

〔校記〕

〔一〕此句上，《說郛》有「宿當軫翼，度應機衡，故曰衡山。山有錦石，斐然成文」五句。

〔二〕音，《說郛》無。

君山

君山有地道。（《初學記》卷八。又見宛委山堂本《說郛》卷六十一）

古城

楂渚對岸古城〔一〕，孫權遣程普所立。（《初學記》卷八。又見《錦繡萬花谷》後集卷六、宛委山堂本《說郛》卷六十一，文字稍異。）

〔校記〕

〔一〕楂渚，《錦繡萬花谷》作「橫渚」。岸，《說郛》作「㟅」。

南嶽

度應斗衡，位直離宮，故曰南嶽。(《方輿勝覽》卷二十三。又見同卷)

湘中俗

其地有舜之遺風〔一〕，人多純樸〔二〕，今故老猶彈五弦琴〔三〕，好爲《漁父吟》〔四〕。(《太平御覽》卷一百七十一。又見《太平寰宇記》卷一百一十四、《類要》卷二、《方輿勝覽》卷二十三，文字稍異。)

〔校記〕

〔一〕地，《類要》作「城」，《方輿勝覽》作「俗」。

〔二〕此句，《太平寰宇記》、《類要》作「人多純厚樸，士少官清」。

〔三〕此句，《太平寰宇記》作「今古老猶彈五絃琴」，《類要》作「今俗猶彈五絃琴」，《方輿勝覽》作「今猶好彈五弦琴」。

〔四〕好，《方輿勝覽》作「及」。《漁父吟》，《類要》作「《梁父吟》」。

漁父吟

涉湘千里，但聞漁父吟。中流相和，其聲綿邈也。(《太平御覽》卷三百九十二)

金牛岡

長沙西南有金牛岡，漢武帝時，有一田父牽赤牛，告漁人曰：「寄渡江。」漁人云：「船小，豈勝得牛？」田父曰：「但相容，不重君船。」於是人牛俱上。及半江，牛糞於船。田父曰：「以此相贈。」既渡，漁人怒其汙船，以橈撥糞棄水，欲盡，方覺是金。訝其神異，乃躡之，但見人牛入嶺。隨而掘之，莫能及也。今掘處猶存。(《太平廣記》卷四百三十四)

另存記述簡潔者，附於下：

赤牛渡江，糞金於沙中。舟人跡逐，至山不見，乃掘地求之。掘處尚存，謂之金牛岡。(《方輿勝覽》卷二十三)

五峰

山有五峯如蓋〔一〕。鄉人每歲占雪占豐年〔二〕，云：五蓋雪普，米賤如土；雪若不均，米貴如銀。(《方輿勝覽》卷二十五。又見《輿地紀勝》卷五十七，文字稍異。)

〔校記〕

〔一〕此句，《輿地紀勝》作「山有五峰，望之如蓋」。

〔二〕占雪占豐年，《輿地紀勝》作「以雪占年豐」。

秦皇

昔秦皇欲入湘觀衡山，而遇風浪，幾溺，至此山而免。（《方輿勝覽》卷二十九）

岣嶁山

岣嶁山有響石，如人共語，而不可解，但唱「岣嶁」，猶言「拘留」耳。
（《海錄碎事》卷三下）

祝融峰

祝融峰上有青玉壇〔一〕，方五丈，有蓋香峰行道處〔二〕。（《初學記》卷
八。又見《太平寰宇記》卷一百一十四、《類要》卷二、宛委山堂本《說郛》卷六
十一，文字稍異。按：《類要》所引冠以「羅含《朗中記》」，當是形訛所致。且其
闕文較多。）

〔校記〕
〔一〕峰，《說郛》作「峯」，下同。上，《太平寰宇記》、《說郛》作「山」。
〔二〕此句，《太平寰宇記》作「即仙人行道之所」。

郴縣

項籍徙義帝於郴而害之，今有義陵祠。又縣南十數里有馬嶺山，山有僊
人蘇耽壇。（《後漢書·郡國志》李賢等注）

石虎山

石虎山，在長沙縣。俗云，能食廩粟。昔長沙王吳芮時，倉廩耗少，截其
頭。童謠云：「長沙置市，五穀生石虎，截頭倉廩盈。」（《錦繡萬花谷》後集卷七）

衡山採藥者

永和初，有採藥衡山者，道迷糧盡，過息巖下〔一〕，見一老公、四五年少，
對執書〔二〕告之以饑〔三〕。與其食物〔四〕，如薯預〔五〕，指教所去。六日至
家〔六〕，而不復饑〔七〕。（《藝文類聚》卷八十一。又見《太平御覽》卷九百八十九，
文字稍異。）

〔校記〕
〔一〕息，《太平御覽》無。
〔二〕「見一老公」二句，《太平御覽》作「見一老公，與四五年少對坐執書」。
〔三〕此句，《太平御覽》作「告以饑」。
〔四〕其，《太平御覽》作「之」。

〔五〕薯蕷，《太平御覽》作「署豫」。

〔六〕六日，《太平御覽》作「五六月」。

〔七〕此句，《太平御覽》作「而不腹饑」。

石燕

石燕在泉陵縣〔一〕，雷風則群飛翩翩〔二〕。然其土人未有見者〔三〕，今合藥或用。（《太平寰宇記》卷一百一十六。又見《太平御覽》卷四十九、一百七十一，文字稍異。）

〔校記〕

〔一〕泉陵，《太平御覽》卷四十九作「零陵」。

〔二〕翩翩，《太平御覽》卷一百七十一無。

〔三〕此句，《太平御覽》卷一百七十一作「然其土人稀有見者」。《太平御覽》卷一百七十一引至此。

另存文字差異較大者，錄於下：

零陵有石燕，形似燕〔一〕。得雷風則飛，頡頏如眞燕〔二〕。（《藝文類聚》卷九十二。又見《太平御覽》卷九百二十二，文字稍異。）

〔校記〕

〔一〕燕，《太平御覽》無。

〔二〕頡頏，《太平御覽》作「鵠鴒」。

今燕不必復飛。（《水經注》卷三十八。按：此則，《水經注》作「羅君章云」）

五美水

五美水，在長沙縣東二十五里。光武時，有五美女居於此溪之側，後因爲名。（《太平寰宇記》卷一百一十四。又見《太平御覽》卷六十五）

甘泉

（愈泉）清泠甘美，故曰「甘泉」。人患疾，飲之立愈。（《輿地紀勝》卷五十七）

仙人壇

郴縣馬嶺山上有仙人壇。（《輿地紀勝》卷五十七）

話石山

常聞山間如人語聲，因號「話石山」。（《輿地紀勝》卷五十七）

馬嶺山

永興縣南有馬嶺山。蘇耽升仙之後，其母每來候之，見耽乘白馬飄然，故謂之「馬嶺」。（《輿地紀勝》卷五十七）

千秋水

（千秋水）出萬歲山，與溪合。故曰「千秋水」。（《輿地紀勝》卷五十七）

吳望山

（吳望）山，本名秦山，其水嗚咽如秦川〔一〕。當孫權未建號初〔二〕，山忽聲如雷，因開洞〔三〕。石上宛然有移文〔四〕，權以爲瑞〔五〕。（《類要》卷二。又見《輿地紀勝》卷五十八，文字稍異。）

〔校記〕

〔一〕「秦川」下，《輿地紀勝》有「瀧水」二字。

〔二〕當，《輿地紀勝》無。

〔三〕「洞」下，《輿地紀勝》有「穴」字。

〔四〕此句，《輿地紀勝》作「石有文采」。

〔五〕權，《輿地紀勝》作「孫權」。

另存文字稍簡者，附於下：

縣界有山，孫權未建號初，忽聲如雷，因開洞穴，石有文彩，權以爲瑞。（《太平寰宇記》卷一百一十五）

永陵

九疑，舜之所葬，爲永陵是也。秦皇、漢武皆望祀焉。（《輿地紀勝》卷五十八）

雲陽之墟

南嶽之東，雲陽之墟，可以避世。有松高百丈，圍數尋，可服餌。山腰有赤松壇。（《輿地紀勝》卷六十三）

斟溪

斟溪，西通江水，其穴若井，或涸彌年，或一日之間兩三盈〔一〕，一曰湘穴是也。（《太平寰宇記》卷一百一十七。又見《輿地紀勝》卷九十二，文字稍異。）

〔校記〕

〔一〕之，《輿地紀勝》無。

注湘水

有營水，有洮水，有灌水，有祁水，有宜水，有春水，有烝水，有耒水，有米水，有淥水，有連水，有瀏水，有溈水，有汨水，有資水，皆注湘。(《後漢書・郡國志》李賢等注)

另存文字有異者，錄於下：

營水、淝水、灌水、祁水、春水、永水、來水、米水、淥水、連水、倒水、溈水、伯水、資水〔一〕，皆注湘。(涵芬樓本《說郛》卷四。又見宛委山堂本《說郛》卷六十一，文字稍異。)

〔校記〕

〔一〕灌水，宛委山堂本《說郛》作「觀水」。倒水，宛委山堂本《說郛》作「瀏水」。伯水，宛委山堂本《說郛》作「汨水」。米水，宛委山堂本《說郛》無。

玉笥山

屈潭水左有玉笥山，道士遺言，此福地也。一曰地腳山。(《水經注》卷三十八)

酃湖

湘州臨水縣有酃湖，取水為酒，名曰酃酒。(《文選・吳都賦》李善注)

另存文字差異較大者，錄於下：

衡陽縣東有酃湖，釀酒醇美，所謂酃酒。晉平吳始薦酃酒於廟是也。(《事類賦》卷十七)

石鼓

扣之，聲聞數十里。(《水經注》卷三十八。按：此則，《水經注》作「羅君章云」。)

洮水

零陵有洮水。(《資治通鑒》卷十二)

舜廟

在縣北角，是漢泉陵縣也。(《太平寰宇記》卷一百一十六。又見《類要》卷二，文字稍異。泉陵縣，《類要》作「泉林縣」。)

三石囷

南陽劉道人，嘗遊衡山，行數十里，有絕谷，不得前，遙望見三石囷，二囷閉，一囷開。(《藝文類聚》卷七)

神槎

衡山白槎廟。古老相傳：昔有神槎，皎然白色，禱之靈無不應。晉孫盛臨郡，不信鬼神，乃伐之。斧下流血。其夜波流神槎向上，但聞鼓角之聲，不知所止。開皇九年廢，今尙有白槎村在。(《太平廣記》卷二百九十四。按：此條爲後世所增。)

王僧虔

晉王僧虔秉政，使從事宗寶，統作長沙城。忽見一傳教官語曰：「君何敢壞吾宮室？司命官相誅。」尋時宗寶乃墜馬。其夜，僧虔夢見一貴人來通，賓從鮮盛，語僧虔曰：「吾是長沙王吳君。此所居之處。公何意苦我？若爲我速料理，當位至三公。」僧虔於是立廟。自後祈禱無不應。(《太平廣記》卷二百九十五)

犀峰

高陵峰東南，上有犀峰，其峰有駮雞，犀常戲其上。(《太平寰宇記》卷一百一十四)

靈臺

朱陵之寶洞，太虛之靈臺，祝融遊息之所也。(《海錄碎事》卷三上)

橘洲

橘洲，在長沙縣西南四里。江中時有大水，洲渚皆沒，此洲獨存。(《古今合璧事類備要》別集卷四十六)

另存文字差異較大者，錄於下：

或曰：昭潭無底橘洲浮。(《太平御覽》卷六十九)

湘水

湘水出於陽朔，則艕爲之舟，至洞庭，日月若出沒於其中。(《太平寰宇記》一百六十二)

汨羅水、屈潭

汨羅水，屈原沉處也。又有屈潭。羅州亦有屈原懷沙處。(《類要》卷二。
按：此則内容冠以「《湘中山水記》」，且作者佚名，當爲羅含所記。)

楓山降雨

潭州之北四十里爲白露浦。浦内有山，山之中有楓木。每年嘗有□子。
旱，土人縛之，必降甘雨者。(《類要》卷二。按：此則内容冠以「《湘中山水記》」，
且作者佚名，當爲羅含所記。)

何氏之廟

衡山臨蒸懸有何氏之廟。(《類要》卷五。按：此則内容冠以「《湘中山水記》」，
佚名，當爲羅含所記。懸，當爲「縣」之誤。)

存疑

以下數則，不見明代以前著述徵引，存疑。

靈妃步

有靈妃步。(《格致鏡原》卷十)

銅官山

程普、關羽分界於此，共鑄銅棺爲誓，相侵者以銅棺貯之。(《廣博物志》
卷五)

桃都山

東南有桃都山，上有大樹，名曰桃都枝。相去三千里，上有天雞。日初
出，照此木，天雞即鳴，天下雞皆隨之。(《御定淵鑒類函》卷四百二十五)

狐狸

鉛錫之精爲狐狸。(《御定淵鑒類函》卷四百三十一)

《太清金液神丹經》卷下　　晉葛洪

《太清金液神丹經》卷下，出自《道藏》洞神部衆術類興字三號，冠

以「抱朴子序述」，當爲葛洪之作。洪（283-363），字稚川，自號抱朴子，丹陽句容（今屬江蘇）人。年少而孤，自躬耕，博覽群書，好神仙方術，曾受封關內侯。其著述豐富，年三十四，成《抱朴子・內篇》二十卷，《外篇》五十卷。另，《晉書・葛洪列傳》載其《神仙傳》十卷、《良吏傳》十卷、《隱逸傳》十卷、《集異傳》十卷、《金匱藥方》一百卷、《肘後要急方》四卷、碑誄詩賦一百卷、移檄章表三十卷，又抄五經史漢百家之言方技雜事三百一十卷。此文記述了三國兩晉時期南海西域諸國的地理、風俗情況，應爲葛洪遊歷之記錄。或作於晚年煉丹羅浮山時。

葛洪曰：洪曾見人撰南方之異同，記外域之奇生。雖粗該近實，而所履蓋淺，甚不足甄四遐之妖逸，銘殊方於內目哉。洪既因而敷之，使流分有測，徹其廣視，書其名域，令南北審定，東西不惑。然混沌既分，兩儀剖判，天之所覆，地之所載，四海之內，八荒之外，蕩蕩乎其遠不可得。而究陰陽所陶，日月所照，青生素質，蚊行蠕動，漫漫乎其眾不可得而詳也。昔禹治洪水，十有三年，跨歷九州，徵召荒要。然後辨方，考記異同。蓋其足之所踐，目之所睹者耳。然而玄黃所函，六合所包，猶未能得其百之一也。又鄒陽書曰：「今之九州，非天下之州，所謂九之一耳，四極之中，復有其八。」世之學者蓋以爲虛。

余少欲學道，志遊遐外。昔以少暇，因旅南行，初謂觀交嶺而已，有緣之便，遂到扶南。扶南者，地方千餘里，眾以億計，包山帶海，邈乎其畿。意亦以爲南極之國，齊此而已。至於中夏之月，凱風時動，又有自南而來者，至若川流。問其地土，考其國俗，乃云自天竺月支以來，名邦大國若扶南者十有幾焉。且自大奈拂林，地各方三萬里，其間細國往往而處者，不可稱數也。名字處所，既有本末，且觀士女，信各不同。乃知夫乾壤之間，廣矣。雖在聖賢，遊心遠覽，猶不能究，況乎俗儒，而不有疑？至於鄒子所云，陋而非實。但余所聞，自彼諸國已什九州，其餘所傳聞而未詳者，豈可復量。浩汗蕩漫，孰識其極？乃限其數云有八哉。但古聖人以中國神州，以九州配八卦，上當辰極，下正地心，故九州在此耳。其餘雖廣，非此列雲。及其山奇海異，怪類殊種，珍寶麗物，卓謠瑰瑋，盈耳溢目，驚心愕意，既見而未聞者，詭哉不常，難可詳而載也。此皆奢侈之外玩，非養生之所求矣奚（「奚」字疑衍）。

自扶南、頓遜，逮於林邑、杜薄、無倫，五國之中，朱砂、琉黃、曾青、石精之所出，諸導仙服食之藥，長生所保之石，實無求不有，不能復縷其別名也。稱丹砂如東漚之瓦石，履流丹若甄陶之灰壤，觸地比目，不可稱量。而此五國不見服用之方，莫知長延之道。貴無用以填宇內，遺靈石而不眄，競雕玩之貨，賤流丹之藥。鍊餌不加，真質長隱耳。混雜無親，妙物不顯矣。昔經眼校，實已分明也。余今年已及西，雖復咀嚼草木，要須丹液之功，而荏苒止足，顧死將切近。小縣之爵，豈貪榮耶？洪所以不辭者，欲結以民力，求其通路耳。將欲盤桓於丹砂之郊，而修於潛藏之事。此之宿情，祿願俱集。永辭墳柏，吾其去矣。夫學道志生，類多貧士。富者鼎食自逸，心惑聲色，方屈節抑欲，遣情割樂，追師勞辱，志安辛苦，千無一也。且欲脩神仙者，則非丹不升。家於揚州，貧來逐我，國貴八石，求之無方。不義而索，既非所聞，賃力期之，又體先羸弱。苟是不堪，則計關於心。縱其得一，永不備具。是以道常附貧，富常追貴也。且世難未靜，寒熟纏心，不期運鐘天降，禍亂方興。顧眄四體，常慮刃及，戰慄不勝，亦何暇索藥以養性命哉？今雖抱此丹經而無所措心，譬若獻龍淵於屠肆，佩明珠於犬馬者也。徒貴其質而不知所以安其用，不亦悲哉！

今將為弟子陳其旨實，其並聽之焉。夫人大渴者長願臨長河，大飢者思託農囷，欲學道者，何不抱靈方遊其地，則何憂丹石之匱乏也，意力之不集耶？奚為止足於貴競之土，安身於紛爭之邦，共其枯竭哉！夫知我者希，則我者貴矣，固宜遠人事而避窺覦，絕囂擾而步丹丘。琴瑟奏於馬廄，安識其宮商乎？彼不貴用丹之術，則不貴我所為之事。是以我得安其所營而心無怵惕，獨貴所味而無鑽仰，豈不盡理於內而如愚於外哉。且南遐大境，名山相連。下洞潛霍，高齊青雲。火州鬱勃，香陵芳芬。豈唯揚楚之郊，專有福地耶？但南徼是四海之外，先賢作名山記者，記其域內，不書其外。又丹經所言，既成而服有昇天之驗，如僊人所傳，八遐將一家庭宇耳。但此五國皆是人蹤之所逮，奚足為渺渺哉。是以不嫌其遐而欲之其邦，不辭其遼而必到其鄉。若天命不延，合服無成，擬之以分分之矣。修靈法守而得理，使飛霜煒煥，玄雲四起，亦供勤矣，天濟之也。夫生無貴賤，各當一死。洪消遣三尸，守精存氣，拘魂養神，鑽求靈味，求生不得，亦下聊不失一死也。譬眾人尋綸，廣津弋鉤，投餌求魚，誰知其先有？如千犬逐兔，獲者有人。是以期命之終，雖帝者所不能諱。今一以分準，得失所期，灰身長衢，甘之如薺。正

以抱道信誠，丹心內定，雖使蘇、張更出，陳、酈復生，見喻以機運之會，
敦說以榮華爲先，妙辭豐藻，蔚言連篇，洪將勃然作色，拊於二子之肩，未
復哂爾而笑，必折以一言：「乃心磐石，非爾可轉；志堅金剛，非爾可斷。」
要言盡矣。夫有情志如是，庶幾萬靈或滑洪若斯之志，脫得啓於蟬蛻之變者，
復百餘年之後，將比顧以省墳梓，回顏以示不信。但恐爾時不信者已成灰泥，
無復與陳昔所歸耳。此言亦可笑矣，未必可笑也。

　　今撰生丹之國，紀識外邦，並申愚心，附於金液之後，當藏寶秘，則洪
辭永全。是以狐狸穴王城不討，野鼠附社墻莫掘，如蚊虻寄鴻鷺以翔玄嶽。
今以蠃文，結託眞書，求自存錄者也。諸弟子可以廣視聽也。芻蕘之言，廊
廟亦擇；狂人之志，時有所合。軍帥可奪，匹夫叵違。再拜朱門，與爾長辭；
背放鬆墳，中心藏之。俗人人（此處當衍一「人」字）既不能解於洪，洪亦
復不能解於（此處當脫「人」字）。人之面牆而不自知，魚鱉之餘，豈不哀哉！
人視我如狂，洪眄彼如蟲。期度之運，安所告乎！將來君子，各搜德業，不
以管穴別意，有所導引也。

　　行邁靡靡，汎舟洪川。發自象林，迎箕背辰。乘風因流，電邁星奔。宵
明莫停，積日倍旬。乃及扶南，有王有君。厥國悠悠，萬里爲垠。北款林邑，
南函典遜。左牽杜薄，右接無倫。民物無數，其會如雲。忽爾尚罔，界此無
前。謂已天際，丹穴之間。逮於仲夏，月紀之賓。凱風北邁，南旅來臻。怪
問無由，各有鄉鄰。我謂南極，攸號朔邊。乃說邦國，厥數無原：句稚歌營，
林揚加陳，師漢扈犁，斯調大秦，古奴察牢，棄波闍賓，天竺月支，安息優
錢。大方累萬，小規數千。過此以往，莫識其根。

象林、扶南

　　象林，今日南縣也。昔馬援爲漢開南境，立象林縣，過日南四五百里，
立兩銅柱爲漢南界。後漢衰微，外夷內侵，沒取象林國。銅柱所在海邊，在
林邑南可三百里，今則別爲西圖（屠）國。國至多丹砂，如土。出日南壽靈
浦，由海正南行，故背辰星而向箕星也。晝夜不住，十餘日乃到扶南。扶南
在林邑西南三千餘里，自立爲王。諸屬國皆君長，王號炮到。大國次王者號
爲鄀歈，小國君長及王之左右大臣皆號爲崑崙也。扶南地多朱砂珍石。從扶
南北至林邑三千里，其地豐饒，多朱丹、硫黃。

典遜

典遜在扶南南去五千里。本別爲國，扶南先王范曼有勇略，討服之，今屬扶南。其地土出鐵。其南又有都昆、比嵩、句稚諸國，范曼時皆跨討服，故曰名函典遜。典遜去日南二萬里，扶南去林邑似不過三千七八百里也。何以知之？舶船發壽靈浦口，調風晝夜不解帆，十五日乃到典遜，一日一夕帆行一千里。問曰：「今長江舟船高牆廣帆，因流順風而下，日才行三百里耳，吾子今陳海行晝夜三千里，豈不虛哉？」答曰：「余昔數曾問之，舶船高張，四帆斯作，云當得行之日，試投物於水，俯仰一息之頃，以過百步。推之而論，疾於逐鹿，其於走馬，馬有千里，以此知之，故由千里左右也。」其國出丹砂、曾青、硫黃、紫白石英。

杜薄

杜薄，闍婆國名也，在扶南東漲海中洲。從扶南船行直截海度，可數十日乃到。其土人民眾多，稻田耕種。女子織作白疊花布。男女白色，皆著衣服。土地饒金及錫鐵，丹砂如土，以金爲錢貨。出五色鸚鵡、豕、鹿、犛水牛、犬、羊、雞、鴨，無犀象及虎豹。男女溫謹，風俗似廣州人也。

無倫國

無倫國在扶南西二千餘里。有大道，左右種桄榔及諸花果，白日行其下，陰涼蔽熱。十餘里一亭，亭皆有井水，食麥飯、蒲桃酒。木實如膠。若飲時，以水沃之，其酒甘美。其地人多考壽，或有得二百年者。

句稚國

句稚國去典遜八百里，有江日，西南向，東北入。正東北行，大崎頭出漲海中，水淺而多慈石。外徼人乘舶船皆鐵葉，至此崎頭，閡慈石不得過，皆止句稚，貨易而還也。

歌營國

歌營國在句稚南，可一月行乃到其國。又灣中有大山林，迄海邊，名曰蒲羅。中有殊民，尾長六寸，而好啖人，論體處類人獸之間。言純爲人，則有尾且啖人；言純爲獸，則載頭而倚行。尾同於獸而行同於人，由行言之，則在人獸之間。末黑如漆，齒正白銀，眼正赤。男女裸形，無衣服。父子兄弟姊妹露身，對面同臥。此是歌營國夷人耳，別自有佳人也。

林楊

林楊在扶南西二千餘里，男女白易，多仁和，皆奉道。用金銀爲錢。多丹砂、硫黃、曾青、空青、紫石英。好用絳絹白珠，處地所服也。

加陳國

加陳國在歌營西南海邊國。海水漲淺，有諸國梁人常伺行人劫掠財物，賈人當須輩旅乃敢行。

師漢國

師漢國在句稚西南，從句稚去船行可十四五日乃到其國。國稱王，皆奉大道，清潔脩法，度漢家威儀，是以名之曰師漢國。上有神僊人，及出明月珠。但行仁善，不忍殺生。土地平博，民萬餘家，多金玉硫黃之物。

扈犁國

扈犁國，古奴斯調西南入大灣中七八百里。有大江源出崑崙西北，流東南，注大海。自江口西行，距大秦國萬餘里。乘大舶載五六百人，張七帆，時風一月，乃到大秦國。

斯調國

大道以中斯調國，海中洲名也，在歌營國東南可三千里。其上有國王，居民專奉大道，似中國人，言語風俗亦然。治城郭市里街巷，土地沃美，人士濟濟。多出珍奇、金銀、白珠、瑠璃、水精及馬珂。又有火珠，大如鵝鴨子，視之如水。著手中，洞洞如月光照人掌，夜視亦然。以火珠白日向日，以布艾屬之承其下，須臾見光火從珠中直下，瀝瀝如屋霤下物，勃然煙發，火乃然，猶陽燧之取火也。其向陰有水出者，名曰夜光珠，如陰合之取水。至於火珠、夜光俱如一，但以其精所得水火而異其名耳。斯調洲土東南望，夜視常見有火光照天，如作大治。冥夜望其火光之照也。云是炎洲所在也，有火山，冬夏有火光。隱章國去斯調當三四萬里，稀有至其處者。數十年中，炎洲人時乘舶船往斯調耳。雲火珠是此國之所賣有也，故斯調人買得之耳。又有丘陵水田、魚肉果稼、粢梁豆芋等。又有麻廚木，其木如松，煮其皮葉，取汁以作餌，煎而食之，其味甜香絕美，食之如飴。又使人養氣，殆食物也。

大秦國

大秦國在古奴斯調西可四萬餘里，地方三萬里，最大國也。人士煒燁，角巾塞路，風俗如長安人。此國是大道之所出，談虛說妙，脣理絕殊，非中國諸人輩作，一云妄語也。道士比肩，有上古之風。不畜奴婢，雖天王、王婦，猶躬耕籍田，親自拘桑織經。以道使人，人以義觀。不用刑辟刀刃戮罰，人民溫睦，皆多壽考。水土清涼，不寒不熱。士庶推讓，國無凶人。斯道氣所陶，君子之奧丘，顯罪福之科教，令萬品奉其化也。始於大秦國人宗道以示八遐矣，亦如老君入流沙化胡也。從海濟入大江七千餘里，乃到其國。天下珍寶所出，家居皆以珊瑚為梲櫨，瑠璃為牆壁，水精為階闥。昔中國人往扶南，復從扶南乘船（疑為「舶」）船入海，欲至古奴國，而風轉不得達，乃他去。晝夜帆行不得息，經六十日乃到岸邊，不知何處也。上岸索人而問之，云是大秦國。此商人本非所往處，甚驚恐。恐見執害，乃詐扶南王使，詣大秦王。王見之大驚曰：「爾海邊極遠，故復有人子，何國人乎？來何為？」扶南使者答曰：「臣北海際扶南王使臣，來朝王庭闕，北面奉首矣。又聞王國有奇貨珍寶，並欲請乞玄黃，以光鄙邑也。」大秦王曰：「子是周國之邊民耶，乃冒洪海二十萬里朝王庭，良辛苦也。向見子至，恐觀化我方，察風俗之厚薄，覘人事之流味耳。豈悟遠貪難得之貨，開爭競之門戶哉！招玄黃以病耳目，長姦盜以益勤苦耶！何乃輕性命於洪川，篾一身於大海乎？若夫周立政，但以輕貨為馳騁者，豈不賤也！豈不弊哉！吾遙睹其化，亂兆已表於六合，姦政已彰於八外矣。然故來請乞，復宜賜以往反。」乃付紫金夜光五色玄珠、珊瑚神璧、白和樸英、交頸神玉瓊虎，金剛諸神珍物以與使者。發遣便去，語之曰：「我國固貴尚道德，而慢賤此物，重仁義而惡貪賊，愛貞賢而棄淫泆，尊神仙以求靈和，敬清虛以保四氣，眄此輩物斑駁玄黃，如飛鴻之視蟲蠕。子後復以此貨物來往者，將競吾淳國，傷民耳目，姦爭生於其治，風流由此而弊，當敕關吏，不令子得進也。言為心，盟戒之。」使者無言而退也。還四年，乃到扶南。使者先以船中所有綵絹千匹，奉獻大王。王笑曰：「夷狄綵絹耳，何猥薄物，薄則人弊，諒不虛耳，非我國之所用。」即還不取，因示使者玉帛之妙：八彩之綺，流飛蒼錦玉。縷織成之；帛金間孔文之碧，白則如雪，赤則如霞，青過翠羽，黑似飛鳥，光精耀輝，五色紛敷。幅廣四尺，無有好粗。而忽見使者凡弊之躬北地之帛，真可笑也。自云大秦國無所不有，皆好中國物，永無相比方理矣。至於灶炊皆然。薰陸術為焦香，芳鬱積國，

無穢臭，實盛國者也。使既歸，具說本末如此，自是以來無敢往復至大秦者。商旅共相傳如此，遂永絕也。洪謂唯當躬行仁義，守操澹泊，躭虛味道，內情無欲者，推此而遊，夫大秦國必或得意耶。如其不爾，以交易相尋求者，實無理也。又大秦人白皙長大，出一丈者，形儀嚴整，舉以禮度，止則澄靜，言氣淩雲，交遊蔚挺。而忽見商旅之夫，言無異音，不知經綸進趣，唯貪貨賄大秦王，是益賤之，盡言周國之人皆當然也。昔老君以周衰，將入化大秦，故號扶南使者爲周人矣。周時四海彌服，扶南皆賓，所以越裳人抱白雉而獻象牙於周也。今四夷皆呼中國作「漢人」，呼作「晉人」者。大秦去中國遼遠，莫相往來，唯當是老君曾爲周史，既入大秦，必稱周國，爾乃號曰周人，不知周國已經百代也矣。

古奴斯調國

古奴斯調國去歌營可萬許里，土地人民有萬餘家，皆多白皙易長大。民皆乘四輪車，車駕二馬或四馬。四會所集也。舶船常有百餘艘，市會萬餘人，晝夜作市。船行皆籓號，鳴鼓吹角。人民衣服如中國無異，土地有金玉如瓦石。此國亦奉大道焉。

察牢國

察牢國在安息、大秦中間，大國也。去天竺五千餘里。人民勇健，舉一國人自稱王種。國無常王，國人常選耆老有德望者立爲王。三年一更，舉國尊之。土地所出，與天竺同，尤多珍物，不可名字。察牢國人自慕其地土，生不出國遠行。人民安樂，國無刑殺，唯修仁義，福德爲業，甚雍雍然也。

葉波國

葉波國去天竺三千里，人民土地有無與天竺同。

罽賓國

罽賓國在月支西北，大國也。土地平博，人民溫和。有苜蓿草木、雜奇木、檀、梓、竹、漆、鬱金香，種五穀、蒲萄諸果。治國園，地多下濕，必種稻。人民多巧，雕文刻鏤，織罽之繡。好冷飲酒食。有獮猴、孔雀、珠璣、琥珀、瑠璃、水精，其畜與中國同也。苜蓿，草木神珍物也。雲形如芋，人病盲，兩目空盡，雲絞其根汁而服，火煮其莖葉，爲煎傅空爛中，則七八日許，乃更生珠瞳，而都愈矣。古人相傳有一人病眼，卒被時主國王所召，當

往到命，不展服藥，神師令借其婦一目用之，乃聽師言。師以刃刻婦目借行，經宿乃反以還之。師初取目時，乃擣草根汁服，並漬目，乃刻之，刻之不痛。著己眶中，亦用此汁和之，便立爲其一體上，用以鑒照萬物也。當還時，人又用此汁，即復如初。此天縱靈草，神妙不可得而言也，故名曰苜蓿草，由借目經宿也。余年少時曾聞此語，虛妄不信之。定至南徼，問人士有識者，乃云苜蓿草生在罽賓國別一山上，百餘年一生，生如中國菖蒲花，難得也。非精進弗可見也。此山今名苜蓿山，山有眾泉，水青色。罽賓國人老少有病目者，輒相簥輿，詣此山泉澡灑之，無不愈也。水猶能差疾病之目，況百年一生神草，不以愈於空爛乎？如古來相傳，驗其山川，當有髣髴也。外地人有石彥章者，久居扶南，數往來外國。云曾至罽賓，見苜蓿山，不能高大也。山不生他，唯雜奇木，形如柘。伐其木，經十餘年，破用作幾橙、車座、屋宇雜碎他物，後分別埋著土中，皆事事便生，如栽楊柳狀，名曰雜奇木。云還埋苜蓿山下土中，他地不生矣。洪按：此山必是長生之丘阜也。何以言之？其草出用，令爛目反明而成光，伐木則猶百年而後植，乃將山石之神能續人之精，泉流所育使乃朽木復生，諒可處身以養形骸，以隨山氣，以享無傾。豈彼國之久未之悟耶？

月支

月支在天竺北可七千里，馳馬珍物如天竺。土地高涼，皆乘四輪車，駕四五或六七，軛之在車無小大，車有容二十人。有國王稱天子。都邑人乘常數十萬，城郭宮室與大秦相似。人形胡而絕潔白。被服禮儀，父慈子孝，法度恭卑，坐不蹲踞，如此天竺不及也。或有奉大道者中分地，亦方二萬里，多寒，饒霜雪。種薑不生，仰天竺薑耳。無蠶桑，皆織毛而爲紗穀也。犬羊毛有長二三尺者，男女通績用之。

安息

安息在月支西八千里，國土風俗盡與月支同。人馬精勇，土方五千里。金玉如石，用爲錢。國王死，輒更鑄錢。有犬馬，有大爵。其國左有土地，百餘王治，別住，不屬月支也。

優錢

優錢在天竺東南七千里，土地人民舉止並與天竺同。珍玩所出，奇瑋之物，勝諸月支。如此乃知天地廣大，不可意度。此諸國雖遠，當後有表，但

人莫知其限崖耳。其大秦、月支，欲接崑崙，在日南海行之西南也，最是所聞見大國也。

眾香雜類

　　眾香雜類，各自有原。木之沉浮，出於日南。都梁青靈，出於典遜。雞舌芬蘿，生於杜薄；幽簡茹來，出於無倫。青木天竺，鬱金罽賓，蘇合安息，薰陸大秦。咸自草木，各自所珍。或華或膠，或心或枝。唯夫甲香、螺蚌之倫，生於歌營，句稚之淵。萎蕤月支，硫黃都昆，白附師漢，光鼻加陳，蘭艾斯調，幽穆優錢。餘各妙氣，無及震檀也。

《幕阜山記》　　晉葛洪

　　《幕阜山記》，東晉葛洪撰。《太平寰宇記》卷一〇六「幕阜山」下載：「晉葛洪著《山記》一卷」，《直齋書錄解題》載「《幕阜山記》一卷，葛洪撰」。

幕阜山

　　山有石壁刻銘，上言：禹治水，登此山。高於平地一千八百丈，週五百里。二十四氣，福德之鄉。洪水之災，居其上，可以度世。又有列仙之寶壇場在其側。旁有竹兩本，修翠猗然，隨風掃拂。其上有池，水甚澄潔，時有二魚游泳其中。有葛仙翁煉丹井，藥臼尚存。山無穢草，惟杞與芳芎之屬。有石山，產如丹珠。絕頂有石田數千畝，塍渠隱然，非人力所能為。地絕高險，莫能上。有僧園曰長慶，有宮曰玉清。訪眾徒亦云鳥道斷絕，不可登覽。左黃龍，右鳳凰，皆在山麓也。（《岳陽風土記》）

　　另存文字簡潔者，附於下：

　　山有石壁刻銘，上言：禹治水，登此山。高於平地二十八百丈，週五百里。（《輿地紀勝》卷六十九）

《遊四郡記》　晉王羲之

　　《遊四郡記》，東晉王羲之撰。王羲之（303-361），字逸少，琅邪臨沂（今屬山東）人，後遷會稽山陰（今浙江紹興）。官歷秘書郎、江州刺史、會稽內史等。善書法，有集九卷。《遊四郡記》，史志無著錄。今佚文僅存二則。

松門

　　永寧縣界海中，有松門，西岸及嶼上皆生松〔一〕，故名松門〔二〕。（《藝文類聚》卷八十八。又見《太平御覽》卷九百五十三，文字稍異。）

　　〔校記〕
　　〔一〕此句，《太平御覽》作「在島嶼上皆生松」。
　　〔二〕此句，《太平御覽》作「故曰松門也」。

王城山

　　臨海南界有方城山，絕巘壁立。越王失國，嘗保此山。（《嘉定赤城志》卷二十）

《天台山銘序》　晉支遁

　　《天台山銘序》，東晉支遁撰。支遁（314-366），字道林，本姓關氏，陳留（今河南開封）人，或云河東林慮（今河南林縣）人。其幼聰明秀徹，精通佛理，初隱餘杭山。年二十五出家，後應詔居東安寺講道。《隋書·經籍志》著錄：「晉沙門支遁集八卷」。

天台山

　　余覽《內經》《山記》云：剡縣東南有天台山。（《文選·遊天台山賦》李善注。又見《編珠》卷一，文字簡略。其文曰：剡縣西有天台山。）

　　往天台，當由赤城山爲道徑。（《文選·遊天台山賦》李善注。又見《（嘉泰）赤城志》卷二十一、《施注蘇詩》卷二十三、《東坡詩集註》卷十五）

《虎丘記》　　晉王珣

《虎丘記》，東晉王珣撰。王珣（349-400），字元綝，琅琊臨沂（今屬山東）人。官歷給事黃門侍郎、尚書左僕射、尚書令等。此記史志不著錄。

虎丘山

山大勢四面周嶺〔一〕，南則是山逕〔二〕，兩面壁立，交林上合，蹊路下通，升降窈窕，亦不卒至。（《藝文類聚》卷八。又見《（紹定）吳郡志》卷十六，文字稍異。）

〔校記〕

〔一〕「周」下，《吳郡志》有「回」字。

〔二〕逕，《吳郡志》作「徑」。逕，同「徑」。

存疑

春秋柰

虎丘山下〔一〕，三面有春秋二柰。（《天中記》卷五十二。又見《格致鏡原》卷七十四，文字稍異。）

〔校記〕

〔一〕虎丘，《格致鏡原》無。

《三吳土地記》　　晉顧長生

《三吳土地記》，又作《三吳土地》、《三吳土地志》、《三吳記》，晉顧長生撰。顧長生，生卒年、里籍不詳。文廷式《補晉書藝文志》：「顧長生《三吳土地記》」，姚振宗《隋書經籍志考證》：「《三吳土地記》，顧長生」。

掩浦

昔項羽觀秦皇輿御，曰：「可取而代之也〔一〕」。伯項梁聞，掩其口之處，因名之。（《太平寰宇記》卷九十四。又見《輿地紀勝》卷四。）

〔校記〕

〔一〕之，《輿地紀勝》無。

另存文字簡潔者，附於下：

昔項羽觀秦皇輿大言，梁掩其口處，因名。（《（嘉泰）吳興志》卷五）

徐孺子祠

後漢徐孺子哭友人冀州刺史姚元起於此〔一〕，時九江何子翼嘲之曰〔二〕：「南州孺子，弔生哭死。前慰林宗，後傷元起。」（《（嘉泰）吳興志》卷四。又見《輿地紀勝》卷四，文字稍異。）

〔校記〕

〔一〕此句，《輿地紀勝》作「徐孺子哭姚元起於此」。

〔二〕時九江，《輿地紀勝》無。

霅溪

烏程縣東有霅溪〔一〕，水至深處〔二〕。（《（嘉泰）吳興志》卷五。又見《太平寰宇記》卷九十四。）

〔校記〕

〔一〕烏程縣東，《太平寰宇記》無。

〔二〕處，《太平寰宇記》作「者」。

烏林氏

縣有烏林氏。秦時，程林、烏巾二家能釀美酒。始皇二十六年，改菰城縣為烏程縣，屬會稽郡。縣有烏亭，即古之烏禾鄉，烏氏所居鄉也。（《（嘉泰）吳興志》卷一）

另存文字簡潔者，附於下：

始皇二十六年改菰城縣為烏程縣。（《輿地紀勝》卷四）

卞和玉

卞和於荊山採玉，今山中有似玉之石，土人謂之瑤琨，故以卞名之耳。（《（嘉泰）吳興志》卷四）

《三吳記》　佚名

　　《三吳記》，作者不詳，史志不著錄。顧長生《三吳土地記》，諸書引時又有作顧長生《三吳記》者，不知二者是否爲一書。觀《三吳記》所記數條，皆爲靈異之事，與地記多記山水多不同。《三吳記》，明董斯張所引一條，與《海錄碎事》故事類，但較爲詳細，是書或明時仍存。

劉樞

　　宋文帝元嘉三年春，彭城劉樞字正一，自江陵歸鄂下，宿上明洲，時夜月微明，吟宴次，忽二人扣舟，高呼正一云：「我自鄂下來，要見正一。」樞引首望之，於岸下見二人，各長五尺餘，容貌華飾皆白服，便出與語，乃語樞曰：「久欲奉謁，今會良時。」樞曰：「卿自鄂下來，有何相謂？」一人曰：「聞君儒者也，故修謁耳。」遂與同宴，夜闌，二人俱醉，於飲處便臥，樞甚異之，及左右，皆相目不敢言，乃以被覆之，及明尚寢，欲喚，因舉被，見二魚各長五六尺，眼雖動而甚困矣。不敢殺，乃舁致江中。是夕，樞夢二人衣白衣，各執一珠，放樞臥前，不語而去。及曉，枕前二珠各徑寸，乃是雙白魚也。（《太平廣記》卷一百一十八）

王述

　　吳大帝赤烏三年七月，有王述者採藥於天台山，時熱，息於石橋下，臨溪飲，忽見溪中有一小青衣，長尺餘，執一青衣，乘赤鯉魚，徑入雲中，漸漸不見，述良久登峻岩四望，見海上風雲起，頃刻雷電交鳴，俄然將至，述懼，伏於虛樹中，見牽一物如布，而色如漆，不知所適，及天霽，又見所乘之赤鯉小童，還入溪中，乃黑蛟耳。（《太平廣記》卷四百二十五）

姑蘇男子

　　後漢時，姑蘇有男子，衣白衣，冠幘，容貌甚偉，身長七尺，眉目疎朗，從者六七人，遍歷人家，姦通婦女，晝夜不畏於人。人欲掩捕，即有風雨，雖守郡有兵，亦不敢制。苟犯之者，無不被害。月餘，術人趙杲在趙，聞吳患，泛舟遽來，杲適下舟步至姑蘇北堤上，遙望此妖，見路人左右奔避無所。杲曰：「此吳人所患者也。」時會稽守送臺使，遇，亦避之於

館，杲因謁焉，守素知杲有術，甚喜，杲謂郡守曰：「君不欲見乎？」因請水燒香，長嘯數聲，天風欻至，聞空中數十人響應，杲擲手中符，符去如風，頃刻，見此妖如有人持至者，甚惶懼，杲謂曰：「何敢幻惑不畏？」乃按劍，曰：「誅之，便有旋風擁出。」杲謂守曰：「可視之矣。」使未出門，已報去此百步，有大白蛟，長三丈，斷首於路傍，餘六七者，皆身首異處，亦黿鼉之類也。左右觀者萬餘人，咸稱自此無患矣。（《太平廣記》卷四百六十八）

後漢時姑蘇忽有男子，衣白冠，神峰瓌偉，從者六七人，遍擾居民，家人欲掩害即有風雨。郡兵亦不能擒，術士趙晃聞之，泛舟遽來。登岸步至姑蘇臺，即往謂郡守曰：「不欲見此妖乎？」乃淨水焚香，長嘯一聲，大風應至，聞空中數十人應響，晃怒，擲手中符如風，少頃見此妖似有人持至者。晃曰：「何敢幻惑如此？」倏有旋風擁去，晃謂守曰：「可視之。」使者出，門人已報，云：「去此百步有大白蛇，長三丈，斷首路傍。其六七從者，皆身異處。亦黿鼉之屬。」（《（紹定）吳郡志》卷四十七）

王素

吳少帝五鳳元年四月，會稽餘姚縣百姓王素，有室女，年十四，美貌，隣里少年求娶者頗眾，父母惜而不嫁。嘗一日，有少年，姿貌玉潔，年二十餘，自稱江郎，願婚此女。父母愛其容質，遂許之，問其家族，云，居會稽。後數日，領三四婦人，或老或少者，及二少年，俱至家。因持資財以為聘，遂成婚媾。已而經年，其女有孕，至十二月，生下一物如絹囊，大如升，在地不動，母甚怪異，以刀割之，悉白魚子。素因問江郎：「所生皆魚子，不知何故？」素亦未悟，江郎曰：「我所不幸，故產此異物。」其母心獨疑江郎非人，因以告素，素密令家人，候江郎解衣就寢，收其所著衣視之，皆有鱗甲之狀，素見之大駭，命以巨石鎮之，及曉，聞江郎求衣服不得，異常詬罵，尋聞有物偃踣，聲震於外，家人急開戶視之，見牀下有白魚，長六七尺，未死，在地撥刺，素砍斷之，投江中，女後別嫁。（《太平廣記》卷四百六十八）

並枕樹

潘章夫婦死葬，冢木交枝，號並枕樹。（《海錄碎事》卷二十一）

比肩

吳黃龍中，吳郡海鹽陸東美妻朱氏有容止，夫妻相重，寸步不相離，時人號爲比肩人，後妻卒，東美不食而死，合葬，後未一歲，冢上生梓樹，同根二身相抱而合成一樹，每有雙鴈常宿於上，孫權聞之嗟嘆，封其里曰比肩墓，曰雙梓，後子弘與妻張氏亦相愛慕，吳人又呼爲小比肩。（《天中記》卷十八）

黃子

黃子孔安國閉宅，忽有二人來，云自帝庭來謁，一衣綠，曰藤子，一衣黃，曰黃子。語吳大帝時事，歷歷可聽，及去，遣人尋之，入未央宮庭中。衣綠者入於藤下，衣黃者入於橘下。（《天中記》卷五十二。此條，《天中記》言出《三吳志》。）

《吳地記》　晉顧夷

《吳地記》，又作《吳郡記》，東晉顧夷撰。顧夷，字君齊，吳郡吳縣（今屬江蘇）人，史書無傳。其事跡略見於《世說新語·文學》及劉孝標注引書，文云：「謝萬作《八仙論》，與孫興公往反，小有利鈍。謝後出以示顧君齊，顧曰：『我亦作，知卿當無所名』。」劉峻注引《顧氏譜》曰：「夷字君齊，吳郡人。祖歐，孝廉。父霸，少府卿。夷辟州主簿，不就。」由此可知，顧夷爲吳郡名族顧氏家族人物，與謝萬、孫綽等同爲東晉中期人。其《顧子》十卷。《隋書·經籍志》著錄：「《吳郡記》二卷，晉本州主簿顧夷撰」。兩《唐志》無著錄，蓋在宋代亡佚。

餘杭

秦始皇至會稽經此，立爲縣。（《後漢書·郡國志》李賢等注。此條，《後漢書》注補僅言爲「顧夷曰」，未注作者。）

始皇經此立縣。（《輿地紀勝》卷二）

三江口

松江東北行七十里，得三江口。東北入海爲婁江，東南入爲東江，並松江爲三江〔一〕。（《史記·夏本紀》張守節正義。又見《吳郡志》卷四十八，文字稍異。）

〔校記〕

〔一〕「三江」下，《吳郡志》有「是也」。

姑蘇臺

橫山北有小山，俗謂姑蘇臺。（《後漢書·光武十王列傳》李賢等注）

五湖

五湖者，菱湖、遊湖、莫湖、貢湖、胥湖，皆太湖東岸五灣，爲五湖。（《（紹定）吳郡志》卷四十八）

白土

吳縣餘杭山出白土，光潤如玉。（《太平御覽》卷三十七）

《十三州記》　晉黃義仲

《十三州記》，或稱《十四州記》，晉黃義仲撰。義仲，黃恭字。黃恭，一作苗恭，其生平無考。《隋志》未著錄。其文較早爲《水經注》徵引。

秦兼天下

秦兼天下，始皇二十六年，廢五等之爵，立郡縣之官。以公國爲大〔一〕，侯伯爲小〔二〕，大郡曰守，小郡曰都尉〔三〕。都尉之言君〔四〕，改公侯之封而言君者，君至尊也。言郡守專權，君臣之禮更宗也。〔五〕今之郡字，君在其左，邑在其右，君爲元首，邑以載民，故取名於君，而謂之郡也。（《太平御覽》卷一百五十七。又見《藝文類聚》卷六，文字稍異。）

〔校記〕

〔一〕「大」下，《藝文類聚》有「郡」字。

〔二〕「小」下，《藝文類聚》有「郡」字。

〔三〕都尉：《藝文類聚》作「尉」。

〔四〕都尉：《藝文類聚》作「郡」。

〔五〕「改公侯」四句，《藝文類聚》無。

郡

郡之言君也，改公侯之封而言，君者，至尊也。郡守專權，君臣之禮彌崇，〔一〕今郡字，「君」在其左，「邑」在其右，君爲元首，邑以載民，故取名於君，謂之郡。（《水經注》卷二。又見《資治通鑒》卷三、宛委山堂本《說郛》卷六十，文字稍異。）

〔校記〕

〔一〕「郡守」二句，《資治通鑒》無。

縣名

縣，弦也〔一〕，弦以貞直，言下體之居，鄰民之位，不輕其誓，施繩用法〔二〕，不曲如弦，弦聲近縣，故以取名，今系字在牛也〔三〕。（《水經注》卷二。又見宛委山堂本《說郛》卷六十，文字稍異。）

〔校記〕

〔一〕弦：《說郛》作「絃」，下同。

〔二〕繩：《說郛》作「綿」。

〔三〕系：《說郛》作「縣」。

另存文字簡潔者，附於下：

縣者，弦也，言施繩用法狀如絃，絃聲近縣，故以取名。（《太平御覽》卷一百五十七）

子男

縣，萬戶以上爲令，則子國也；千戶爲長，男國也。今人呼縣爲百里，子男本方百里也，故言今之百里，古之諸侯。（《太平御覽》卷一百五十七。又見宛委山堂本《說郛》卷六十）

金牛

昔蜀王從卒數千餘，出獵於褒谷之溪。秦惠王亦畋於山中，怪而問之，以金一筐遺蜀王。及報，欺之以土，秦王大怒。其臣曰：「此秦得之端。」秦王未知蜀道，乃刻石牛五頭，置金於尾下，僞如養之者。言此天牛，能屎金。蜀人見而信之，乃令五丁共引牛成道，致之成都。秦始知蜀道，使張儀伐之。蜀王開戰，不勝而亡。（宛委山堂本《說郛》卷六十）

治田雁

上虞縣有鴈，爲民田，春拔野草根，秋啄除其穢，是以縣官禁民，不得妄害此鳥。犯則有刑無赦。（宛委山堂本《說郛》卷六十）

神珠

僧彊疊國，在天竺南。佛寺三十餘所，其地有神珠，非玉石。晝夜於國中光明於日。珠徑一尺五寸，其色正碧。（宛委山堂本《說郛》卷六十）

桃林

弘農有桃丘聚，即桃林也。（《資治通鑒》卷十）

《交州記》　　晉黃恭

《交州記》，晉黃恭撰。史志無著錄。《北堂書鈔》引其文三則。

改牧爲郡

秦兼天下，改牧爲郡。監察郡縣，糾遏非常。（《北堂書鈔》卷七十二）

刺史

刺者，言其刺舉不法；史者，使也，言爲天子之所使也。（《北堂書鈔》卷七十二）

吳列

吳列舉茂才，七年不遷。列有老母，年九十以上。上書自乞，減品養親。（《北堂書鈔》卷七十九）

秦兼天下

秦兼天下，又除附庸爲鄉。有鄉則有旅，今之嗇夫是也。鄉之爲言境也，言在人境域之中，是社稷之臣，非王所置，故言鄉也。夫之爲言扶也，直扶助縣國，無自專之威。爲主民之吏，當愛人，故言嗇也。（《北堂書鈔》卷七十九）

《交廣記》　晉黃恭

　　《交廣記》，又作《交廣二州記》，晉黃恭撰。《隋志》無著錄，其佚文較早爲《藝文類聚》所徵引。

交阯郡

　　漢武帝元鼎中，開拓土境，北開朔方，南置交阯刺史。建安二年，南陽張津爲刺史。交阯太守士燮表言：「伏見十二州皆稱曰州，而交獨爲交阯刺史，何天恩不平乎？若普天之下，可爲十二州者，獨不可爲十三州？」詔報聽許，拜津交州牧，加以九錫，彤弓彤矢，禮樂征伐，威震南夏，與中州方伯齊同，自津始也。（《藝文類聚》卷六）

鄉

　　秦兼天下，改附庸爲鄉。鄉則有族，今嗇夫是也。鄉之言境，言其在人境域內，非天王所置，故言鄉。（《太平御覽》卷一百五十七）

刺史

　　秦兼天下，改州牧爲刺史。朱明之時則出巡行封部，玄英之月則還詣天府表奏。刺者，言其刺舉不法。史者，使也。（《太平御覽》卷二百五十五）

合浦尹

　　合浦尹方〔一〕，爲郡主簿。太守有重仇未報〔二〕，方乃變姓名報之〔三〕。天子奇之，赦而不問。〔四〕（《北堂書鈔》卷七十三。又見《太平御覽》卷二百六十五，文字稍異。）

　　〔校記〕
　　〔一〕此句，《太平御覽》作「合浦之士有尹牙」。
　　〔二〕此句，《太平御覽》作「太守答云：『重仇未報』。」
　　〔三〕此句，《太平御覽》作「牙即變姓易名爲報之」。
　　〔四〕「天子」二句，《太平御覽》作「天子奇其義，因赦不問」。

珠崖

　　珠崖在大海中，南極之外，吳時復置太守，住徐聞縣搖撫之。（《初學記》卷八）

存疑

以下數則，不見明代以前著述徵引，存疑。

滕修

吳南陽滕修，爲廣州刺史。或語修，蝦鬚長一丈。修不信。其人後故至東海取蝦鬚，長四丈四尺，封以示修，修乃服之。（《天中記》卷五十七）

白雞

白雞，金骹者。美駝雞，昂首，高可七尺，出忽魯謨斯國。長尾雞，尾細而長，長三尺者，出朝鮮國；長五尺餘者，出馬韓國。南甸出應時雞，晝夜依時而鳴。（《御定淵鑒類函》卷四百二十五）

異犀

西南夷土有異犀，三角，夜行如大炬火，照數千步。或時解脫，則藏於深密之處，不欲令人見之。王者貴其異，以爲簪，能消除凶逆。（《御定淵鑒類函》卷四百三十）

《交廣記》　佚名

《交廣記》，作者佚名，或爲黃恭《交廣記》，姑且單列之。

尉他冢

吳將呂岱爲廣州，遣掘尉他冢，費損無獲。佗雖僭侈，然愼終其身，乃令後不知其處。鑒於牧，堅所殘也。（《太平御覽》卷五百五十七）

《交州記》　佚名

《交州記》，佚名。晉劉欣期及黃恭皆存《交州記》，此未冠作者，或爲二者之《交州記》，姑另輯爲一篇。

竈頭山

竈頭山，越人炊爨之處〔一〕，掘而得炭〔二〕。（《太平御覽》卷八百七十一。又見《白孔六帖》卷十六，文字稍異。）

〔校記〕

〔一〕越人，《白孔六帖》作「越王」。

〔二〕而，《白孔六帖》無。

雙雁

昔日有雙雁隨太守。（《北堂書鈔》卷三十五）

范熊

太康四年，刺史陶璜遠送林邑王范熊獻紫水晶唾壺一口，青、白水晶唾壺二口。（《北堂書鈔》卷一百三十五）

百薄瀨

百薄瀨有斷溪，嘗有砍茨者，忽間似茨內有動，然久看之見魚，〔一〕眼徑一尺〔二〕，似魶魚，斫以爲鮭〔三〕，得百餘薄〔四〕，因名曰「百薄瀨」也〔五〕。（《北堂書鈔》卷一百四十六。又見《編珠》卷三，文字稍異。）

〔校記〕

〔一〕「忽間」二句，《編珠》作「忽於茨內見魚」。

〔二〕一，《編珠》無。

〔三〕此句，《編珠》作「砍以爲鮓」。

〔四〕餘，《編珠》無。

〔五〕此句，《編珠》作「故名百薄瀨」。

圍洲

合浦十八里有圍州〔一〕，周圍一百里〔二〕，其地產珠〔三〕。（《太平寰宇記》一百六十九。又見《初學記》卷八、《輿地紀勝》卷一百二十，文字稍異。）

〔校記〕

〔一〕十八里，《初學記》作「八十里」。

〔二〕此句，《初學記》、《輿地紀勝》作「周迴百里」。

〔三〕此句，《初學記》無。

龍門水

交趾郡封谿有龍門，水深百尋，大魚登此門，化成龍，不得過，曝䰓點

額，血流此水，常如丹池。有秦潛江，出漚山，分九十九流，三百里共會一口。（《海錄碎事》卷二十二上）

另存文字有異者，錄於下：

有龍門，水深百尋，大魚登此，化成龍，不得過，曝腮點額，血流此水，常如丹池，又謂龍門。（《事文類聚》前集卷二十七）

龍眼樹

龍眼樹，高五六丈，似荔支而小。（《後漢書・孝和孝殤帝紀》李賢等注。又見《太平御覽》卷九百七十三、《資治通鑒》卷四十八。）

慈廉江

慈廉江者，昔有李祖仁居此，兄弟十人，並慈孝廉讓，因此名江。（《太平御覽》卷六十五。又見《記纂淵海》卷五十八）

另存文字簡潔者，附於下：

李祖仁兄弟十人，並慈孝廉讓，因此名鄉，曰廉讓。（《記纂淵海》卷四十）

翠

翠出九眞，頸黑，腹下赤青縹色。（《記纂淵海》卷九十七）

翡翠出九眞，頭黑，腹下赤，青縹色，似鷦鴟。（《太平御覽》卷九百二十四。按：此則內容冠以《交州志》，或爲《交州記》）

珍山

九眞去郡三里有珍山，山有神石廟，值天亢旱，二千石親到，以水洗石，即雲雨立降。（《太平寰宇記》一百七十一）

弱水

九眞郡西有弱水，毛羽皆沉，廣七八里，望見傍人騎馬，皆不得渡也。（《太平寰宇記》一百七十一）

朱崖

朱崖在大海中，南極之外。（《太平御覽》卷一百七十二。又見《方輿勝覽》卷四十三，其文作「朱崖在大海云云。」）

波斯王

波斯王以金釧聘斯調王女也。（《太平御覽》卷七百一十八）

蟹

蟹，䖱形，如龜，色黑，十二蟹足，在腹下。雌負雄而行，南方用以作醬。（《編珠》卷三）

木豆

木豆，出徐聞〔一〕。子美，似烏豆〔二〕。枝葉類柳〔三〕。一年種，數年採。（《齊民要術》卷十。又見《太平御覽》卷八百四十一，文字稍異。）

〔校記〕

〔一〕此句，《太平御覽》作「出徐僮間」。

〔二〕烏豆，《太平御覽》作「烏頭」。

〔三〕枝葉，《太平御覽》作「大葉」。類，《太平御覽》作「似」。

白緣樹

白緣樹，高丈。實味甘，美於胡桃。（《齊民要術》卷十）

麢

合浦口有麢，角當額上，載科藤一株，三四條，長可一尋。射師從禽，每見而不敢射。（《太平御覽》卷九〇六）

鹿

合浦康頭山有一鹿，額上戴科藤一枚，四條直上，各一丈許。（《太平廣記》卷四百四十三）

鮫魚

鮫魚出合浦，長三丈，背上有甲，珠文堅強，可以飾刀口，又可以鑢物。（《太平廣記》卷四百六十四）

鱸

鱸好出沙上，卵大如鵝卵，可食。（《太平御覽》卷九百三十八）

枕

枕，赤色，堪作船作床。（《太平御覽》卷九百六十）

鬼目樹

鬼目樹，似棠梨，葉似楮，皮白，樹高大，如木瓜而小，邪傾不周正。味酢，九月熟。又有草眯子，亦如之。亦可爲糝。因其草似鬼目。（《太平御覽》卷九百七十四）

扶留

扶留有三種：一名「獲扶留」，其根香美；一名「南扶留」，葉青，味辛；一名「扶留藤」，味亦辛。（《齊民要術》卷十。又見《太平御覽》卷九百七十五）

合浦石室

合浦圍州有石室，其裏一石如鼓形，見榴木杖倚著石壁。採珠人常致祭焉。（《太平御覽》卷七百一十）

《羅浮記》　　晉袁宏

《羅浮山記》，或作《羅浮山疏》、《羅山疏》，東晉袁宏撰。袁宏（328？-376？），字彥伯，小字虎，陳郡陽夏（今河南太康）人。曾官東陽太守，著有《後漢紀》三十卷。《羅浮記》，史志無著錄，其佚文較早爲《藝文類聚》所徵引。

石樓

遙望一石樓直上〔一〕，當十餘里許〔二〕。石樓之於山頂〔三〕，十分之一耳。去縣三十里，便見山基，至所登處〔四〕，當百里許。山皆平敞極目〔五〕。（《藝文類聚》卷七。又見《白孔六帖》卷五，文字稍異。）

〔校記〕

〔一〕一，《白孔六帖》無。

〔二〕此句，《白孔六帖》作「十里許」。

〔三〕山頂，《白孔六帖》作「嶺」。

〔四〕登，《白孔六帖》無。

〔五〕「山」下，《白孔六帖》有「下」字。

另存文字簡潔者，錄於下：

仰望石樓，眇然在雲中。(《藝文類聚》卷六十三。又見《太平御覽》卷一百七十六)

石室

善道開尸〔一〕，在石室北壁下，形骸朽壞〔二〕，止有白骨在。昔成都識此道士〔三〕，聞之使人慨然。其業行殊異，冀當蟬蛻解骨耳〔四〕。石室中先有塸盛香〔五〕，得便掃除燒香。(《藝文類聚》卷七十三。又見《太平御覽》卷七百五十九，文字稍異。)

〔校記〕

〔一〕開，原作「門」，據《太平御覽》改。

〔二〕此句，《太平御覽》作「形體朽壞」。

〔三〕成，《太平御覽》作「在」。

〔四〕冀，《太平御覽》無。

〔五〕塸，《太平御覽》作「甌」。

沙門

嘗有一沙門詣南海太守袁彥伯，云當還羅山，請一小吏提錫缽，袁乃給之。小吏既去，恍惚不覺有舟車，但聞足下有波浪聲，奄忽便至一山，見數道士設食，飯皆青色如珠屑。食畢，以餘與之，雖不甚美，殊者有香潤。(《太平寰宇記》一百六十)

葛洪

葛洪字稚川，句容人也。譙國人嵇含嘗爲廣州，乃請洪參廣州軍事。洪求先行到廣州，而含於此遇害。洪還留廣州，乃憩於此山。咸和初，司徒王導補州主簿，轉司徒掾，遷咨議參軍，干寶薦洪才器，宜掌國史，當選入著作。洪固辭不就，以年老欲煉丹自衛，聞交趾出丹砂，乃求勾漏縣，於是選焉。遂將子侄俱行，至廣州，刺史鄧岱以丹砂可致，請留之，洪遂復入此山煉神丹。在此山積年，忽與岱書云當還行尋師藥，刻期當去。岱疑其異，便狼狽往別，既至而洪已亡，時年六十一，觀其顏色如平生，體亦柔軟，舉屍入棺甚輕，如空衣然也。(《太平寰宇記》一百六十)

羅浮山

羅浮山在縣西北二十八里，羅山之西有浮山，蓋蓬萊之一阜，浮海而至，與羅山並體，故曰羅浮，高三百六十丈，周迴三百二十七里，峻天之峰，四

百三十有二焉。(《元和郡縣志》卷三十五。此條,《元和郡縣志》言出袁彥伯記。不著篇名,當即袁彥伯《羅浮山記》。)

《羅浮山記》　　晉徐道覆

《羅浮山記》,又作《羅山記》,東晉徐道覆撰。徐道覆,生卒年、里籍皆不詳。史志無著錄,今僅存佚文一則,出自《太平寰宇記》。

羅浮山

山在增城、博羅二縣之界,仙客羽人是焉遊幸,有七十二長溪。山上有洞,中有白鵝。羅山在浮山西南,合於博羅,山是茲境,舊云,浮山從會稽流來,今浮山上猶有東方草木。(《太平寰宇記》一百六十)

《北征記》　　晉伏滔

《北征記》,東晉伏滔撰。伏滔,字玄度,生卒年不詳,平昌安丘(今屬山東)人,少有才學。此記《隋志》未著錄。其較早被酈道元《水經注》所引。

宋桓魋石槨

(彭)城北六里有山,臨泗〔一〕,有宋桓魋石槨,皆青石隱起〔二〕,龜龍鱗鳳之象。(《後漢書·郡國志》李賢等注。又見涵芬樓本《說郛》卷四,文字稍異。)

〔校記〕
〔一〕此句,《說郛》作「臨泗水」。
〔二〕此句,《說郛》作「有奇石隱起」。

葛嶧山

今槃根往往而存。(《後漢書·郡國志》李賢等注)

徐君墓

縣北有大冢，徐君墓，延陵解劍之處。（《後漢書・郡國志》李賢等注）

石頭城

石頭城，建康西界臨江城也，是曰京師。（《文選・初發石首城》李善注）

黎陽

黎陽，津名也。（《文選・擬魏太子鄴中集詩》李善注）

下邳城

下邳城，韓信所都也。中城呂布所守，南臨白樓門。（《初學記》卷八）

大司馬碑

下邳大城內有大司馬碑，石聲如磬。（《太平寰宇記》卷十七）

博望城

博望城內有成湯、伊尹、箕子冢〔一〕，今皆爲丘〔二〕。（《太平御覽》卷五十三。又見《路史》卷八，文字稍異。）

〔校記〕

〔一〕成湯、伊尹、箕子冢，《路史》作「湯、伊尹及箕子冢」。

〔二〕皆爲，《路史》作「悉成」。

另存文字差異較大者，錄於下：

望亳、蒙間，成湯、伊尹、箕子之冢墓。（《太平寰宇記》卷十二）

甘寧墓

九井山西北〔一〕，有吳將甘寧墓〔二〕。占者云：「有王氣。」孫皓鑿其後十數里〔三〕，名曰直瀆〔四〕。（《編珠》卷一。又見《太平御覽》卷七十五，文字稍異。）

〔校記〕

〔一〕此句，《太平御覽》作「姑熟西北」。

〔二〕吳將，《太平御覽》無。此句下，《太平御覽》有「孫皓時」句。

〔三〕孫，《太平御覽》無。數，《太平御覽》作「許」。

〔四〕名，《太平御覽》無。

另存文字差異較大者，錄於下：

姑熟九井山北十里，有吳大將諸葛瑾墓，墓墻猶存。西北十八里直瀆前

墓，是吳將甘寧墓也。相者云：「此墓有王氣。」孫皓鑿其後計里，名爲直瀆。（《太平御覽》卷五百六十）

　　吳將甘寧墓在此。俗云墓有王氣，孫皓惡之，乃鑿其後爲直瀆。（《方輿胜覽》卷十四）

韓馮墓

　　梁城東有韓馮墓，去城三里。青蘭殿是宋王住殿。（《太平御覽》卷一百七十五）

廣陵

　　廣陵縣城南門〔一〕，得故栢柱三〔二〕，皆栢心也。蓋吳王濞時門柱〔三〕。（《編珠》卷二。又見《太平御覽》卷一百八十七，文字稍異。）

　　〔校記〕

　　〔一〕此句，《太平御覽》作「廣陵，吳王濞所都，脩大城」三句。

　　〔二〕故，《太平御覽》無。

　　〔三〕時，《太平御覽》無。

梁國

　　梁，國名，故宋國，微子所封。城再重。大城，梁孝王所築。（《太平御覽》卷一百九十二）

陶穴

　　皇天塢北，古時陶穴〔一〕。晉時有人逐狐入穴，行十里許〔二〕，得書二千餘卷〔三〕。（《太平御覽》卷六百一十八。又見《太平御覽》卷九〇九，文字稍異。）

　　〔校記〕

　　〔一〕時，《太平御覽》卷九〇九作「特」。

　　〔二〕此句，《太平御覽》卷九〇九作「行十餘里」。

　　〔三〕餘，《太平御覽》卷九〇九無。

九井

　　九井山，在丹陽山南〔一〕，有九井〔二〕。五井乾，四井通大江。昔有人卸馬鞍〔三〕，乃從牛渚得之，即知通江。（《太平寰宇記》卷一〇五。又見《方輿考證》卷四十九，文字稍異。）

　　〔校記〕

　　〔一〕此句，《方輿考證》作「在丹陽南」。

　　〔二〕此句，《方輿考證》無。

　　〔三〕墮，《方輿考證》作「卸」。

另存文字差異較大者，錄於下：

姑熟有九井，山有穴，與九江通。(《北堂書鈔》卷一百五十八)

九井，在丹陽山南，或謂桓公鑿九井，因名。(《輿地紀勝》卷十八)

有老子廟。廟中有九井，水相通。(《後漢書‧郡國志》李賢等注)

九井山，在丹楊南。(《資治通鑑》卷一百一十三)

姑熟有井，山有九穴，與江通。(《太平御覽》卷五十四)

老君廟中有九井，水皆相通，故每汲一井，九井皆動。(《歷世眞仙體道通鑑》後集卷一。又見中華道藏本《混元聖紀》卷二)

濟水

濟水又與清河合流，至洛當者也。(《水經注》卷八)

公路浦

廣陵西一里水名公路浦。袁術自九江東奔袁譚於下邳，由此浦渡，因名也。(《藝文類聚》卷九)

沂澗

金城西沂澗，魏步道所出也。(《文選‧奏彈曹景宗》李善注)

狐聽過河

河冰厚數尺，冰始合，車馬未過，須狐先行。此物善聽，聽水無聲，乃過。(《太平御覽》卷九〇九)

都梁山

有都梁香草，因以爲名。(《太平寰宇記》卷十六。又見《太平御覽》卷四十三)

存疑

以下數則，多不見明代以前著述徵引，或涉及後世之事，存疑。

隋宮

隋大業元年，煬帝立宮在都梁，東鄰鬱，西枕長淮，南望岩峰，北瞰城郭。其中宮殿三重，長廊周回，院之西又有七眼泉，湧合爲一流，於東泉上作流杯，又於宮西南淮側造釣魚臺，臨淮高峰，別造四望殿。其側又有曲河

以安龍舟大舸，枕倚淮湄，縈帶宮殿。至十年，爲孟讓賊於此置營，遂廢。(《太平御覽》卷四十三)

泗水

彭城北六里有山，臨泗。是彭城近泗水也。(《庾子山集註》卷三)

泗州

泗州，水陸都會之地。(《中都志》卷一)

項羽井

在下相城。(《大清一統志》卷一〇一)

《地記》　晉伏滔

《地記》，東晉伏滔撰，史志未著錄。

郎山

琅琊城東南十里有郎山，即古郎琊臺也。秦始皇二十八年，至琅琊，大樂之，留三月，作琅琊臺。臺赤孤山也，然高顯出於眾山之上，高五里，下周二十餘里。山上壘石爲臺，石形如磚，長八尺，廣四尺，厚尺半。三級而上，級高三丈。上級平敞二百餘步，刊石立碑，記秦功德。漢武帝亦登此臺。(《太平御覽》卷一百七十七)

廬山

廬山，江陽之名嶽，背岷流，面彭蠡，蟠根所據，互數百里，重嶺傑嶂，仰插雲日，俯瞰川湖之流焉。(《北堂書鈔》卷一百六十。按：此條，冠以「伏滔云」。)

《遊廬山（記）》　晉伏滔

《遊廬山（記）》，伏滔撰。今存序文 1 則，冠作《遊廬山》，或爲《遊廬山記》省稱。

序文

廬山者，江陽之名嶽，其大形也〔一〕，背岷流，面彭蠡，蟠根所據，互數百里〔二〕，重嶺桀嶂〔三〕，仰插雲日，俯瞰川湖之流焉〔四〕。（《藝文類聚》卷七。又見《白氏六帖》卷二、陳舜俞《廬山記》卷一，文字稍異。）

〔校記〕

〔一〕此句，《白氏六帖》作「其形大」。

〔二〕「互」下，《白氏六帖》有「屬」字。

〔三〕桀，《廬山記》作「殊」。嶂，《白氏六帖》作「崿」。

〔四〕此句，《白氏六帖》作「俯激川湖之流」。

《啓蒙記》　　晉顧愷之

《啓蒙記》，東晉顧愷之撰。《隋書·經籍志》及《通志·藝文略》皆著錄爲三卷。顧愷之（349？-410？），字長康，晉陵無錫（今屬江蘇）人。博學有才氣，尤善畫，謝安以爲前所未有。亦善辭賦，所作《箏賦》自比嵇康《琴賦》。有集二十卷，亡佚。嘗官散騎常侍。此記較早爲《文選》李善注徵引，南宋諸書所引不出前書，大約於南宋亡佚。另有《啓蒙記注》，亦冠作顧愷之。當爲一書，皆列於下。

天台山

天台山去天不遠〔一〕，路經油溪〔二〕，水深險清冷〔三〕。前有石橋，路逕不盈尺，長數十丈，下臨絕澗〔四〕，唯忘其身，然後能濟。濟者梯巖壁，援蘿葛之莖〔五〕，度得平路，見天台山蔚然綺秀，列雙嶺於青霄〔六〕，上有瓊樓、玉闕、天堂、碧林、醴泉〔七〕，仙物畢具也〔八〕。晉隱士白道猷得過之〔九〕，獲醴泉、紫芝、靈藥。今石橋名相山〔十〕。（《太平寰宇記》卷九十八。又見《太平御覽》卷四十一、《輿地紀勝》卷十二，文字稍異。）

〔校記〕

〔一〕天，《太平御覽》作「人」，當爲形訛。

〔二〕此句，《太平御覽》作「路經福溪」，《輿地紀勝》作「路由油溪」。

〔三〕此句，《太平御覽》作「溪水梁險清冷」。

〔四〕此句，《太平御覽》作「下臨絕冥之澗」。

〔五〕援，《太平御覽》作「捫」。蘿，《輿地紀勝》作「藤」。

〔六〕此句，《輿地紀勝》作「雙列於青霄」。

〔七〕玉闕，《太平御覽》作「玉閣」。

〔八〕也，《太平御覽》無。

〔九〕得，《輿地紀勝》無。

〔十〕此句，《太平御覽》無。

另存文字簡潔者，附於下：

之天台山，次經油溪。（《文選·遊天台山賦》李善注）

天台山石橋，路徑不盈尺〔一〕，長數十步，步至滑〔二〕，下臨絕冥之澗。（《文選·遊天台山賦》李善注。又見《太平御覽》卷四十一、《海錄碎事》卷三下，文字稍異。）

〔校記〕

〔一〕路，《海錄碎事》無。

〔二〕步，《太平御覽》、《海錄碎事》皆無。

濟石橋者，搏巖壁，援女蘿葛藟之莖〔一〕。（《文選·遊天台山賦》李善注。又見《海錄碎事》卷三下，文字稍異。）

〔校記〕

〔一〕此句，《海錄碎事》作「援女蘿而後可至」。

天台山列雙闕於青霄中，上有瓊樓、瑤林、醴泉，仙物畢具。（《文選·遊天台山賦》李善注）

天台山，去天不遠，路經福溪，水險而清。（《（嘉定）赤城志》卷二十四。又見《輿地紀勝》卷十二。此則內容，冠作束皙《啓蒙記注》。束皙所作爲《發蒙記》，此處或將「發」誤作「啓」，或是作者徵引時將二者混淆。姑且置於此。天，原作「人」，據《太平寰宇記》改。）

天台山水清險，前有石橋，徑不盈尺，長數十丈。下臨絕澗，冥忘其身，然後能濟。師梯巖壁，捫蘿葛，前山蔚然綺秀，雙嶺入天，有瓊臺、玉閣。道猷過此，獲紫芝、靈藥。（《（嘉定）剡錄》卷三）

彌雙闕於青霄。（《輿地紀勝》卷十二）

石燕

零陵郡有石燕，得風雨則飛，如眞燕。（《初學記》卷五。又見《太平御覽》卷五十二、《事類賦》卷七）

穴洞

潛穴洞於波下。（《北堂書鈔》卷一百五十八）

煞鼠之石

皋塗有煞鼠之石。（《北堂書鈔》卷一百六十）

汎林

汎林鼓於浪巔，注西北海。有汎林，或方三百里，或方百里，皆生海中，浮土上，樹根隨浪鼓動。（《太平御覽》卷五十七）

玉精

玉精，名委，似美女而青衣。見以桃戟刺之，以其名呼之，可得也。（《太平御覽》卷三百五十三）

如何

如何，隨刀而改味。（《太平御覽》卷九百六十一）

《虎丘山序》　晉顧愷之

《虎丘山序》，東晉顧愷之撰。今存佚文 1 則，出自《藝文類聚》。

虎丘山

吳城西北有虎丘山者，含眞藏古，體虛窮玄，隱嶙陵堆之中，望形不出常阜，至乃巖崿絕於華峰。（《藝文類聚》卷八）

《廬山記》　晉劉遺民

《廬山記》，東晉劉遺民撰。劉遺民（352-410），名程之，字仲思，彭城（今江蘇銅山）人。《高僧傳》卷六載：「彭城劉遺民、豫章雷次宗、雁門周續之、新蔡畢穎之、南陽宗炳、張萊民、張季碩等，並棄世遺榮，依遠遊止」。與周續之、陶淵明被稱作「潯陽三隱」。《隋書‧經籍志》著錄：

「劉遺民《集》五卷，《錄》一卷」、「《老子玄機》三卷」。此記當爲其遁隱廬山時所作。今見佚文1則。

白氣

（廬山）有此白氣也。（《北堂書鈔》卷一百五十一）

《齊地記》　晉晏謨

《齊地記》，又作《齊記》，晉宋之際晏謨撰。晏謨（375？-435？），青州（今屬山東）人，曾仕南燕慕容德，拜尚書郎。《新唐書·藝文志》：「晏謨《齊地記》二卷。」元代諸書無著錄，應在其時亡佚。其書較早爲《水經注》徵引。

夷安

齊城三百里有夷安，即晏平仲之邑。（《史記·管晏列傳》張守節正義）

石塞堰

石塞堰，武帝時造。（《初學記》卷八）

勞山

俗云「太山自言高，不如東海勞」，〔一〕即此也〔二〕。（《太平御覽》卷四十二。又見《元和郡縣志》卷十三、《齊乘》卷一，文字稍異。）

〔校記〕

〔一〕俗云，《元和郡縣志》、《齊乘》無。太山，《齊乘》作「泰山」；《元和郡縣志》作「太白」，顯誤。

〔二〕此句，《元和郡縣志》作「昔鄭康成領徒於此」。此句，《齊乘》無。

南城

有南北二城隔濟水，南城即被陽縣之故城也，北枕濟水。（《水經注》卷八）

莒渠丘亭

莒渠丘亭，在安丘城東北十里。（《水經注》卷二十六）

方山

劇城東南二十五里有方山，遠望正方。（《太平寰宇記》卷十八）

九目山

九目山有九穴。（《初學記》卷八）

另存文字差異較大者，錄於下：

山有九竅，因名。（《太平寰宇記》卷二十。又見《齊乘》卷一。因名，《齊乘》作「故名」。）

百脈水

源出亭山縣東界，水源方百步，百水之脈俱合流，因以名。西北入縣界，屈曲六十里入濟。（《太平寰宇記》卷十九）

雞鳴島

不夜城北有雞鳴島。（《太平寰宇記》卷二十）

峴山

盧山東北有東牟大峴山。（《太平寰宇記》卷二十）

常山

祈雨常應，故曰常山。（《太平寰宇記》卷二十四）

慈阜

營陵城南四十里有慈阜〔一〕，魏奉常王修葬於此〔二〕，俗以叔治之孝，故此丘以慈表稱〔三〕。（《太平寰宇記》卷二十四。又見《齊乘》卷六，文字稍異。）

〔校記〕

〔一〕此句，《齊乘》作「營陵南今濰州昌樂四十里有慈阜」。

〔二〕於，《齊乘》無。

〔三〕此句下，《齊乘》有「修母以社日亡，每社設祭悲泣，鄰里爲之罷社」三句。

廣固城

晉永嘉五年，東萊曹嶷爲刺史所築〔一〕，有大澗甚廣，因之爲固，謂之

「廣固城」〔二〕。初，南燕慕容德議所都，尚書潘聰曰：「青齊沃壤，號曰東秦，土方二千，戶餘十萬，四塞之固，負海之饒，可謂用武之國。廣固者，曹嶷之所營，山川阻峻，爲帝王之都。」德從之。及宋武征慕容超于廣固，城側有五龍口，險阻難攻，兵力疲乏，河間人玄文就裕曰：「昔趙攻曹嶷，望氣以爲淹水帶域，非可攻拔，若塞五龍口，城當必陷。石季龍從之，嶷請降。後五日，大雨震雷，復開。後冉閔之亂，段龕被慕容恪攻圍數月，不克，又塞五龍口，龕遂降。無幾，又震開之。今舊基猶存，宜亟修塞。」裕從之。超域中男女皆患腳弱，病者大半，超遂出奔，爲裕所擒。（《太平寰宇記》卷十八。又見《太平御覽》卷一百六十、《齊乘》卷四，文字稍異。按：《太平御覽》、《齊乘》徵引冠以「《齊記》」。）

〔校記〕

〔一〕「東萊」下，《太平御覽》有「车平」二字。

〔二〕此句，《齊乘》作「故曰廣固」。此句下，《太平御覽》有「城側有五龍口」句。二者皆引至此。

陳仲子夫妻

於陵西三里，有陳仲子夫妻隱處。（《太平寰宇記》卷十九）

神龍山

殷末周初，有神龍潛於此山，遂以爲名。（《太平寰宇記》卷十九）

雞山

衛國縣南有雞山。人云昔有神雞，晨鳴於此，有人候之，獲一石，潔白如玉，因以爲名。（《太平寰宇記》卷十九）

另存記述簡潔者，錄於下：

有神雞晨鳴於此。候之，獲一石，潔白如玉，因以名焉。（《齊乘》卷一）

東陽城

東陽城既在澠水之陽，宜爲澠陽城。（《水經注》卷二十六）

渠丘城

渠丘城對牟山，山東十餘里有渠丘亭，即此。（《安丘縣志》卷四）

存疑

大、小豁山

盧鄉城東南有豁口，又有小豁山相連，故曰大豁山。（《大清一統志》卷一百七十四）

利縣

在濟城北五十里。（《後漢書補註》卷二十三）

《三齊記》　晉晏謨

《三齊記》，東晉晏謨撰。此或爲《齊地記》之別稱。姑別爲二書。

廟山

縣東南山，後人思舜之德，置廟於此。〔二〕（《太平寰宇記》卷十九。又見《路史》卷四十四，文字稍異。）

〔校記〕

〔一〕此句，《路史》作「在縣東南」。

〔二〕以上二句，《路史》作「後人思舜而置廟也」。

另存文字簡潔者，附於下：

因舜廟得名。（《齊乘》卷一）

歷水

歷水出歷祠下，泉源競發，與瀲水同入鵲山湖。（《太平寰宇記》卷十九）

歷下

古歷下城對歷山，城在山下。（《肇域志》卷十四。按：此條，明前著述徵引未見，存疑。）

附「晏謨曰」、「晏謨以爲」、「晏謨言」者

利縣

縣在齊城北五十里也。(《水經注》卷八)

巨洋水

西去齊城九十七里,耿弇破張步於臨淄,追至巨洋水上,僵尸相屬。(《水經注》卷二十六)

益縣故城

南去齊城五十里,司馬宣王伐公孫淵,北徙豐人住於此城,遂改名爲南豐城也。(《水經注》卷二十六)

堯水

堯嘗頓駕於此,故受名焉。(《水經注》卷二十六)

另存文字差異較大者,錄於下:

堯頓駕處。(《路史》卷二十)

平望亭

平望亭,在平壽縣故城西北八十里古縣。(《水經注》卷二十六)

淄、澠

淄澠之水,合於皮丘玩西。(《水經注》卷二十六)

汶水

水出縣東南峿山。山在小泰山東者也。(《水經注》卷二十六)

管寧墓

柴阜西南有魏獨行君子管寧墓。墓前有碑。(《水經注》卷二十六)

濰水

東武城西北二里濰水者,即扶淇之水也。(《水經注》卷二十六)

障日山

山狀鄣日,是有此名。(《水經注》卷二十六)

膠水

東西二城相去四十里，有膠水。(《水經注》卷二十六)

另存文字差異較大者，錄於下：

膠水東北迴達，於膠東城北百里流注於海。(《水經注》卷二十七)

《三齊記》　佚名

《三齊記》，《崇文總目》著錄：「《三齊記》一卷」，不錄撰人。或爲伏琛者、晏謨者、張朏者，亦或他人，暫輯爲一篇。

千童縣

始皇遣徐福將童男女一千人入海，於此築城僑居。(《類要》卷七)

三齊

右即墨，中臨淄，左平陸，謂之三齊。(《史記‧項羽本紀》張守節正義。又見《駱丞集》卷三)

蹲犬山

南有蹲犬山。山似犬蹲，有神。劉寵出西都，經此山。山犬吠之，寵曰：「山神謂我人也。」(《後漢書‧郡國志》李賢等注)

三壯士冢

田開疆、公孫接、古冶子三壯士冢，在齊城東南三百步。(《北堂書鈔》卷九十四)

奎山

縣西有奎山公神，似豬頭，〔一〕戴珠〔二〕。殷時有道士在縣隱〔三〕，野火四發，道士祈天，即時降雨。〔四〕今人遇旱，燒山乞雨，多驗。(《太平寰宇記》卷十九。又見《齊乘》卷一，文字稍異。)

〔校記〕
〔一〕「縣西」二句，《齊乘》作「奎山公神似豬頭」。
〔二〕「珠」下，《齊乘》有「冠」字。

〔三〕此句，《齊乘》作「殷時有道士隱此」。

〔四〕「道士」二句，《齊乘》作「道士祈天即雨」。

孝感水

其水平地準地湧出，爲小渠，與四望湖合流入州，歷諸廨署，西入瀠水。耆老傳云：「昔有孝子事母，取水遠，感此泉湧出，故名孝水。」（《太平寰宇記》卷十九）

鮑城

鮑叔牙所食邑也。（《太平寰宇記》卷十九）

鮑叔牙之食邑。（《路史》卷二十七）

臺城

高唐縣，西南四十里有臺城，其間空廢。（《太平寰宇記》卷十九）

營城

歷城縣東四十里有營城。（《太平寰宇記》卷十九）

平陵城

高唐縣西南三十里有平陵城，殷帝乙所都也。（《太平寰宇記》卷十九）

徐山

始皇令術士徐福入海，求不死藥於蓬萊方丈山，而福將童男女二千人於此山集會而去，因曰徐山。（《太平寰宇記》卷二十四）

雲母山

東武城有雲母山，山有雲母，因以爲名。安期先生常所遊餌。（《太平御覽》卷八○八）

《齊地記》　　佚名

晉代伏琛、晏謨皆撰有《齊地記》。各書在徵引過程中往往省略作者，而導致部分條目混淆。以下內容當或出自二書，姑單列之。

講室

臨淄城西門外，有古講堂，基柱猶存，齊宣王修文學處也。(《藝文類聚》卷六十三。又見《太平御覽》卷一百七十六)

另存文字有差異者，錄於下：

齊城西門側，系水左右有講室，趾往往存焉。(《史記‧田敬仲完世家》司馬貞索隱)

石鼓

城東有神祠〔一〕。祠有石鼓〔二〕。舊說云：「將有寇難，則鼓自鳴。」所以豫警備也。(《北堂書鈔》卷一百二十一。又見《太平御覽》卷三百三十八，文字稍異。)

〔校記〕

〔一〕此句，《太平御覽》作「城東有上祠山」。

〔二〕此句，《太平御覽》作「上有石鼓」。

坑水

齊有皮邱坑。民煮坑水爲鹽，石鹽似之。(《北堂書鈔》卷一百四十六)

柴阜

柴阜榛棘森然，故云柴阜，邴原葬於其東。(《初學記》卷八)

大石

萊山之陰有大石，其中有人出處，云是古聖人從此而出。(《初學記》卷八)

桐臺

城北十五里，有桐臺，即梧宮。(《藝文類聚》卷八十八。又見《太平御覽》卷九百五十六，文字稍異。桐，《太平御覽》作「梧」。)

另存文字差異較大者，錄於下：

齊城有梧桐臺，即梧宮也。(《事類賦》卷二十五)

不夜城

不夜城，在陽遷東南〔一〕。蓋古有日夜出此城，以不夜名，異之也。(《藝文類聚》卷六十三。又見涵芬樓本《說郛》卷四，文字稍異。)

〔校記〕

〔一〕陽遷，《說郛》作「陽建」。

　　另存文字記述有差異者，錄於下：

　　古有日夜出，見於東萊。故萊子立此城，以不夜爲名。(《海錄碎事》卷三上)

　　古有成山。山在於東萊。故萊子立此城，以不夜城爲名。(《類要》卷三)

鷗夷山

　　范蠡浮海出齊，變姓名，自號鷗夷子。間行止於陶山，因號陶朱公焉。後改曰鷗夷山，在今平陰縣東。(《太平御覽》卷四十二)

營丘

　　營丘，在臨淄小城內，古以爲齊室也。丘下周三百餘步，高九丈，北廂下隆丈五，造井水深七丈餘，井與地平。(《太平御覽》卷五十三)

神淵

　　瑯瑯臺上有神淵，汙之則竭，齋戒即出。(《太平御覽》卷七十)

管彥島

　　崂山東北五里入海有管彥島，是黃巾賊帥管承後也。(《太平御覽》卷七十四)

牛島

　　東牟城東有盤島，城東北有牛島，常以五月，海牛及海狸與鳥產乳其上。(《太平御覽》卷七十四)

平昌城

　　即墨城東西百八十里平昌城，高六丈，有臺，有井與荊水通，失物於井，得之於荊水。又神龍出入焉，故一名龍城。(《太平御覽》卷一百九十二)

百尺水

　　平昌郡有弩山。山中有池，名百尺水。(《編珠》卷一)

萬匹梁

　　高密郡有古斷水處，因造魚梁，歲收億數，故號曰「萬匹梁」。(《太平御覽》卷八百三十四)

海牛

　　東萊牛島上，嘗以五月，海牛產乳。海牛形似牛而無角，騂色，虎聲，

爪牙亦如虎。腳似鼉魚，尾似鮎魚，尾長尺餘。其皮甚軟，可供百用。牛見人奔入水，以杖擊鼻則得之。(《太平御覽》卷九〇〇)

長城

齊宣王乘山嶺上築長城，東至海，西至濟州千餘里，以備楚。(《史記·楚世家》張守節正義。按：此條引作「《齊記》」，以下十三條同。)

大石

萊山之陰有大石，其中有人出處，云是古聖人從此而出。(《初學記》卷八)

密州

密州，本東武縣，樂府《東武吟》即是也。(《太平御覽》卷一百六十)

膠水

膠水，出五弩山〔一〕。(《水經注》卷二十六。又見《太平寰宇記》卷十八，文字稍異。)

〔校記〕

〔一〕「出」下，《太平寰宇記》有「琅邪」二字。

反蹤城

齊景公失馬，尋蹤遂失於此，故有反蹤城。(《太平寰宇記》卷十九)

另存文字有差異者，錄於下：

齊景公失馬，尋，遂得於此，故名。(《類要》卷四)

女郎山

章侯有三女，溺死，葬於此。(《太平寰宇記》卷十九)

另存文字有差異者，錄於下：

章亥有三女溺死，葬此。(《齊乘》卷一)

樂盤城

縣有樂盤城〔一〕，即平陵王與章丘侯餞送處〔二〕，因名〔三〕。(《太平寰宇記》卷十九。又見《齊乘》卷一，文字稍異。)

〔校記〕

〔一〕縣，《齊乘》作「下」。

〔二〕餞送處，《齊乘》作「餞送之地」。

〔三〕此句，《齊乘》無。

海狸

成山有牛島，常於五月有海狸上島產乳，逢人則化魚入水。（《太平寰宇記》卷二十）

寧戚冢

東亭、西亭西北七十里有寧戚冢，因山爲墳，俗呼爲鳴角阜。（《太平寰宇記》卷二十）

柴阜

柴阜，榛莽森然，云柴阜。（《太平寰宇記》卷二十四）

明堂山

盧鄉城東三十里有明堂山，與巨青山連，出烏頭、天雄。（《太平寰宇記》卷二十。又見《齊乘》卷一）

藥石水

藥石水出此，合石瀆水，北入於海。（《齊乘》卷一）

龍盤山

周初有神龍潛此山，遂名。有神跡祠，姜嫄所履。（《齊乘》卷一）

阜山

此山是地脖，可以免三災。（《類要》卷四）

《荊州記》　晉范汪

《荊州記》，晉范汪撰。范汪（308？-372），字玄平，潁陽（今屬河南）人，博學多通，善談名理，嘗官東陽太守。此書《隋志》未著錄。其較早爲《北堂書鈔》徵引。

丹水縣

丹水縣在丹川，堯子朱之所封也。(《史記・五帝本紀》張守節正義)

丹州

丹州〔一〕，堯之子所封〔二〕，穰侯魏冉墓〔三〕。(《元豐九域志》附錄《新定九域志》卷一。又見《路史》卷二十七，文字稍異。)

〔校記〕

〔一〕州，《路史》作「川」。

〔二〕此句，《路史》作「堯子封者」。

〔三〕此句，《路史》無。

韶歌

舜葬九疑，民俗始作韶歌。(《北堂書鈔》卷一○七)

青草湖

青草湖，夏月直度百里，日月出沒湖中。(《杜工部草堂詩箋》卷二十)

巴陵南有青草湖與洞庭相連接，周回數百里，湖之南有青草山，因以爲名。夏月直度百里，日月出沒於湖中。(《杜工部草堂詩箋》補遺卷八)

三女樓

宛有三女樓，作子胥宅。(《藝文類聚》卷六十四)

宛有伍子胥宅。(《初學記》卷二十四。此條，《初學記》言出范汪注《荊州記》。《太平御覽》卷一百八十亦引，言出盛弘之《荊州記》。)

伍子胥宅

宛有伍子胥宅。(《初學記》卷二十三)

光武宅

義陽六縣安昌里有光武宅〔一〕，枕白水陂〔二〕，所謂龍飛白水也〔三〕。(《藝文類聚》卷六十四。又見《太平御覽》卷一百八十、《玉海》卷一百七十五宮室。)

〔校記〕

〔一〕六縣安昌里，《太平御覽》作「六安縣」，《玉海》作「安昌」。

〔二〕陂，《太平御覽》、《玉海》皆無。

〔三〕也，《太平御覽》無。此句，《玉海》無。

另存文字簡潔者，附於下：

義陽安昌有漢光武宅。（《初學記》卷二十四。此條，《初學記》言出范汪注《荊州記》。）

安城郡

安城郡今屬江州，出桃枝席。（《太平御覽》卷七〇九）

峽口山

夷陵縣峽口山，非日夜半，不見日月，多猿鳴，至清遠。（《太平御覽》卷九百一十）

存疑

菊水

菊水出酈縣北八里，其源旁悉芳菊，水極甘馨，中有三十家，不復穿井，悉飲此水，上壽百二十，中壽百餘，七十者猶以爲夭。此菊莖短肥大，食之甘美，異於餘菊，太尉胡廣病風羸，飲此水，疾遂瘳。（《漢書地理志補注》卷四。此條，清前書所引多言出盛弘之《荊州記》，未見言出范汪《荊州記》者，吳卓信此條所記，或誤。）

《廬山記》 晉王彪之

《廬山記》，東晉王彪之撰。王彪之（305-377），字叔虎，小字虎犢。瑯琊臨沂（今屬山東）人。官歷御史中丞、吏部尚書、尚書令。此記史志未著錄，今存佚文僅一則，出自《北堂書鈔》。

廬山

若乃飄飆高崖，迢遞峻峯，箕風吐穴而蓬勃，暈雲出岫而欝葐。（《北堂書鈔》卷一百五十八。按：此條或出自王彪之《廬山賦》。）

《廬山記》　晉釋慧遠

　　《廬山記》，又作《廬山記略》、《廬山略記》，東晉慧遠法師撰。慧遠（334-416），一作惠遠。俗姓賈。雁門樓煩（今山西寧武一帶）人。年二十一，從道安於太行恆山，後又從道安游襄陽。苻堅陷襄陽後，先南至荊州，又至廬山，居東林寺。《廬山記》，史志未著錄。今有《四庫全書》輯本。

　　山在江州尋陽南，南濱宮亭，北對九江。之南江爲小江，山去小江（江，原作「山」，改之。）三十餘里。左挾彭澤，右傍通川，引三江之流西據其會。《山海經》云：廬江出三天子，都彭澤。西入江，一曰天子障彭澤也。山在其西，故舊以所濱爲彭蠡。有匡裕先生者，出自殷周之際，遁世隱時，潛居其下。或云，裕受道於僊人，共遊此山，遂托室崖岫，即巖成館。故時人謂其所止爲神仙之廬，因以名山焉。其山大嶺凡有七重，圓基周迴，垂五百里，風雲之所攄，江湖之所帶。高崖仄宇，峭壁萬尋；幽岫窮巖，人獸兩絕。天將雨，則有白氣先搏，而瓔珞於山嶺下。及至觸石吐雲，則倏忽而集；或大風振崖，逸響動谷，群籟競奏，奇聲駭人，此其變化不可測者矣。

　　眾嶺中第三嶺極高峻，人跡之所罕經也。昔太史公東遊，登其峰而遐觀，南眺三湖，北望九江，東西四目，若陟天庭焉。其嶺下半里許有重巘，上有懸崖，傍有石室，即古仙之所居也。其後有巖，漢董奉館於巖下，常爲人治病，法多奇神驗，絕於俗醫。病愈者令栽杏五株，數年之中，蔚然成林。計奉在民間近二百年，容狀常如三十時。俄而昇仙，遂絕跡於杏林。其北嶺西崖之間，常有懸流遙注，激勢相趨，百餘仞中，雲氣映天，望之若山在霄霧焉。其南嶺臨宮亭湖，下有神廟，即以宮亭爲號，安侯世高所感化，事在《安侯傳》。七嶺同會於東，共成峰崿。其崖窮絕，莫有昇之者。有野夫見人著沙門服，凌虛直上，既至，則迴身踞其鞍良久，乃與雲氣俱滅。此似得道者，當時能文之士咸爲之異。

　　又所止多奇，觸象有異。北背重阜，前帶雙流。所背之山，左有龍形而石塔基焉。下有甘泉涌出，冷暖與寒暑相變，盈減經水旱而不異，尋其源，仍出於龍首也。南對高岑，上有奇木，獨絕於嶺表數十丈（丈，原作「大」，改。）其下似一層佛浮圖，白鶴之所翔，玄雲之所入也。東南有香爐山，孤

峰秀起。遊氣籠其上，則氛氳若香煙；白雲映其外，則炳然與眾山殊別。天將雨，其下水氣涌起，如馬車蓋，此即龍井之所吐。其左有翠林，青雀、白猿之所憩，玄鳥之所蟄。西有石門，其前似雙闕，壁立千餘仞而瀑布流焉。其中鳥獸草木之美、靈藥萬物之奇焉，可得聲名哉，略舉其異而已耳。（文淵閣《四庫全書》本）

另存文字簡潔者，附於下：

《山海經》曰：「廬江，三天子都。」有匡裕先生者，出自殷周之際，隱遁避世，潛居其下。或云俗受道於僊人而共遊其嶺，遂托室懸岫，即岩成館。故時人謂其所止為神仙之廬。西南有石門，似雙闕壁立千餘仞，而瀑布流焉。（《太平御覽》卷四十一）

山在尋陽南，南濱宮亭湖，北對小江。山去小江三十餘里，有匡俗先生者，出殷周之際，隱遯潛居其下，受道於僊人而共嶺，時謂所止為僊人之廬，而命焉。其山大嶺凡七重，圓基周迴垂五百里，其南嶺臨宮亭湖，下有神廟，七嶺會同，莫升之者。東南有香爐山，其上氛氳若香煙。西南中石門，前有雙闕，壁立千餘仞，而瀑布流焉。其中鳥、獸、草、木之美，靈藥芳林之奇，所稱名代。（《後漢書·郡國志》李賢等注）

山在江州尋陽郡，左挾彭澤，右傍通川，有匡俗先生，出自殷、周之際，遯世隱時，潛居其下。或云：匡俗受道於僊人，而共遊其嶺，遂托室崖岫，即岩成館，故時人謂為神仙之廬而命焉。（《世說新語·規箴》劉孝標註）

山在江州尋陽，南濱宮亭，北對九江。九江之南，江為小江。山去小江三十餘里，左挾彭蠡，右傍通川，引三江之流，而據其會。（陳舜俞《廬山記》卷一）

自託此山二十三載，再踐石門，四遊南嶺，東望香爐峰，北眺九江。傳聞有石井方湖，中有赤鱗踊出，野人不能敘，直歎其奇而已矣。（《世說新語·規箴》劉孝標註）

西南有石門山〔一〕，其形似雙闕〔一〕，壁立千餘仞，而瀑布流焉。（《藝文類聚》卷八。又見《白孔六帖》卷五、陳舜俞《廬山記》卷一，文字稍異。）

〔校記〕

〔一〕此句，《廬山記》作「西有石門」。

〔一〕形，《白孔六帖》作「狀」，《廬山記》作「前」。

匡廬大嶺，凡有七重，圓基周迴，乘五百里風雲之所，擴江山之所帶，高巖仄宇，峭壁萬尋，幽岫穹嵌，人獸兩絕。天將雨，則有白氣先搏而縈絡

於山嶺下。及至，觸石吐雲，則倏忽而集，或大風振巖，逸響動穀，群籟競奏，其聲駭人。(《廣博物志》卷五)

漢董奉，在人間近三百年，容狀常如三十時。(《御選唐詩》卷三十一)

東南有香鑪山，孤峰獨秀起，游氣籠其上，則氤氳若香煙。白雲耿其外，炳然與眾峰殊別。(《大清一統志》卷三百一十八)

匡廬眾嶺中，第三嶺極高峻，人所罕經也。太史公東遊，登其峰而遐觀，南眺五湖，北望九江，東西肆目，若涉天庭焉。(《御定淵鑒類函》卷三〇二)

主簿山溫泉

主簿山有溫泉，冬夏常如熱沸。(《白孔六帖》卷七)

入林

始入林，渡雙闕，謂則踐其基。登涉十餘里，乃出林表，回步許，便得重崿。東望香爐，秀絕眾流。北眺九江，目流神覽。(陳舜俞《廬山記》卷一)

存疑

以下諸條，不見明代以前著述徵引，存疑。

匡廬大嶺

匡廬大嶺，凡有七重，圓基周迴，乘五百里風雲之所，擔江山之所帶，高巘庈宇，峭壁萬尋，幽岫穹嵌，人獸兩絕。天將雨，則有白氣先搏而縈絡於山嶺下。及至，觸石吐雲，則倏忽而集，或大風振巘，逸響動谷，群籟競奏，其聲駭人。(《廣博物志》卷五)

董奉

漢董奉，在人間近三百年，容狀常如三十時。(《御選唐詩》卷三十一)

香鑪山

東南有香鑪山，孤峰獨秀起，游氣籠其上，則氤氳若香煙。白雲耿其外，炳然與眾峰殊別。(《大清一統志》卷三百一十八)

匡廬第三嶺

匡廬眾嶺中，第三嶺極高峻，人所罕經也。太史公東遊，登其峰而遐觀，南眺五湖，北望九江，東西肆目，若涉天庭焉。(《御定淵鑒類函》卷三〇二)

《豫章記》 晉張僧鑒

《豫章記》，東晉張僧鑒撰。張僧鑒，生卒年不詳，南陽（今屬河南）人。此記，史志無著錄。今存佚文一則，出自《文選》李善注。

鸞崗

洪井有鸞岡〔一〕，舊說云，洪崖先生乘鸞所憩處也。鸞岡西有鶴嶺，王子喬控鶴所經過處〔二〕。（《文選·別賦》李善注。又見《文選·從冠軍建平王登廬山香爐峰》李善注，文字稍異。）

〔校記〕

〔一〕「洪井」下，《文選·從冠軍建平王登廬山香爐峰》有「西」。

〔二〕此句，《文選·從冠軍建平王登廬山香爐峰》作「云王子喬控鶴所經處也」。

《潯陽記》 晉張僧鑒

《潯陽記》，又作《尋陽記》，東晉張僧鑒撰。《新唐書·藝文志》著錄：「張僧鑒《潯陽記》二卷。」元代諸書無著錄，應在其時亡佚。

圓石

東得石鏡山，前有一圓石，〔一〕懸崖明淨，照人形有光入石，〔二〕毫細必察，故號曰「石鏡」〔三〕。（《北堂書鈔》卷一百三十六。又見《太平御覽》卷五十二，文字稍異。）

〔校記〕

〔一〕此二句，《太平御覽》作「石鏡山東一圓石」。

〔二〕以上二句，《太平御覽》作「照人毫細必察」。

〔三〕此句，《太平御覽》無。

另存文字差異較大者，錄於下：

石鏡在山東，有一團石懸崖〔一〕，明淨照人〔二〕。（《藝文類聚》卷七十。又見《初學記》卷五、《文選·入彭蠡湖口》李善注，文字稍異。）

〔校記〕

〔一〕團石，《文選·入彭蠡湖口》作「圓石」，《初學記》作「員石」。

〔二〕此句，《文選·入彭蠡湖口》作「明淨照人見形」，《初學記》作「明淨照見人形」。

石照山，有一圓石懸崖，明淨可照人形。亦一勝景也。（《類要》卷一）

廬山

廬山周圍四百餘里，疊嶂九層，崇巖萬仞。（《編珠》卷一）

另存文字差異較大者，錄於下：

山南有三宮〔一〕，所謂天子都也。盧宮，溪水出焉。〔二〕上宮，人所不至〔三〕，有三石梁，長十餘丈〔四〕，閣纔盈赤，其下無底。其中宮在別巖，悉是文石，兩邊有小圓峰，奇特，號爲「右障峰」，石形若羊馬，來道相對。下宮，彭蠡湖際宮亭廟舊所也。山高二千三百六十丈，周回二百五十里，其山九疊，川亦九派。（陳舜俞《廬山記》卷一。又見《輿地紀勝》卷三十，文字稍異。）

〔校記〕

〔一〕山南，《輿地紀勝》作「廬山東南」。

〔二〕「盧宮」二句，《輿地紀勝》無。

〔三〕此句，《輿地紀勝》無。

〔四〕《輿地紀勝》引至此。

湓口城

盆城〔一〕，灌嬰所築〔二〕。孫權經此城〔三〕，自摽井地〔四〕，令人掘之〔五〕，正得故井，〔六〕銘曰〔七〕：「潁陰侯所開〔八〕。云〔九〕，三百年當塞，塞後不滿百年〔十〕，當爲應運者所開〔十一〕。」權欣悅〔十二〕，以爲己瑞〔十三〕，井甚深大〔十四〕，江中風浪〔十五〕，此井輒動〔十六〕，常當之〔十七〕。（《藝文類聚》卷九。又見《太平廣記》卷一百六十三、《太平御覽》卷一百八十九、宛委山堂本《說郛》卷六十一，文字稍異。）

〔校記〕

〔一〕盆城，《太平廣記》作「湓口城」，《太平御覽》、《說郛》作「湓城」。

〔二〕此句，《太平廣記》作「漢高祖六年灌嬰所築」，《太平御覽》作「漢灌嬰所築」。

〔三〕此句，《太平廣記》、作「建安中孫權經住此城」，《說郛》作「建安中孫權經此城」。

〔四〕摽，《說郛》作「標」。此句，《太平廣記》作「自標作井地」，《太平御覽》作「自立摽井」。

〔五〕之，《太平御覽》無。此句，《太平廣記》無。

〔六〕正，《太平廣記》作「遂」，《太平御覽》無。得，《太平御覽》無。

〔七〕此句，《太平廣記》作「井中有銘石云」，《說郛》作「有石銘云」。

〔八〕潁陰侯，《太平御覽》作「潁陽侯」。此句，《太平廣記》作「漢六年潁陰侯開此井」，《說郛》作「漢六年潁陰侯所開」。

〔九〕云，《太平御覽》無。「云」上，《太平廣記》有「卜」字。此句，《說郛》作「卜云」。

〔十〕滿，《太平廣記》作「度」。此句，《太平御覽》作「不滿百年」。

〔十一〕此句，《太平御覽》作「爲當運者所開」。

〔十二〕「權」下，《太平廣記》、《說郛》有「見銘」二字。悅，《太平御覽》無。

〔十三〕此句，《太平御覽》作「以爲瑞井」。此句以下，《說郛》有「時咸異之」句，《太平廣記》有「人咸異之」句，且《太平廣記》引至此。

〔十四〕此句，《太平御覽》無。

〔十五〕中，《說郛》作「有」。

〔十六〕此井，《太平御覽》作「井水」。《太平御覽》引至此。

〔十七〕此句，《說郛》作「土人呼爲浪井」。

匡俗

匡俗，周武王時人，屢逃徵聘，結廬此山。後登仙，空廬尚在，弟子等呼爲廬山，又名匡山，蓋稱其姓。又接，豫章匡俗，字君孝。父共鄱陽令吳芮，佐漢定天下，封俗鄱陽廬君。兄弟七人，皆好道術，遂寓精爽於洞庭之山，故世謂廬山。漢武帝南巡，親見神靈，封俗爲文明公。一云：匡俗漢人；一云：周武時人，未知誰是。（《太平御覽》卷四十一）

潮泉

雞籠山下澗中〔一〕，有數十處累石〔二〕，若有人功〔三〕。水常深尺餘，朝夕輒有湧泉溢出〔四〕，如潮水，時刻不差。朔望尤大〔五〕，號爲「潮泉」〔六〕，常如沸湯。（《初學記》卷七。又見《古今合璧事類備要》前集卷九、宛委山堂本《說郛》卷六十一，文字稍異。）

〔校記〕

〔一〕下，《古今合璧事類備要》無。

〔二〕數十處，《古今合璧事類備要》《說郛》作「數處」。

〔三〕此句，《古今合璧事類備要》作「若出人力」。

〔四〕輒，《古今合璧事類備要》作「輙」

〔五〕尤，《古今合璧事類備要》作「猶」。

〔六〕《說郛》引至此。

另存文字記述簡潔者，錄於下：

莫山有澗，深丈餘，朝夕輒有湧泉溢出，如潮，號爲潮泉。(《太平御覽》卷七十)

雞籠山下有水湧出，如潮，晷刻不差，朔望尤大。(《輿地紀勝》卷二十五)

赤山石穴

赤山下有石穴。有人取鍾乳者，經宿不知所窮，水恒流出，深處浮乃得過數里，輒見頂有光明〔一〕，聞裏有聲，若霹靂〔二〕出入，此人大駭而出。(《北堂書鈔》卷一百五十八。又見《太平御覽》卷五十四，文字稍異。)

〔校記〕

〔一〕此句，《太平御覽》作「輒見有光明」。

〔二〕此句下，《太平御覽》作「此人遽出，竟無以測遠近，有仙鼠撲火」。

存疑

九江

三國之時，此地雖爲督護要津，而未立郡，但分隸武昌郡。(《大清統一統志》卷三百一十八。按：此則，未見明代以前著述徵引，存疑。)

《宜都山川記》　晉袁山松

《宜都山川記》，又作《宜都記》，東晉袁山松撰。袁山松（？-401），嚴可均《全上古三代秦漢三國六朝文》小傳記其名崧，字山松。陳郡陽夏（今河南太康）人。少有才，博學有文章，著有《後漢書》一百卷，亡佚。《宜都山川記》，《隋志》未著錄。其文較早被南北朝地記徵引、化用。

溫泉

佷山縣東有溫泉注大溪〔一〕。夏纔煖，冬則大熱，上常有霧雲氣〔二〕。百病久疾，入水多愈〔四〕。此泉先出鹽也〔五〕。(《北堂書鈔》卷一百四十六。又見《初學記》卷七，文字稍異。)

〔校記〕

〔一〕此句,《初學記》作「銀山縣有溫泉注大溪」。

〔二〕此句,《初學記》作「上常有霧氣」。

〔三〕「常」上,《初學記》有「上」字。

〔四〕「入」下,《初學記》有「此」字。

〔五〕此句,《初學記》無。

丹山

西北三十里丹山〔一〕,天晴時〔二〕,忽有霧起〔三〕,迴轉如煙〔四〕,不過再朝,必雨〔五〕。(《北堂書鈔》卷一百五十一。又見《藝文類聚》卷二、《初學記》卷二、《太平御覽》卷十五,文字稍異。)

〔校記〕

〔一〕此句,《藝文類聚》作「郡西北有丹山」,《初學記》作「郡西北,陸行三十里,有丹口」,《太平御覽》作「郡西北三十里有丹山」。

〔二〕時,《藝文類聚》、《太平御覽》無。此句,《初學記》作「天晴出嶺」。

〔三〕「忽」上,《藝文類聚》有「嶺」,《太平御覽》有「山嶺」。

〔四〕迴:《藝文類聚》、《太平御覽》作「回」。

〔五〕此句,《藝文類聚》、《初學記》、《太平御覽》作「雨必降」。

另存文字差異較大者,錄於下:

丹山,時有赤氣籠井,如丹,故加此名〔一〕。(《太平寰宇記》卷一百四十七。又見《太平御覽》卷四十九、《輿地紀勝》卷七十三,文字稍異。)

〔校記〕

〔一〕此句,《太平御覽》作「故有此名」,《輿地紀勝》作「故名」。

郡西北陸行四十里,有丹山。山間時有赤氣,籠蓋林嶺如丹色,因以名山。(《藝文類聚》卷七)

石穴

佷山縣北有石穴〔一〕,平居無水。有渴者至,誠請乞,輒得水;戲乞,則不得。(《北堂書鈔》卷一百五十八。又見《太平御覽》卷五十四,文字稍異。)

〔校記〕

〔一〕此句,《太平御覽》作「佷山縣有文石穴」。

另存文字差異較大者,錄於下:

佷山,山谷之內有石穴,穴出清泉,水有神魚,大者二尺,小者一尺,

釣者先請多少，拜而請之，數滿便止。水側有異花，欲摘如魚請。又有異木，名千歲，葉似棗，冬夏常青。復有蒼范溪相近。（《太平御覽》卷四十九）

西陵南岸

對西陵南岸有山，其峰孤秀。人自山南上至頂，俯臨大江如縈帶，視舟船如鳬雁。（《初學記》卷六。又見《太平御覽》卷六十）

另存文字差異較大者，錄於下：

今自山南上至其嶺，嶺容十許人，四面望諸山，略盡其勢，俯臨大江，如縈帶焉，視舟如鳬鴈矣。（《水經注》卷三十四。按：此則，《水經注》冠以「其《記》」。其，據原文指爲袁山松，此記應爲《宜都山川記》。）

獸牙山

獸牙山有石壁〔一〕，其文黃赤色〔二〕，有牙齒形〔三〕。（《初學記》卷八。又見《太平寰宇記》卷一百四十七、《太平御覽》卷四十九，文字稍異。）

〔校記〕

〔一〕獸：《太平寰宇記》、《太平御覽》作「虎」。

〔二〕此句，《太平寰宇記》作「其色黃，間有白文」。

〔三〕此句，《太平寰宇記》作「亦有牙齒形」。

三峽

自黃牛灘東入西陵界，至峽口百許里〔一〕，山水紆曲，而兩岸高山重障〔二〕，非日中夜半，不見日月〔三〕，絕壁或千許丈，其石彩色，形容多所象類，林木高茂，略盡多春，猿鳴至清，山谷傳響，泠泠不絕。（《水經注》卷三十四。又見《資治通鑒》卷六十八，文字稍異。）

〔校記〕

〔一〕百：《資治通鑒》作「一百」。

〔二〕而，《資治通鑒》無。

〔三〕《資治通鑒》引至此。

另存文字差異較大者，錄於下：

自西陵泝江西北行三十里，入峽口，其山行周迴隱映，如絕復通，高山重嶂，非日中夜半，不見日月也。（《藝文類聚》卷六）

巴陵，楚之世有三峽，高山重鄣，非日中半夜，不見日月，猿鳴至清，諸山谷傳其響。泠泠不絕也。（《太平御覽》卷五十三）

三峽猿鳴

峽中猿鳴清〔一〕，山谷傳其響，冷冷不絕。〔二〕行者歌之曰：「巴東三峽猿鳴悲，猿鳴三聲淚沾衣。」（《太平御覽》卷五百七十二。又見《遊仙窟》卷五、《太平御覽》卷九百一十，文字稍異。）

〔校記〕

〔一〕此句，《遊仙窟》作「峽中猨鳴至清」，《太平御覽》卷九百一十作「峽中猿鳴至清」。

〔二〕冷冷，《太平御覽》九百一十作「泠泠」。

千歲

很山有異木，人無見其朽者，其名曰「千歲」〔一〕。葉似棗，色似桑，冬夏青，貞強，少節目。（《太平御覽》卷九百六十。又見《記纂淵海》卷一，文字稍異。）

〔校記〕

〔一〕曰，《記纂淵海》無。《記纂淵海》引至此句。

陰陽石

宜都郡有二大石，一爲陽，一爲陰。鞭陰石則雨，鞭陽石則晴。（《錦繡萬花谷》後集卷一）

荊門、虎牙

南崖有山，名荊門，北對崖有山，名虎牙，〔一〕二山相對〔二〕，其荊門山在南，上合而下空徹，山南有像門也。〔三〕（《太平御覽》卷四十九。又見《太平御覽》卷一百六十七、《輿地紀勝》卷七十三，文字有異。）

〔校記〕

〔一〕「南崖」四句，《輿地紀勝》作「南岸有荊門山，北岸有虎牙山」二句。

〔二〕二山，《輿地紀勝》無。此句，《太平御覽》卷一百六十七無。

〔三〕「其荊門」三句，《太平御覽》卷一百六十七作「故曰荊門虎牙，即楚之西塞」，《輿地紀勝》作「楚之西塞也，今在宜都縣」。

另存文字簡潔者，附於下：

南崖有山名荊門，北崖有山名虎牙。（《太平寰宇記》卷一百四十七。又見《輿地紀勝》卷七十三。按：此則內容，《輿地紀勝》引作「宜都山水記」。）

郡城

郡城，即陸抗攻步闡〔一〕，拒晉於此壘〔二〕。（《太平寰宇記》卷一百四十七。又見《太平御覽》卷一百六十七，文字稍異。）

〔校記〕

〔一〕「步闡」下，《太平御覽》有「於此」二字。

〔二〕此句，《太平御覽》無。

馬穴

自西陵北行三十里，有石穴名馬穴。嘗有白馬出食，人逐之入穴，潛行出漢中，漢中人失馬，亦嘗出此穴，相去數里。（《太平御覽》卷五十四）

另存文字差異較大者，錄於下：

自西陵北崖有石穴，遠望常有白馬出入其間，尋之莫睹。（《太平寰宇記》卷一百四十七。又見《輿地紀勝》卷七十三，自，其無。）

風穴

以六月至此穴，便思衣裘。（《太平御覽》卷九）

風井

宜陽山有風井，穴大如甕，夏出冬入。有樵人置笠穴口，風吸之，後於長楊溪口得笠，則知潛通也。（《太平御覽》卷四十九）

五色石

大江清濁分流，其水十丈見底，視魚游如乘空，淺處多五色石。（《太平御覽》卷六十）

下魚城

狼山縣東六十里有山〔一〕，名下魚城，四面絕崖，唯兩道可上〔二〕，皆險峻〔三〕。山上周迴可二十里〔四〕，有林木池水〔五〕，人田種於山上〔六〕。昔永嘉亂，土人登此避賊。守之經年〔七〕，食盡，取池魚擲下與賊，〔八〕以示不窮〔九〕。賊遂退散，因此名爲下魚城〔十〕。（《初學記》卷二十三。又見《太平御覽》卷六十七、一百九十二，文字稍異。）

〔校記〕

〔一〕狼山縣，《太平御覽》卷六十七作「佷山縣」。此句，《太平御覽》卷一百九十二作「佷山縣有山」。

〔二〕唯，《太平御覽》卷一百九十二無。

〔三〕險峻，《太平御覽》卷六十七作「峻嶮」。峻，《太平御覽》卷一百九十二無。

〔四〕上，《太平御覽》卷一百九十二無。

〔五〕此句，《太平御覽》卷六十七作「有林池水」，《太平御覽》卷一百九十二作「上有林
木池水」。

〔六〕此句，《太平御覽》卷六十七作「民田種於山上」，《太平御覽》卷一百九十二作「里
民種於山下」。

〔七〕此句，《太平御覽》作「賊守之經年」。

〔八〕賊，《太平御覽》卷六十七作「之」。「食盡」二句，《太平御覽》卷一百九十二作「食
魚擲下與賊」。

〔九〕以，《太平御覽》卷六十七無。

〔十〕此句，《太平御覽》卷六十七作「因名此爲下魚城」，《太平御覽》卷一百九十二作「因
以此爲下魚城」。

神龍淵

鄉下村有淵，淵有神龍，每旱，百姓輒以茵草投淵上流，魚死龍怒，應
時天雨。(《太平御覽》卷七十)

石室

鹽水上有石室，民駱都到室邊採蜜，見一仙人裙衫白帢坐，見都凝瞻不
轉。(《太平御覽》卷六百八十八)

插竈崖

宜都山，絕崖壁立數百丈。有一大爐插其崖間，望可長數尺。傳云，
堯洪水，人泊船此旁，爨餘，故日「插竈崖」也。(宛委山堂本《説郛》卷六
十一)

方山

自西陵東北陸行百二十里〔一〕，有方山，其嶺四方，素崖如壁〔二〕，天清
朗時，有黃影似人像，山上有神祠場，特生一竹，茂好，其摽垂場中，場中
有塵埃，則風起動此竹，拂去如灑掃者。(《藝文類聚》卷七。又見《編珠》卷一，
文字稍異。)

〔校記〕

〔一〕此句，《編珠》作「西陵東北」。

〔二〕《編珠》引至此。

秭歸

屈原有賢姊，聞原放逐，亦來歸，喻令自寬全。鄉人冀其見從，因名曰秭歸，《離騷》所謂女嬃嬋媛以詈余也。（《水經注》卷三十四。按：此條，《水經注》冠以「袁山松曰」，當是省稱。）

另存文字差異較大者，錄於下：

秭歸蓋楚子熊繹之始國，而屈原之鄉里也。（《水經注》卷三十四）

屈原此縣人，既被流放，忽然暫歸，其姊亦來，因名其地爲秭歸。（《太平御覽》卷一百六十七）

宜昌縣

渡流頭灘十里，便得宜昌縣。（《水經注》卷三十四）

靈祠竹

佷山縣方山上有靈祠，祠中有特生一竹，擅美高危。其杪下垂，忽有塵穢，起風動竹，拂蕩如掃。（《太平御覽》卷九百六十二）

二灘

二灘相去二里，人灘水至峻峭，南岸有青石，夏沒冬出，其石嶔崟，數十步中悉作人面形，或大或小，其分明者，鬚髮皆具，因名曰人灘也。（《水經注》卷三十四。按：此條，《水經注》冠以「袁山松曰」，當是省稱。）

歸鄉

父老傳言：原既流放，忽然暫歸，鄉人喜悅，因名曰歸鄉。（《水經注》卷三十四。按：此條，《水經注》冠以「袁山松曰」，當是省稱。）

灘頭

自蜀至此五千餘里，下水五日，上水百日也。（《水經注》卷三十四。按：此條，《水經注》冠以「袁山松曰」，當是省稱。）

三峽水疾

常聞峽中水疾，書記及口傳，悉以臨懼相戒，曾無稱有山水之美也。及余來踐躋此境，既至欣然，始信耳聞之不如親見矣。其疊崿秀峰，奇構異形，固難以辭敍，林木蕭森，離離蔚蔚，乃在霞氣之表，仰矚俯映，彌習彌佳，流連信宿，不覺忘返，目所履歷，未嘗有也。既自欣得此奇觀，山水有靈，

亦當驚知己於千古矣。(《水經注》卷三十四。按：此條，《水經注》冠以「袁山松言」，當是省稱。)

連山

江北多連山，登之望江南諸山，數十百重，莫識其名，高者千仞，多奇形異勢，自非煙騫雨霽，不辨見此遠山矣。(《水經注》卷三十四。按：此條，《水經注》冠以「袁山松言」，當是省稱。)

風

夏則風出，冬則風入，春秋分則靜。(《水經注》卷三十七。按：此條，《水經注》冠以「袁山松云」，當是省稱。)

存疑

以下諸條，多不見明代以前著述徵引，存疑。

西陵峽

兩岸絕壁千仞，五采形色，多所像類。(《輿地紀勝》卷七十三。按：此則冠作「宜都山水記，或為訛誤，存疑。)

射陽縣

安帝義熙元年省射陽縣，分廣陵之鹽城地立山陽、東城、左鄉三縣，為山陽郡，屬南徐州，宋因之。(《太平寰宇記》卷一百二十四。按：此條所記內容並非宜都山川，存疑。)

牛灘

自峽口泝江百許里至苦牛灘，南岸有重山，山頂有石壁，上有人負力牽黃牛。人跡所絕，莫能究焉。(《御定淵鑒類函》卷四百三十五)

長陽谷

佷山縣南岸有谿，名「長陽」。此谿數里，上重山崗嶺迴曲，有射堂邨。東六七里有石穴清泉，流三十步便入穴中，即長陽谿源也。(《御定淵鑒類函》卷二十六)

蝙蝠

亭下邨有石穴，甚深，未曾測其遠近。穴中有蝙蝠，大如鳥，多倒懸。（《御定淵鑒類函》卷二十六）

二文石

自鹽水西北行五十餘里，有一山，獨立峻絕，名爲「難留城」。從西南上里餘，得石穴，行百許步，得石磧，有二文石，並在穴中。（《御定淵鑒類函》卷二十六）

《勾將山記》　　晉袁山松

《勾將山記》，東晉袁山松撰。此記《隋志》未著錄。其佚文較早爲《初學記》所徵引。

勾將山

縣去山四十里，別從狼尾灘下南崖。（《初學記》卷八）

馬鬣、建鼓

登勾將山〔一〕，見馬鬣、建鼓〔二〕，嶷然半天〔三〕。（《太平寰宇記》卷一百四十三。又見《方輿勝覽》卷三十三、《輿地紀勝》卷八十六，文字稍異。）

〔校記〕
〔一〕勾將山，《方輿勝覽》作「句將山」。
〔二〕馬鬣，《輿地紀勝》作「馬鬃」。
〔三〕此句，《方輿勝覽》作「屹然半天」。

高筐山

登勾將，北見高筐山，嶷然半天。（《太平寰宇記》卷一百四十七。又見《太平御覽》卷四十九）

登勾將山南望

登勾將山南望，見宜都、江陵近在目前，沮潭沔漢諸山，嵬嵬時見，遠眺雲夢之澤，晶然與天際。四顧總視眾山數千仞者，森然羅列於足下；千仞以還者，矗嵬如丘浪勢焉。（《太平御覽》卷四十九）

《武昌記》　　晉史筌

《武昌記》，晉史筌撰。史筌，生卒年、里籍不詳。此記《隋志》未著錄，其佚文較早爲《北堂書鈔》所徵引。

峴山

武昌有峴山〔一〕，欲陰雨〔二〕，上有聲如吹角。（《北堂書鈔》卷一百二十一。又見《北堂書鈔》卷一百五十一、《太平御覽》卷三百三十八，文字稍異。）

〔校記〕

〔一〕峴山：《北堂書鈔》卷一百五十一、《太平御覽》作「龍山」。

〔二〕「欲」上，《北堂書鈔》卷一百五十一有「如」字。

石鼓、冷澗

峴山有石鼓鳴，天必雨。峴山南有冷澗，夏寒不可入。（《太平寰宇記》卷一百一十三）

石鼓山

城西有石鼓山，上有三石鼓。鼓鳴，天必雨也。（《北堂書鈔》卷一百五十一。又見《事類賦》卷三）

金牛崗

鳳闕南十里，有金牛崗。〔一〕古老相傳云：有金牛出此崗〔二〕。崗今半崩〔三〕，坑深數丈〔四〕。牛踐崗邊〔五〕，遺跡尚存。（《北堂書鈔》卷一百五十七。又見《太平御覽》卷九〇〇，文字稍異。）

〔校記〕

〔一〕以上二句，《太平御覽》作「武昌牛崗」。

〔二〕《太平御覽》無「崗」字。

〔三〕此句，《太平御覽》作「今半已崩破」。

〔四〕此句，《太平御覽》作「坑大數十丈」。

〔五〕此句，《太平御覽》作「牛因躍出，踐崗邊石」。

石鼓峴

城東南有金牛崗〔一〕，西有石皷峴〔二〕。上有三石皷，皷鳴天必雨〔三〕。（《北堂書鈔》卷一百五十七。又見《太平御覽》卷十、五十六，文字稍異。）

〔校記〕

〔一〕「城」上，《太平御覽》卷十有「武昌」二字。

〔二〕此句，《太平御覽》卷十作「西有石鼓山」，《太平御覽》卷五十六作「崗西有石鼓峴」。

〔三〕「皷」上，《太平御覽》卷十有「石」。

另存文字差異較大者，錄於下：

大峴山有一石，如鼓形，鳴則天必有雨。在州西三百四十二里。（《類要》卷一。按：末句，當爲晏殊徵引時所補。）

龍穴

蕪菁山有龍穴，其水深闇，少得入者。人採鍾乳，乘火而入。下有水深數尺，多有蝙蝠來撲火。（《北堂書鈔》卷一百五十八。又見《太平御覽》卷五十四）

寒溪

樊山東有小溪〔一〕，夏時居之懷袖〔二〕，恒有寒氣，〔三〕謂之寒溪〔四〕。（《北堂書鈔》卷一百五十八。又見《藝文類聚》卷九、《太平御覽》卷二十二、六十七，文字稍異。）

〔校記〕

〔一〕小溪，《太平御覽》卷六十七作「山谿」。

〔二〕此句，《藝文類聚》作「夏時懷袖」，《太平御覽》卷二十二作「盛夏時凜然」，《太平御覽》卷六十七作「夏時凜凜」。

〔三〕恒：《太平御覽》卷二十二作「常」。

〔四〕「謂」上，《太平御覽》有「故」字。寒溪，原作「寒氣」，據《藝文類聚》、《太平御覽》改。

鳳闕岡

城東南角有岡，名鳳闕。吳時有鳳集之。因以爲名。（《初學記》卷八。又見《錦繡萬花谷》後集卷六）

樊山

樊口之東有樊山〔一〕。（《初學記》卷八。又見《錦繡萬花谷》後集卷六，文字稍異。）

〔校記〕

〔一〕《錦繡萬花谷》無「之」字。

吉祥山

吳主微時嘗隱於此。(《方輿勝覽》卷二十二。又見《輿地紀勝》卷三十三)

大姥廟

樊口南有大姥廟〔一〕，孫權常獵於山下〔二〕。依夕〔三〕，見一姥問權〔四〕：「獵何所得？」〔五〕曰〔六〕：「正得一豹。〔七〕」母曰〔八〕：「何不豎豹尾？〔九〕」忽然不見〔十〕。(《水經注》卷三十五。又見《藝文類聚》卷十、《太平寰宇記》卷一百一十二、《太平廣記》卷一百三十五、《太平御覽》卷四十八、六百八十，文字稍異。)

〔校記〕

〔一〕此句，《太平御覽》卷四十八作「樊山」，《太平御覽》卷六百八十作「樊口南百步有樊山」。《藝文類聚》、《太平寰宇記》、《太平廣記》無此句。

〔二〕此句，《藝文類聚》作「孫權獵於樊山」，《太平寰宇記》作「孫權嘗獵於樊口山」，《太平廣記》作「吳孫權獵於武昌樊山下」，《太平御覽》卷四十八作「孫權常獵於下」，《太平御覽》卷六百八十作「孫權獵於山下」。

〔三〕《藝文類聚》、《太平寰宇記》、《太平廣記》、《太平御覽》卷四十八無此句。

〔四〕《藝文類聚》、《太平寰宇記》、《太平御覽》卷四十八無「權」字。

〔五〕獵何所得：《藝文類聚》作「獵何得」，《太平寰宇記》、《太平御覽》卷四十八作「獵得何物」。「見一姥」二句，《太平廣記》作「見一老母，問權何獲」。

〔六〕曰：《藝文類聚》、《太平寰宇記》、《太平御覽》卷四十八作「答曰」，《太平御覽》卷六百八十作「對云」。

〔七〕此句，《藝文類聚》作「止得一豹」，《太平寰宇記》作「得一豹」，《太平廣記》作「只獲一豹」，《太平御覽》卷四十八作「只獵得一豹」。

〔八〕母：《藝文類聚》、《太平寰宇記》、《太平御覽》卷六百八十作「姥」。《太平廣記》、《太平御覽》卷四十八無。

〔九〕豎，《藝文類聚》作「堅」，當是形訛。豹：《藝文類聚》、《太平寰宇記》、《太平廣記》、《太平御覽》作「其」字。此句下，《太平御覽》卷六百八十有「語竟」句，《太平寰宇記》、《太平御覽》卷四十八有「言訖」句。

〔十〕《太平寰宇記》無「忽然」二字。此句下，《藝文類聚》有「因爲立樊姥廟」句，《太平寰宇記》、《太平御覽》卷四十八有「權於後立廟祀之」，《太平廣記》有「權稱尊號，立廟於山下」，《太平御覽》卷六百八十有「因爲立廟，以其處楚山神，故名爲樊山大姥」。

陰陽石

夷陵有陰陽石。陰石常潤，陽石常燥。旱則鞭陰石，必雨。雨久鞭陽石，則止。(《記纂淵海》卷二)

闔閭山

昔闔閭與伍子胥屯眾於此山爲城，故曰闔閭山。（《太平御覽》卷四十八）

朔山竹

朔山有竹〔一〕，長一十餘丈〔二〕，圍數尺〔三〕，嘗有聲〔四〕，天欲將雨〔五〕，此竹鳴焉。今無此竹。〔六〕（《太平寰宇記》卷一百一十三。又見《太平御覽》卷四十八、九百六十二、《類要》卷一、《輿地紀勝》卷三十三，文字稍異。按：《類要》所徵引冠以「《武昌縣記》」。）

〔校記〕

〔一〕此句，《太平御覽》卷九百六十二作「陽新縣有朔山，山有兩大竹」，《類要》作「朔山之上有大竹」。

〔二〕《太平御覽》卷九百六十二無「一」字。「長」上，《類要》有「約」字。

〔三〕此句，《類要》作「同數十尺」。同，當爲「圍」之形訛。

〔四〕嘗：《太平御覽》卷四十八、《類要》作「常」。

〔五〕《太平御覽》卷四十八、《類要》、《輿地紀勝》無「欲」字。

〔六〕「嘗有聲」四句，《太平御覽》卷九百六十二作「有聲如風雨，爲官長凶候，縣人占之有驗。」末句下，《類要》有「今亡矣。在州西，去州五百里」數句。當爲後人增補內容。《輿地紀勝》有「今無矣」。

九宮山

九宮山，西北陸路去州五百八十里。其山，晉安王兄弟九人造九宮殿於此山，遂以爲名。（《太平御覽》卷四十八）

角山

天欲雨，其山有聲〔一〕，如吹角〔二〕。（《太平寰宇記》卷一百一十三。又見《太平御覽》卷四十八、《類要》卷一、《輿地紀勝》卷三十三，文字稍異。）

〔校記〕

〔一〕此句，《輿地紀勝》作「則有聲」。

〔二〕此句下，《太平御覽》有「以此爲名」。

鐘臺山

鐘臺山，在縣東南一百里。上有桃花洞，洞側有李邕讀書之所，荒基遺址，石室花木猶在。上有一石室，臺上有一鐘，或時鳴響，遠近皆聞，故名鐘臺山。（《太平御覽》卷四十八）

盤龍石

陶太尉廟東有盤龍石，舊傳云，龍盤於此石。（《太平御覽》卷五十二）

武昌長湖

武昌長湖通江，夏有水，冬則涸，於時靡所產植。陶太尉立塘以遏水於此，常自不竭，因取琅琊郡隔湖魚菱以著湖內，菱甚甘美，異於他處，所產鮒魚，乃長三尺。（《太平御覽》卷六十六）

武昌郡

（吳）大帝築城於江夏山〔一〕，爲江夏城，即今郡，〔二〕以程普爲江夏太守〔三〕，督夏口〔四〕。遂欲都鄂〔五〕，改爲武昌〔六〕。其民謠曰：「寧飲建業水，不食武昌魚。寧歸建業死，不向武昌居。」緣是徙都建業。（《太平寰宇記》卷一百一十二。又見《太平御覽》卷一百七十，文字稍異。）

〔校記〕

〔一〕《太平御覽》無「山」字。

〔二〕「爲江夏城」二句，《太平御覽》無。

〔三〕《太平御覽》無「江夏」二字。

〔四〕《太平御覽》無此句。

〔五〕「都鄂」下，《太平御覽》有「州」字。

〔六〕「武昌」下，《太平御覽》有「郡」字。

顯宗精舍

南鄉山有顯宗所建精舍。（《輿地紀勝》卷三十三）

千仞山

其山高一百丈。（《太平寰宇記》卷一百一十三）

另存文字差異較大者，錄於下：

其山高萬丈。（《輿地紀勝》卷三十三）

下雉縣

晉義熙中，併入奉新縣〔一〕。（《太平寰宇記》卷一百一十三。又見《輿地紀勝》卷三十三，文字稍異。）

〔校記〕

〔一〕此句，《輿地紀勝》作「下雉縣並入奉新」。

東方山

漢東方朔之故隱也。(《輿地紀勝》卷三十三)

孟嘉

嘉有重名，爲桓溫長史〔一〕。有墓在縣西。(《太平寰宇記》卷一百一十三。又見《輿地紀勝》卷三十三，文字稍異。)

〔校記〕

〔一〕桓溫：《輿地紀勝》作「互溫」，顯誤。

陶侃廟

陶侃廟在蟠龍石側。(《輿地紀勝》卷八十一)

鳳凰山

鳳凰山有石皷。石皷鳴，天必大雨。(《編珠》卷一)

鳳闕崗、金牛崗

城北有岡，高數丈，名爲鳳闕〔一〕。其處顯敞勝闕〔二〕，以望川澤，多所遠瞻。吳黃龍元年，有鳳皇集此岡，故謂之「鳳闕」。鳳闕南十里，有金牛岡，古老相傳云，有金牛出此岡，岡今半崩，坑深數丈，牛踐堨邊〔三〕，遺跡尙存〔四〕。(《藝文類聚》卷六。又見《太平御覽》卷五十三，文字稍異。)

〔校記〕

〔一〕爲：《太平御覽》作「曰」。

〔二〕勝闕：《太平御覽》作「升闕」。

〔三〕此句，《太平御覽》作「金牛躍出踐崗邊」。

〔四〕尙：《太平御覽》作「猶」。

敗舶灣

樊口北有敗舶灣，孫權嘗裝一船，名大船，容敵士三千人，與群臣泛舶中流。〔一〕值風起〔二〕，至樊口十里餘便敗。故因名其處爲敗舶灣也〔三〕。(《太平御覽》卷七百七十。又見《太平寰宇記》卷一百一十二，文字稍異。)

〔校記〕

〔一〕首句至此，《太平寰宇記》作「權與群臣泛船中流」。

〔二〕《太平寰宇記》無「起」字。

〔三〕此句，《太平寰宇記》作「因名敗舶灣」。

南郊壇

安樂宮八里，有南郊壇。(《太平寰宇記》卷一百一十二)

北濟湖

北濟湖，本是新興冶塘湖。元嘉初，發水冶。水冶者，以水排冶。令顏茂以塘數破壞，難爲功力，茂因廢水冶，以人鼓排，謂之步冶。湖日因破壞，不復修治，冬月則涸。(《太平御覽》卷八百三十三)

釣臺

釣臺在城南。(《太平寰宇記》卷一百一十二)

峻山

其山險峻，有黃檗，多毒蛇，無人敢取。(《太平寰宇記》卷一百一十三)

印山

奉新縣有渚石，臨水，高三十丈，上有字，仿佛相似〔一〕。(《太平寰宇記》卷一百一十三。又見《太平御覽》卷四十八，文字稍異。)

〔校記〕

〔一〕相似，《太平御覽》作「似印」。此句下，又有「故曰印山」句。

父子山

其山北面有一高巖嶮峻，飛走莫及。巖下有父子二人緣山採蟲，俱墜巖下，後此爲名。(《太平寰宇記》卷一百一十三)

五龍山

其山有五嶺，狀似龍形。(《太平寰宇記》卷一百一十三)

存疑

以下諸條，不見明代以前著述徵引，存疑。

羅漢院

陶公宅也。(《壽昌乘》)

石臼

孫權於此取魚，召群臣斫鱠味，美於他處。有石臼存焉。(《壽昌乘》)

梅雨

夏至有梅雨沾衣，皆默。(《御定淵鑒類函》卷七)

三時雨

六月有三時雨，田家爲甘澤。(《御定淵鑒類函》卷七)

《巴蜀志》　晉袁休明

《巴蜀志》，晉袁休明撰。休明，生平、里籍不詳，史志未著錄。其佚文較早爲《水經注》徵引。

朱提山

高山嵯峨，巖石磊落，傾側縈迴，下臨峭壑，行者扳緣，牽援繩索。三蜀之人，及南中諸郡，以爲至險。(《水經注》卷三十六)

獠夷

獠夷死，即立埋，棺不臥設。(《太平御覽》卷五百五十一)

《珠崖傳》　晉蓋泓

《珠崖傳》，又作《朱崖傳》，晉蓋泓撰。蓋泓，生卒年及里籍皆不詳。《隋書·經籍志》著錄：「《珠崖傳》一卷，僞燕聘晉使蓋泓撰。」《冊府元龜》載：「蓋泓撰《珠崖傳》一卷。」《通志·藝文略》載：「《珠崖傳》一卷，僞燕蓋泓撰。」元代諸書無著錄，則應亡佚於其時。

朱崖人

男女皆椎紒，或被發徒跣。(《初學記》卷八)

土釜

朱崖俗多用土釜。(《太平御覽》卷七百五十七)

銅鐶

朱崖大家有銅鐶，多者五三百，積以爲貨。(《太平御覽》卷七百五十七)

龍眼

果有龍眼。(《太平御覽》卷九百七十三)

朱崖布

朱崖出入，著布或細紵布巾。巾四幅，其中內頭如領巾象。(《太平御覽》卷八百二十)

《鄴中記》　晉陸翽

《鄴中記》，又作《石虎鄴中記》，東晉陸翽撰。陸翽，生卒年、里籍不詳。《隋書·經籍志》：「《鄴中記》二卷，晉國子助教陸翽撰。」《新唐書·藝文志》：「陸翽《鄴中記》二卷。」元代諸書無著錄，應已亡佚。

並州俗

俗以介子推五月五日燒死，世人爲其忌，故不舉餳食〔二〕，非也。北方五月五日，自作飲食餳神〔三〕，及作五色縷、五色新盤相問遺〔四〕，不爲介子推也。(《北堂書鈔》卷一百五十五。又見《太平御覽》卷三十一，文字稍異。)

〔校記〕

〔一〕「俗」上，《太平御覽》有「並州」二字。

〔二〕餳食，《太平御覽》作「食餳」。

〔三〕餳，《太平御覽》作「餳」。

〔四〕新，《太平御覽》作「辛」。

另存文字差異較大者，錄於下：

並州俗〔一〕，冬至後百五日〔二〕，爲介子推斷火〔三〕。冷食三日，作乾粥〔四〕，今之糗是也〔五〕。(《藝文類聚》卷四。又見《初學記》卷四、《太平御覽》卷八百五十九，文字稍異。)

〔校記〕

〔一〕「並州」下，《太平御覽》有「之」字。

〔二〕此句，《太平御覽》作「以冬至後百五日」。

〔三〕爲,《太平御覽》無。

〔四〕作,《太平御覽》無。

〔五〕此句,《太平御覽》作「中國爲寒食」。

並州之俗,以冬至後百五日,爲介子推斷火,冷食,作醴酪,煮粳米或大麥作之〔一〕。(《北堂書鈔》卷一百四十七。又見《太平御覽》卷八百五十八,文字稍異。)

〔校記〕

〔一〕此句下,《太平御覽》有「又投大麥於其中酪,搗杏子仁煮作之。亦投大麥中」三句。

北方五月五日,自作飲食祠神,乃作五色縷花相遺,不爲介子推。(《太平御覽》卷八百三十)

爵園

銅爵臺西有爵園。(《文選·(顏延年) 三月三日曲水詩序》李善注)

冰井臺

石季龍於冰井臺藏冰,三伏之日〔一〕,以冰賜大臣。(《初學記》卷三。又見《太平御覽》卷二十一、三十一,文字稍異。)

〔校記〕

〔一〕日,《太平御覽》作「月」。

雲母五明金薄莫難扇

石季龍作雲母五明金薄莫難扇〔一〕,此一扇之名也。薄打純金如蟬翼,二面彩漆畫列仙、奇鳥、異獸〔二〕。其五明方中,方三寸〔三〕,或五寸,隨扇大小。雲母帖其中,細縷縫其際〔四〕,雖掩盡而彩色明徹〔五〕。看之如謂可取,故名莫難也。季龍出時〔六〕,以扇挾乘輿〔七〕。(《北堂書鈔》卷一百三十四。又見《初學記》卷二十五、《太平御覽》卷七○二,文字稍異。)

〔校記〕

〔一〕石季龍,《太平御覽》作「石虎」。

〔二〕此句,《初學記》作「二面有漆畫列仙、奇鳥、異獸」。

〔三〕「方」上,《初學記》、《太平御覽》、有「辟」。

〔四〕此句,《太平御覽》作「細縷縫爲其際」。

〔五〕雖掩盡,《太平御覽》作「唯畫」。徹,《初學記》作「澈」。

〔六〕季龍,《太平御覽》作「虎」。

〔七〕「扇」上,《太平御覽》有「此」。此句下,《太平御覽》有「亦用象牙桃枝扇,其上竹或綠沉色,或木蘭色,或作紫紺色,或作鬱金色」五句。

另存文字差異較大者，錄於下：

石虎作雲母五明金薄莫難扇，薄打純金如蟬翼，二面彩漆，畫列仙、奇鳥、異獸，雲母帖其中，彩色明徹。虎出時，用此扇挾乘輿。又有象牙桃枝扇，或綠沉色，或木蘭色，或作紫紺色，或作鬱金色。（《事類賦》卷十四）

桃枝扇

季龍出時，乘輿用桃枝扇。或綠沉色，或木蘭色，或紫紺色，或鬱金色。（《初學記》卷二十五）

石虎詔書

石季龍、皇后在觀上〔一〕，有詔書五色紙〔二〕，著鳳口中。鳳既銜詔，侍人放數百丈緋繩，轆轤徊轉，鳳皇飛下。鳳以木作之，五色漆畫，咮腳皆用金〔三〕。（《初學記》卷三十。又見《太平御覽》卷九百一十五，文字稍異。）

〔校記〕

〔一〕「石季龍」下，《太平御覽》有「與」。

〔二〕有，《太平御覽》作「爲」。

〔三〕咮，《太平御覽》無。

另存文字簡潔者，附於下：

石虎詔書，以五色紙，著鳳凰口中〔一〕，令銜之，飛下端門。（《北堂書鈔》卷一百四。又見《太平御覽》卷五百九十三，文字稍異。）

〔校記〕

〔三〕鳳凰，《太平御覽》作「鳳鶪」。《太平御覽》引至此。

銅鐘

銅鐘四枚，如鐸形，高二丈八尺。〔一〕大面廣一丈二尺〔二〕，小面廣七尺，或作蛟龍，或作鳥獸，繞其上。（《北堂書鈔》卷一〇八。又見《初學記》卷十六、《太平御覽》卷五百七十五，文字稍異。）

〔校記〕

〔一〕尺，《初學記》作「寸」。「銅鐘」四句，《太平御覽》無。

〔二〕「廣」下，《初學記》、《太平御覽》有「外」。

五彩靴

石虎皇后出，女騎千人，皆著五彩靴〔一〕。（《北堂書鈔》卷一百十七。又見《北堂書鈔》卷一百三十六、《太平御覽》卷三〇〇、六百九十八，文字稍異。）

〔校記〕
〔一〕此句,《北堂書鈔》卷一百三十六作「皆著五彩織成靴」,《太平御覽》卷三〇〇作「皆著五彩靴」,《太平御覽》卷六百九十八作「皆著五彩織成靴」。

丹紗袍

石虎臨軒大會,著丹紗袍。(《北堂書鈔》卷一百二十九。又見《太平御覽》卷六百九十三)

金縷合歡褲

石虎獵,著金縷合歡褲。(《北堂書鈔》卷一百二十九。又見《太平御覽》卷六百九十五、卷八百一十六,文字略異。「金縷」下,《太平御覽》卷八百一十六六「織成」二字。)

合歡帽

季龍獵,著金鏤織成合歡帽。(《太平御覽》卷六百八十七)

紫綸巾

石虎皇后出〔一〕,以女騎一千爲鹵簿,〔二〕冬日皆著紫綸巾〔三〕。(《北堂書鈔》卷一百二十九。又見《太平御覽》卷六百八十七、七百一十六、八百一十六、八百一十九,文字稍異。)

〔校記〕
〔一〕石虎,《太平御覽》卷六百八十七無。
〔二〕以,《太平御覽》卷六百八十七無。此句,《太平御覽》卷八百一十六作「女妓二千爲鹵簿」,《太平御覽》卷八百一十九作「女騎一千」。
〔三〕日,《太平御覽》卷六百八十七、八百一十六、八百一十九作「月」。此句,《太平御覽》卷七百一十六作「冬月皆絮綸巾」。此句下,《太平御覽》卷六百八十七有「熟錦褲褶」,《太平御覽》卷八百一十六有「熟錦褲,腳著五文織成靴」。

女鼓吹

石虎后出行,有女鼓吹,尚書官屬,皆著錦褲、佩玉。(《太平御覽》卷六百九十二)

崑華殿

石虎太武殿西有崑華殿,閣上輒開大窗,皆絳紗幌。(《北堂書鈔》卷一百三十二。又見《太平御覽》卷六百九十九)

覆帳

多月繰大明光錦，絮以房子綿一百二十斤，白縑爲裏，名覆帳。帳之四角安純金銀鑿鏤香爐，以石墨燒集，和名香帳。頂上安金蓮花，中縣金簿織成綩囊，飾以□□，囊受三升以盛香。帳之四面上十二香囊，彩色亦同，但小囊耳。百丈以經節貫玉璧，內帳雄也。(《北堂書鈔》卷一百三十二)

另存文字簡潔者，錄於下：

石季龍多月爲覆帳〔一〕，四角安純金銀鑿鏤香爐〔二〕。(《北堂書鈔》卷一百三十五。又見《編珠》卷三、《初學記》卷二十五、《太平御覽》卷七〇四，文字稍異。)

〔校記〕

〔一〕石季龍，《太平御覽》作「石虎」。

〔二〕爐，《初學記》作「鑪」

金銀鈕屈膝屏風

石虎作金銀鈕屈膝屏風〔一〕，依以白縑〔二〕，高施則八尺，下施則四尺〔三〕，或施六尺，從意所欲。〔四〕畫義士、仙人、禽獸之相〔五〕，讚皆三十二言〔六〕。(《北堂書鈔》卷一百三十二。又見《初學記》卷二十五、《太平御覽》卷七〇一，文字稍異。)

〔校記〕

〔一〕石虎，《初學記》作「石季龍」。金銀鈕屈膝屏風，《初學記》作「金鈿屈膝屏風」，《太平御覽》作「金銀鈕屈膝屏風」。

〔二〕依，《初學記》、《太平御覽》作「衣」。

〔三〕則，《太平御覽》無。

〔四〕從意所欲，《太平御覽》作「隨意所欲也」。「高施」四句，《太平御覽》置於「畫義士」二句之後，《初學記》無。

〔五〕相，《太平御覽》作「像」。此句，《初學記》作「畫義士仙人禽獸」，《初學記》引至此。

〔六〕「讚」下，《太平御覽》有「者」字。

錦席

石季龍作席，以金裹五香，雜以五采綾，編蒲皮，緣之以錦〔一〕，六彩席所以祭天。(《初學記》卷二十五。又見《錦繡萬花谷》續集卷七，文字稍異。)

〔校記〕

〔一〕《錦繡萬花谷》引至此句。

另存文字差異較大者，錄於下：

　　石虎作席，以線編之，雜以五香，施以五彩，緣以錦。(《北堂書鈔》卷一百三十三)

　　石虎作席，以錦裏五雜香，以五綵綖編蒲皮，緣之錦。(《太平御覽》卷七○九)

女官

　　石虎以宮人爲女官，門下通事以玉案行文書。(《北堂書鈔》卷一百三十三。又見《太平御覽》卷七百一十、八○五，文字稍異。)

　　〔校記〕

　　〔一〕門下通事，《太平御覽》卷八○五無。以，《太平御覽》卷八○五作「用」。

御坐几

　　石虎御坐几悉漆雕，畫以五色花〔一〕。(《北堂書鈔》卷一百三十三。又見《太平御覽》卷七百一十，文字稍異。)

　　〔校記〕

　　〔二〕此句，《太平御覽》作「畫皆爲五色花」。

椒房

　　石虎以胡粉和椒泥壁〔一〕，曰椒房。(《北堂書鈔》卷一百三十五。又見《太平御覽》卷七百十九，文字稍異。)

　　〔校記〕

　　〔一〕泥，《太平御覽》作「塗」。

鏡

　　石虎三臺及內宮中鏡〔一〕，有徑三尺者〔二〕，下有純金盤龍及彫餙〔三〕，金用數斤者也。(《北堂書鈔》卷一百三十六。又見《北堂書鈔》同卷、《初學記》卷二十五、《太平御覽》卷七百一十七，文字有異。)

　　〔校記〕

　　〔一〕石虎，《初學記》作「石季龍」。三臺，《太平御覽》作「三人臺」。此句，《北堂書鈔》同卷作「石虎宮中鏡」。

　　〔二〕此句，《北堂書鈔》同卷、《初學記》、《太平御覽》作「有徑二三尺者」。此句下，《初學記》有「有尺五寸者」句，且引至此。

　　〔三〕此句，《北堂書鈔》同卷作「下有純金蟠龍雕餙」，《太平御覽》作「純金蟠龍雕餙」。

流蘇斗帳

　　石虎造流蘇斗帳〔一〕，上安金蓮花〔二〕，花中縣金箔盛腕囊〔三〕，盛以異

香〔四〕。帳之四面皆作十二章相〔五〕，彩色爛耀〔六〕。(《北堂書鈔》卷一百三十六。又見《太平御覽》卷九百八十一、《類要》卷十三，文字稍異。)

〔校記〕

〔一〕此句，《太平御覽》作「石虎作流蘇帳」，《類要》作「石虎作流虎帳」。

〔二〕上，《太平御覽》、《類要》作「頂」。

〔三〕此句，《太平御覽》作「花中懸金薄織成綩囊」，《類要》作「金蓮花懸金箔織成紈囊」。此句下，《太平御覽》、《類要》有「囊受三升」句。

〔四〕此句，《太平御覽》、《類要》作「以盛香注」。

〔五〕皆作十二章相，《太平御覽》作「上十二香囊」。此句，《類要》作「帳之面上十二香囊」。

〔六〕此句，《太平御覽》作「彩色亦同」，《類要》作「采色亦同」。

又存文字差異較大者，錄於下：

石季龍冬月施熟錦流蘇斗帳，四角安純金龍頭，銜五色流蘇，或用黃綈博山文錦，或用紫綈大小明光錦。(《初學記》卷七。又見《編珠》卷三)

石虎御床，辟方三丈。冬月施熟錦流蘇斗帳，四角安純金龍頭，銜五色流蘇，或用青綈光錦，或用緋綈登高文錦，或用紫綈大小錦。絮以房子錦百二十斤，白綈爲裏，名爲裏覆帳。帳四角安純金銀鑿金香爐，以石墨燒集，和名香帳。頂上安金蓮花，花中懸金薄織成椀囊。春秋但錦帳，表以五色總爲夾帳；夏用紗羅，或綦文丹羅，或紫縠文，爲單帳。(《太平御覽》卷六百九十九)

石虎多月施流蘇斗帳，懸金薄織成腕囊。(《太平御覽》卷八百一十六)

獵輦

石虎好遊獵〔一〕，體壯大〔二〕，不堪乘馬〔三〕，作獵輦，使二十人舁之〔四〕，如今之步輦。上安排曲蓋，〔五〕坐處施轉關〔六〕。若射鳥獸，宜有所向〔七〕，開身而轉之〔八〕。(《北堂書鈔》卷一百四十。又見《編珠》卷四、《太平御覽》卷七百七十四、八百三十二，文字稍異。)

〔校記〕

〔一〕遊，《編珠》作「游」。此句，《太平御覽》卷七百七十四作「石虎少遊獵」，《太平御覽》卷八百三十作「石虎少時好遊獵」。

〔二〕「體」上，《太平御覽》卷八百三十二有「後」。此句，《太平御覽》卷七百七十四作「體轉壯大」。

〔三〕堪，《太平御覽》作「復」。

〔四〕使，《太平御覽》卷八百三十二無。舁，《太平御覽》作「擔」。

〔五〕排曲蓋，《太平御覽》作「徘徊曲蓋」。

〔六〕施，《太平御覽》卷七百七十四無。「關」下，《太平御覽》卷七百七十四有「床」。此句，《太平御覽》卷八百三十二作「當坐處安轉關床」。

〔七〕宜，《太平御覽》卷八百三十二作「直」。

〔八〕此句，《太平御覽》作「關隨身而轉」。此句下，《太平御覽》卷八百三十二有「虎善射，矢不虛發矣」。

數百輦

石虎南郊有金根輦、雲母輦、武剛輦數百乘〔一〕。虎皇后出〔二〕，乘高路輦、香衣輦〔三〕，或朱漆臥輦〔四〕，以純雲母代純〔五〕，中外四望〔六〕，皆通徹〔七〕。（《北堂書鈔》卷一百四十。又見《編珠》卷四、《初學記》卷二十五、《太平御覽》卷七百七十四，文字稍異。）

〔校記〕

〔一〕南郊，《太平御覽》作「大駕」。金根輦，《太平御覽》作「金銀輦」。此句，《初學記》無。

〔二〕此句，《初學記》作「石季龍皇后出嵩」。

〔三〕此句，《初學記》作「乘輅輦」。香衣輦，《太平御覽》作「文或玉路輦」。

〔四〕《編珠》引至此。

〔五〕此句，《初學記》作「以雲母代紗」，《太平御覽》作「純以雲母代紗」。

〔六〕中外，《初學記》作「內外」。

〔七〕「徹」下，《初學記》有「也」字。

文石

孟津河東，去鄴城五百里，有濟北郡穀城縣，有穀城山，是黃石公所葬處。有人登此山，見崩土中有文石，石文鮮明。虎使採取以治宮殿，又免穀城令，不奏聞故也。（《太平御覽》卷五十二）

另存文字簡潔者，附於下：

穀城山土中有文石〔一〕，鮮明。石虎使取以治宮室〔二〕。（《北堂書鈔》卷一百六十。又見《事類賦》卷七，文字稍異。）

〔校記〕

〔一〕土，《事類賦》作「上」。

〔二〕石虎使取，《事類賦》作「虎使採取」。

寒食斷火

寒食斷火，起於子推。（《荊楚歲時記》。又見《初學記》卷四、《太平御覽》卷三十）

寒食醴酪

寒食三日爲醴酪〔一〕，又煮糯米及麥爲酪〔二〕，搗杏仁〔三〕，煮作粥。（《荊楚歲時記》。又見《藝文類聚》卷四、《初學記》卷四、《太平御覽》卷三十，文字稍異。）

〔校記〕

〔一〕爲，《藝文類聚》、《太平御覽》作「作」，《初學記》無。

〔二〕又，《藝文類聚》無。糯米，《藝文類聚》、《初學記》、《太平御覽》皆作「粳米」。麥，《太平御覽》作「麰」。

〔三〕搗，《太平御覽》作「擣」，擣，同「搗」。

千金堤

華林園中千金堤〔一〕，作兩銅龍，相向吐水，以注天泉池，通御溝中。三月三日，石季龍及皇后、百官臨池會〔二〕。（《初學記》卷四。又見《太平御覽》卷三十，文字稍異。）

〔校記〕

〔一〕「千金堤」下，《太平御覽》有「上」字。

〔五〕「會」下，《太平御覽》有「賞」字。

鄴城三臺

鄴城西北立臺，皆因城爲基趾，中央名銅雀臺，北則冰井臺。（《藝文類聚》卷六十二）

另存文字差異較大者，錄於下：

魏武於鄴城西北立三臺。中臺名銅雀臺，南名金獸臺，北名水井臺。（《初學記》卷八）

臺觀行宮

石季龍自襄國至鄴〔一〕，二百里輒立一宮〔二〕。宮有一夫人，侍婢數十〔三〕。凡季龍所起內外大小殿九，臺觀行宮四十四所。〔四〕（《初學記》卷八。又見《太平御覽》卷一百七十三，文字稍異。）

〔校記〕

〔一〕此句，《太平御覽》作「石虎在時，自襄國至鄴」。

〔二〕「二百里」下，《太平御覽》有「中四十里」。

〔四〕此句下，《太平御覽》有「黃門宿衛，石虎下輦即止」。

〔五〕「凡季龍」二句，《太平御覽》作「凡虎所起內外大小殿、臺觀、行宮四十四所」

赤橋之宮

鄴城東七里，有赤橋之宮。(《初學記》卷八。又見《御定淵鑒類函》卷三百三十五)

研子冢

邯鄲城西南十里子崗上，有冢如研子形，俗謂之研子冢。(《初學記》卷八。又見《御定淵鑒類函》卷三百三十五)

長生木

金華殿後有皇后浴室〔一〕，種雙長生樹。枝條交於棟上〔二〕，團圍車蓋形〔三〕，冬日不彫〔四〕。葉大如掌，至八九月乃生華〔五〕。華色白，子赤〔六〕，大如橡子，不中啖也。〔七〕世人謂之西王母長生樹〔八〕。(《藝文類聚》卷八十九。又見《太平御覽》卷九百五十九、《類要》卷十，文字稍異。)

〔校記〕

〔一〕「金華殿」上，《類要》有「石虎」二字。「皇后」上，《太平御覽》有「石虎」二字。

〔二〕此句，《類要》作「枝交樹上」。

〔三〕此句，《類要》作「團團如車蓋形」。

〔四〕此句，《類要》作「冬不凋」。「凋」與「彫」互爲異體字。

〔五〕此句，《類要》作「至八月、九月乃華」。

〔六〕此句，《類要》作「子色赤」。

〔七〕不中啖也，《類要》無。「枝條」九句，《太平御覽》無。

〔八〕人，《太平御覽》、《類要》無。

另存文字差異較大或記述簡潔者，錄於下：漆

石虎皇后浴室中雙長生樹。又安玉槃，受十斛，於二樹之間。(《太平御覽》卷七百五十八)

另存文字簡潔者，附於下：

金華殿後百石虎皇后浴室，種雙長生樹。(《類要》卷十三。百，當是「有」之形訛。)

羊角棗

石虎園中有羊角棗〔一〕，三子一尺。(《編珠》卷四。又見《藝文類聚》卷八十七、《初學記》卷二十八，文字稍異。)

〔校記〕

〔一〕石虎，《藝文類聚》、《初學記》作「石季龍」。

織錦署

織錦署在中尚方〔一〕，大登高、小登高〔二〕，大明光、小明光，大博山、小博山，大茱萸、小茱萸〔三〕，大交龍、小交龍，蒲桃文錦，班文錦，鳳皇錦，朱雀錦，〔四〕韜文錦，桃核文錦〔五〕。（《太平御覽》卷八百一十五。又見《初學記》卷二十七，文字稍異。）

〔校記〕

〔一〕此句，《初學記》無。

〔二〕「大登高」上，《初學記》有「錦有」二字。

〔三〕萸，《初學記》作「蕼」。

〔四〕「鳳皇錦」二句，《初學記》作「鳳皇朱雀錦」。

〔五〕此句下，《初學記》有「或青綈，或白綈，或黃綈，或綠綈，或紫綈，或蜀綈，工巧百數，不可盡名也。」

另存文字差異較大或記述簡潔者，錄於下：

錦有大登高、小登高，大茱萸、小茱萸，又有大明光、小明光，大交龍、小交龍。（《編珠》卷三）

織錦羅在中尚坊，三署皆數百人，有斑文錦。（《初學記》卷二十七）

石虎尚方御府中，巧工作錦織成，署皆數百人。有青綈，或白綈，或緋綈，或黃綈，或綠綈，或紫綈。（《太平御覽》卷八百一十六）

鳳陽門

鳳陽門，五層樓，去地三十丈〔一〕，安金鳳皇二頭。石虎將衰，一頭飛入漳河。會晴日，見於水中一頭，以鐵釘釘足〔三〕。今存。（《太平御覽》卷九百一十五。又見《事類賦》卷十八，文字稍異。）

〔校記〕

〔一〕此句，《事類賦》無。

〔二〕鳳皇，《事類賦》作「鳳凰」。

〔三〕此句，《事類賦》作「以鐵釘足」。

另存文字差異較大者，錄於下：

魏太祖都鄴城內。其街有赤闕、里闕。南面西頭有鳳陽門，上有鑄鳳□□。一飛入漳水，其一仍以鎖絆其足。鄴人舊□□，鳳陽門南□□□，上有金鳳飛鳴。欲去首銕□之東有建春門，西有金明門。東門北有廣德，西北有廄門。（《類要》卷七）

西王母棗

石虎苑中有西王母棗〔一〕，冬夏有葉，九月生花，十二月乃熟，三子一尺。又有羊角棗，亦三子一尺。（《齊民要術》卷四。又見《太平御覽》卷九百六十五，文字稍異。）

〔校記〕

〔一〕苑，《太平御覽》作「園」。

直衛

石季龍左右直衛萬人〔一〕，皆著五色細鎧〔二〕，光耀奪目〔三〕。（《初學記》卷二十二。又見《太平御覽》卷三百五十六，文字稍異。）

〔校記〕

〔一〕「左右」下，《太平御覽》有「置」字。

〔二〕著，《太平御覽》無。

〔三〕耀，《太平御覽》作「曜」。

周舉

周舉遷並州刺史，初，太原一郡，舊俗以介子推焚骸，有龍忌之禁。至其月，緜言神靈不樂舉火。一月寒食，莫敢煙爨，歲多死者。舉到州，作弔書置子推之廟，言：盛寒去火，殘損民命，非賢者意，今則三日而已。宣示愚民，使還溫食，風俗頓革。（《古今合璧事類備要》卷十六）

華林園

石虎有華林園，種眾果。民間有名果，虎作蝦蟇車，四搏掘根〔一〕，面去一丈，深一丈，合土載之，植之無不生。（《太平御覽》卷九百六十四。又見《記纂淵海》卷九十二，文字稍異。）

〔校記〕

〔一〕掘，《記纂淵海》作「握」。

巨栗

鄴中產巨栗，脫其殼，可以爲杯。（《記纂淵海》卷九十二）

勾鼻桃

石虎苑中有勾鼻桃，重二斤半〔一〕。（《編珠》卷四。又見《藝文類聚》卷八十六、《初學記》卷二十八、《太平御覽》卷九百六十七，文字稍異。）

〔校記〕

〔一〕半，《太平御覽》無。

春李

華林園有春李，冬華春熟。（《初學記》卷二十八。又見《太平御覽》卷九百六十八）

安石榴

石虎苑中有安石榴，子大如椀盞，其味不酸。（《初學記》卷二十八。又見《太平御覽》卷九百七十）

西臺

西臺高六十七丈，上作銅鳳，窗皆銅籠疏雲母幌，日之初出，乃流光照曜。（《藝文類聚》卷六十二）

二十枝燈

石虎正旦會於殿前〔一〕，設百二十枝燈〔二〕。（《藝文類聚》卷八十。又見《太平御覽》卷八百七十，文字稍異。）

〔校記〕

〔一〕旦，《太平御覽》無。

〔二〕此句下，《太平御覽》有「以鐵爲之」句。

石虎正會

石虎正會，殿庭中、端門外、閶闔前〔一〕，設庭燎，皆二合〔二〕，六處皆六丈。（《藝文類聚》卷八十。又見《太平御覽》卷八百七十一，文字稍異。）

〔校記〕

〔一〕此句，《太平御覽》作「殿庭中、端門外及閶闔門前」。

〔二〕皆，《太平御覽》作「各」。

白龍樽

石虎正會，殿前有白龍樽。作金龍於東箱，西向，龍口金樽受五十斛。（《太平御覽》卷七百六十一）

遊盤

石虎正會御食，遊盤兩重皆金銀參帶百二十盞，雕飾並同。其參帶之間，茱萸盡微如破髮，近看乃得見，動遊盤則圓轉也。（《太平御覽》卷七百五十八）

石勒諱胡

石勒諱胡〔一〕，胡物皆改名。胡餅曰麻餅，胡綏曰香綏，〔二〕胡豆曰國豆。（《藝文類聚》卷八十五。又見《太平御覽》卷八百四十一，文字稍異。）

〔校記〕

〔一〕石勒，《太平御覽》作「石虎」。

〔二〕「胡餅」二句，《太平御覽》無。

鄴路

襄國鄴路，千里之中，夾道種榆。盛暑之月，人行其下。（《藝文類聚》卷八十八。又見《太平御覽》卷九百五十六）

南面臨軒

石虎正會，虎於正殿南面臨軒，施流蘇帳，皆竊擬禮制，整法服，冠通天，佩玉璽，玄衣纁裳，畫日月火龍黼黻華蟲粉米。尋改車服，著遠遊冠，前安金博山，蟬翼丹紗裏服。太學行禮，公執珪，卿執羔，大夫執雁，士執雉，一如舊禮。充庭車馬，金銀玉輅，革輅數千。（《太平御覽》卷二十九）

臨水會

石虎三月三日臨水會，公主、妃主、名家婦女無不畢出。臨水施帳幔，車服粲爛，走馬步射，飲宴終日。（《太平御覽》卷三十）

西門豹

當魏文侯時，西門豹爲鄴令，堰引漳水激鄴，以富魏之河南。後史起爲鄴令，引鄣水十二渠灌溉於魏田數百頃，魏益豐實。後廢堰，田荒。魏時更修通天並堰，鄴城西面漳水十八里中細流東注，鄴城南二十里中作二十堰。（《太平御覽》卷七十三）

貂蟬

石虎置女侍中，皆貂蟬，直侍皇后。（《太平御覽》卷一百四十五）

女尚書

石虎徵詩所得美女萬餘，以爲宮人，簡其有才藝者爲女尚書。（《太平御覽》卷一百四十五）

鄴宮

鄴宮南面三門。西鳳陽門，高二十五丈，上六層，反宇向陽，下開二門；又安大銅鳳於其鎮，舉頭一丈六尺；門窗戶，朱柱白壁。未到鄴城七八里，遙望此門。（《太平御覽》卷一百八十三）

桑梓苑

鄴城西三里桑梓苑，有宮臨漳水，凡此諸宮皆夫人、侍婢。又並有苑囿，養獐、鹿、雉、兔、虎，數遊宴其中。（《太平御覽》卷一百九十六）

石勒陵

石勒陵在襄國城西南三十里，名高陵。不築牆，不種樹，立堂皇五間，安欑圖勒大臣像。又於堂皇東立重樓。虎陵在鄴西北角。既葬，鄴中便亂。其封域，故未有名域。云尋被掘，凡此二陵皆僞葬。石勒、虎自別於深山。（《太平御覽》卷五百五十六）

三十步鼓吹

石虎正會，置三十步鼓吹，三十步輒置一部，十二人皆在平閣上。去地丈餘，又有女鼓吹。（《太平御覽》卷五百六十七）

石虎大會

虎大會，禮樂既陳，虎繳兩閣上窗幌，宮人數千陪列看坐，悉服飾金銀熠熠；又於閣上作女妓數百，衣皆絡珠璣，鼓舞連倒，琴瑟細伎畢備。（《太平御覽》卷五百六十八）

石虎正會

虎正會，殿前作樂，高絙、龍魚、鳳凰、安息五案之屬，莫不畢備。有額上緣橦，至上，鳥飛左回右轉，又以橦著口齒，上亦如之。設馬車，立木橦其車上，長二丈，橦頭安橦木，兩伎兒各坐木一頭，或鳥飛，或倒掛。又衣伎兒，作獼猴之形，走馬上，或在肋，或在馬頭，或在馬尾，馬走如故，名爲猨騎。（《太平御覽》卷五百六十九）

女侍中

石虎征討，所得婦女美色萬餘，選爲女侍中，著貂璫，直皇后。（《太平御覽》卷六百八十八）

龍頭鞶囊

石虎改虎頭鞶囊爲龍頭鞶囊。(《太平御覽》卷六百九十一)

女騎

石虎皇后女騎腰中著金環、參縷帶。(《太平御覽》卷六百九十六)

御床

石虎御床辟方三丈〔一〕，其餘床皆局腳，高下六寸。〔二〕後宮別坊中有小形玉床，〔三〕又有轉關床〔四〕，射鳥獸。(《太平御覽》卷七〇六。又見《初學記》卷二十五、《太平御覽》卷八〇五，文字稍異。)

〔校記〕

〔一〕石虎，《初學記》作「石季龍」。

〔二〕首句至此，《太平御覽》卷八〇五無。

〔三〕《太平御覽》卷八〇五引至此。「其餘」三句，《初學記》無。

〔四〕又，《初學記》無。

錦褥

石虎作褥，長三丈。用錦緣之。(《太平御覽》卷七〇八)

馬妓

石虎有馬妓，著朱衣、進賢冠，立於馬上，馬走而作書，字皆端正。(《太平御覽》卷七百四十七)

橐駝

橐駝脊如馬鞍。(《古今合璧事類備要》別集卷七十六。又見《事文類聚》後集卷三十六)

銅駝

二銅駝如馬形，長一丈，高一丈，足如牛，尾長二尺，脊如馬鞍。在中陽門外，夾道相向。(《初學記》卷二十九。又見《太平御覽》卷九〇一)

涼馬臺

趙王虎建武六年，造涼馬臺，在城西漳水之南，約坎爲臺。虎常於此臺簡練騎卒、虎牙、宿衛，號雲騰黑槊騎五千人。每月朔晦，閱馬於此臺，乃於漳水之南張幟鳴鼓，列騎星羅。虎乃登臺射髇，箭一發，五千騎一時奔走，

從漳水之南齊走集於臺下。隊督已下皆班賚。虎又射一箭，其五千騎又齊走於漳水之北。其五千流散攢促，若數萬人騎，皆以漆稍從事，故以「黑稍」為號。季龍又常以女騎一千人為鹵簿，皆著紫綸巾、熟錦褲、金銀鏤帶、五文織成靴，遊於臺上。（《太平御覽》卷三〇〇）

解飛者

解飛者，石虎時工人。造作旃檀車，左轂上置硐，右轂上置碓。每行十里，磨麥一石，舂米一斛。（《太平御覽》卷七百六十二）

饗群臣

石季虎大饗羣臣於太武殿。佛圖澄曰：「殿乎？殿乎？棘於成林，將壞人衣。」龍殿右有棘生。（宛委山堂本《說郛》卷五十九）

華林苑

虎以五月發五百里內萬人營華林苑。至八月，天暴雨雪，雪深三尺，作者凍死數千人。太史奏：作役非時，天降此變。虎誅起部尚書朱軌以塞天災。（《太平御覽》卷八百七十八）

木人

有舂車，作木人反行碓於車上，動則木人踏碓舂，行十里，成米一斛。（《太平御覽》卷八百二十九）

另存文字差異較大者，錄於下：

石虎有指南車及司里車，又有舂車木人，及作行碓於車上，動則木人蹹碓，行十里，成米一斛。又有磨車，置石磨於車上，行十里，輒磨一斛。凡此車，皆以朱彩為飾，唯用將軍一人。車行，則眾巧並發；車止則止。中御史解飛、尚方人魏猛變所造。虎至性好佛，眾巧奢靡，不可紀也。嘗作檀車，廣丈餘，長二丈，安四輪，作金佛像坐於車上，九龍吐水灌之；又作一木道人，恒以手摩佛心腹之間；又十餘木道人，長二尺餘，皆披袈裟，繞佛行，當佛前輒揖禮佛，又以手撮香投爐中，與人無異。車行則木人行，龍吐水；車止則止。亦解飛所造也。（《太平御覽》卷七百五十二）

御府廄

石虎御府廄，有巳頭文廄、麗子廄、花廄。（《太平御覽》卷八百一十六）

陳達妹

陳達妹〔一〕，才色甚美，髮長七尺，石季龍以爲夫人〔二〕。（《藝文類聚》卷十八。又見《太平御覽》卷三百八十一，文字稍異。）

〔校記〕
〔一〕「陳達妹」上，《太平御覽》有「廣陵公」。
〔二〕石季龍，《太平御覽》作「石虎」。

鄴中園

鄴中有鳴鵠園、胡桃園。（《編珠》卷二）

太武殿

石虎太武殿懸大綬於梁柱，綴玉璧於綬。（《太平御覽》卷八〇六）

另存文字差異較大者，附於下：
太武殿以金爲柱。（《編珠》卷二）

雌黃宛轉弓

石虎女騎皆手握雌黃宛轉弓〔一〕。（《編珠》卷二。又見《太平御覽》卷三百四十七，文字稍異。）

〔校記〕
〔一〕握，《太平御覽》作「持」。「弓」上，《太平御覽》有「角」字。

堰陵澤

水所溉之處，名曰堰陵澤。（《水經注》卷十）

鳳皇錦、朱雀錦

御府中有鳳皇錦、朱雀錦。（《初學記》卷二十七）

登高之會

正月十五日有登高之會。（《荊楚歲時記》）

浴室

石虎金華殿後，有虎皇后浴室三間。徘徊及宇，櫨栱隱起，彤彩刻鏤，雕文粲麗。四月八日，九龍銜水浴太子之像。又太武殿前溝水注浴時，溝中先安銅籠疏，其次用葛，其次用紗。相去六七步，斷水。又安玉盤，受十斛。

又安銅龜，飲穢水。出後腳入諸公主第，溝亦出建春門東。又顯陽殿後皇后浴池，上作石室，引外溝水注之室中。臨池上有石床。（《太平御覽》卷三百九十五）

石勒

石勒，字世龍，上黨郭季子奴也。勒未生之前，襄國有讖曰：「古在左，月在右，讓言退，或入口。」襄國字也，遂治襄國。（《太平御覽》卷五〇〇）

石虎太子宣

石虎太子宣，與母弟蔡公韜迭秉政事。宣嫌終有代己之勢，八月社日，韜登東門觀遊，暮還，酣宴，作女妓罷，宣遣力士鉅鹿楊杯等十餘人，夜緣梯入韜第，斫殺之。（《太平御覽》卷七百六十五）

幸梓苑桑

幸梓苑中，盡種桑。三月三日及蠶時，虎皇后將宮人數千，出採桑，遊戲其下。（《太平御覽》卷九百五十五）

天鹿幡

勒爲石虎諱，呼白虎幡爲天鹿幡。（《太平御覽》卷三百四十一）

馬勒、羅勒

虎諱勒，呼馬勒曰轡，羅勒曰香菜。（《太平御覽》卷三百五十八）

高柔婦

高柔婦與柔書曰：今奉織成襪一量。（《太平御覽》卷八百一十六）

五仙人

石虎以辰日臘，子曰祖祖。於殿庭立五仙人，高數丈，五彩幢蓋。大會群臣於太武殿上，祖曰探三探，乃有得絹百匹者，有得數十匹者，有得一二匹者。虎輒大笑以爲樂。（《太平御覽》卷八百一十七）

競渡

五月五日競渡。俗爲屈原投汨羅江，傷其死，以舟拯之，取其輕利謂之飛鳧。（《古今合璧事類備要）卷十六）

宮婢

石季龍宮婢數十，盡著皀褠，頭著神弁，如今之禮先冠也。（《太平御覽》卷六百八十六）

存疑

以下諸條，不見明代以前著述徵引，存疑。

猨

走馬或在馬脇，或在馬頭，或在馬尾，馬走如故，名爲猨。（《御定淵鑒類函》卷一百八十七）

斗帳

石虎冬月施斗帳，用蜀地博山文錦，或用紫綈小明光錦。（《格致鏡原》卷二十七）

谷城山

孟津河東去鄴城五里，有濟北郡谷城縣。有谷城山，是黃石公所葬庭。有人登此山，見崩土中有文石，石丈鮮明。虎使採取以治宮殿，又免谷城令，不奏聞故也。（《天中記》卷八）

許先之

貴溪許先之得一石，高闊三尺，宛如酒家壁上所畫仙醉，後奮袖坐舞之狀。行宿者常遇一偉丈夫，舞躍不已，燭火追視，即此石也。（《格致鏡原》卷七）

蛇靈髻

甄后既入魏宮。宮庭有一綠蛇，口中恒有赤珠，若梧子大，不傷人。人欲害之，則不見矣。每日后梳粧，則盤結一髻形於后前，后異之，因效而爲髻，巧奪天工，故后髻每日不同，號爲靈蛇髻。（《格致鏡原》卷九十九）

靈芸

文帝納薛靈芸。靈芸別父母，歔欷累日，淚下沾衣。至升車就路時，以玉唾壺承淚，壺即紅色。及至京師，壺中淚凝如血。（《格致鏡原》卷十二）

魏文帝

魏文帝陳巧笑挽髻，別無首飾，惟用圓頂金簪一隻插之。文帝目曰：「玄雲黯靄兮金星出。」（《格致鏡原》卷五十五）

齊桓公墓

永嘉末，盜發齊桓公墓，得金蠶數千薄。（《格致鏡原》卷九十六）

《西域志》　　晉釋道安

《西域志》，東晉釋道安撰。釋道安（312-385），常山扶柳（今河北冀縣）人。俗姓衛。此書史志未著錄，其文較早爲《藝文類聚》所徵引。

波羅奈斯國

波羅奈斯國，佛轉法輪處，在此國也。（《藝文類聚》卷七十六。又見涵芬樓本《說郛》卷六、七十七）

另存文字有異者，錄於下：

波羅奈斯國，佛轉法輪，調達入地獄土陷處，皆在其國。（《太平御覽》卷七百九十七）

須剌國

須剌國，有五百沙彌眞人寺。望晦日，寺前有方青石，大人來下石上。（《藝文類聚》卷七十六）

摩訶賴國

摩訶賴國，有阿耨達山。王舍城在山東南角〔一〕，竹園精舍在城西。又有佛浴所，六年苦行處。〔二〕（《藝文類聚》卷七十六。又見涵芬樓本《說郛》卷六、七十七，文字稍異。）

〔校記〕

〔一〕角，《說郛》無。

〔二〕「又有」二句，《說郛》作「有佛六年苦行處」。

另存文字有異者，錄於下：

白雀巢

呂光太安三年〔一〕，白雀巢陽川令蓋敏室〔二〕。(《藝文類聚》卷九十九。又見《太平御覽》卷九百二十二，文字稍異。)

〔校記〕
〔一〕太安，《太平御覽》作「大安」。大，當是「太」之形訛。
〔二〕蓋，《太平御覽》作「郭」。

五色雲

呂光幸天淵池，時天清朗，忽然起霧，有五色雲在光上。(《太平御覽》卷十五)

玉璽

呂光時，州人陳沖得玉璽，廣三寸，長四寸，直看無文字，向日視之，字在腹裏，言「光當王」。(《太平御覽》卷六百八十二。又見宛委山堂本《説郛》卷六十一)

張駿墓

咸寧二年，發張駿陵，得鞭，飾以珊瑚。(《初學記》卷二十二)

另存文字差異較大者，錄於下：
呂纂咸寧三年，胡人發張駿冢，得玉簫。(《藝文類聚》卷四十四)
盜發張駿陵，得玉樽、玉簫、玉笛。(《太平御覽》卷八〇五)
呂纂咸和二年，盜發張駿陵，得瑪瑙鍾榼。(《太平御覽》卷八〇八)
胡安據等發張駿陵，得白玉樽，受三升。(《太平御覽》卷七百六十一)
胡安據等發張駿冢，得馬瑙鍾。(《太平御覽》卷七百六十一)

涼州樂

溫子昇《涼州樂歌》：「遠遊武威郡，遠望姑臧城，車馬相交錯，歌吹日縱橫。」(宛委山堂本《説郛》卷六十一)

高昌僻土

高昌僻土有異於華，寒服冷水，暑啜羅闍。羅闍郡人呼「粥」也。(宛委山堂本《説郛》卷六十一)

祁連山

祁連山，張掖、酒泉二界之上，東西二百里，南北百餘里。山中冬溫夏涼，宜牧牛，乳酪濃好。夏寫酪，不用器物，刈草著其上，不散。酥特好，酪一斛得升餘酥。又有仙人樹，行人山中飢餓者，輒食之，飽不得持去，平居不可見。（宛委山堂本《說郛》卷六十一）

鹽池石

有青鹽池，出鹽正方半寸，其形似石，甚甜美。（《太平御覽》卷八百六十五。又見宛委山堂本《說郛》卷六十一）

肉印

呂光左肘生肉印。及征西域，印內隱起文字曰「巨霸」也。（《太平御覽》卷三百六十九）

呂光

呂光，字世明，連結豪賢，好施待士，身長八尺四寸，目重瞳子，左肘生肉印。性沉重，質略寬大，有度量。時人莫之識，唯王猛布衣時異之，曰：「此非凡人。」（《太平御覽》卷三百七十七）

少年呂光

武王呂光，字世明，以石氏建武四年生，夜有光輝，舉舍異之，因名曰光。年十歲，與諸兄弟於里巷鬭軍戲，群童咸推爲主，割土處中，部分行伍，鄉黨皆稱之。（《太平御覽》卷三百八十五）

隱王張美人

隱王張美人〔一〕，年色壯豔〔二〕，出家爲道。呂隆逼之〔三〕。張自投門樓〔四〕，雙股頓折。口誦經，色自若〔五〕，俄而死。（《太平御覽》卷三百七十二。又見《太平御覽》卷三百八十一，文字稍異。）

〔校記〕

〔一〕張美人，《太平御覽》卷三百八十一作「美人張氏」。

〔二〕此句，《太平御覽》卷三百八十一作「色豔」。

〔三〕此句，《太平御覽》卷三百八十一無。

〔四〕張，《太平御覽》卷三百八十一作「乃」。

〔五〕「色」上，《太平御覽》卷三百八十一有「顏」字。

郭黁

郭黁略地之際，王孫八人年幼，悉隨乳母。先在東苑，黁遂盡投王孫於鋒刃之上，或枝分節解，飲血盟眾。睹者無不掩目寒心，而黁意氣脩然。(《太平御覽》卷四百九十二)

王欣家奴

呂光時，有任射者，自匿爲王欣家奴。發覺，應死。躬有奇巧，王爾、魯般之儔也，故赦之。涼風門及大殿歲久傾敗，躬運巧致思，土木俱正。(《太平御覽》卷七百五十二)

龜茲國獻貢

呂光太安二年，龜茲國使至，獻寶貨、奇珍、汗血馬。光臨正殿，設會文武博戲。(《太平御覽》卷七百五十四)

疏勒王

呂光麟嘉五年，疏勒王獻火浣布、善舞馬〔一〕。(《太平御覽》卷八百九十六。又見宛委山堂本《說郛》卷六十一，文字稍異。)

〔校記〕

〔一〕火浣布，《說郛》作「大沈布」。

白燕

呂光大安三年，白燕遊酒泉郡，黑燕列從。(《太平御覽》卷九百二十二。按：「大安」應作「太安」。)

存疑

以下諸條，不見明代以前著述徵引，存疑。

風穴

呂光太安二年春正月，大風折木，自申至辰。遣郎中□晷至晉昌，祀風穴馬戶。(《御定淵鑒類函》卷二十六)

焉支山

焉支山在西郡界，東西百餘里，南北二十里。有松柏五木，其水草茂美，宜畜牧，與祁連山同。(《御定淵鑒類函》卷二十八)

侍御史王回

呂纂馳騁遊獵，或馬奔溝塹之間。殿中侍御史王回《控馬諫》曰：「陛下宜憶袁盎攬轡之言。」（《御定淵鑒類函》卷二百九十六）

河西五郡

周衰，其地爲狄，後匈奴使休屠、渾邪等王王月支，以地降漢，漢置張掖、酒泉、燉煌、武威、金城，謂之河西五郡，南隔距羌而斷匈奴右臂以通西域，故張騫通三十六國，班超復定五十餘國，條支、安息至於海濱四萬里外。（《廣志繹》卷三）

《涼州異物志》　佚名

《涼州異物志》，又作《涼土異物志》，作者不詳。據佚文所涉地名，其大約成書於漢晉間。《隋書·經籍志》：「《涼州異物志》一卷」；《新唐書·藝文志》：「《涼州異物志》二卷」；《玉海》：「《涼州異物志》一卷」；《通志·藝文略》：「《涼州異物志》一卷」；宋代以後僅《國史經籍志》著錄：「《涼州異物志》一卷」。則此書大約亡佚於宋元之際。

石蜜

石蜜之味〔一〕，甜於萍〔二〕，實非石之類〔三〕，假石之名。〔四〕（《北堂書鈔》卷一百四十七。又見《太平御覽》卷八百五十七，文字稍異。）

〔校記〕

〔一〕味，《太平御覽》作「茲」。

〔二〕此句，《太平御覽》作「甜於浮萍」。

〔三〕實，《太平御覽》無。

〔四〕此句下，《太平御覽》有「實出甘柘，變而逾輕」。其下，《太平御覽》又有注文「甘柘似竹，味甘。煮而曝之，則凝如石而甚輕。」

大人

有一大人，生於北邊〔一〕。在丁零北千五百里〔二〕。偃臥於野，其高如山。頓腳成谷，橫身塞川。長萬餘里，頓腳之間，乃似大谷。〔三〕近之有災，銅電擊之

也〔四〕。唯可遙看，不可到下，下則雷電流，銅鐵之丸爲雹，以擊殺人。〔五〕（《太平御覽》卷十四。又見《初學記》卷二，文字稍異。）

〔校記〕

〔一〕一，《初學記》無。

〔二〕此節注文，《初學記》無。

〔三〕此節注文，《初學記》無。

〔四〕擊之也，《初學記》作「擊胏」。

〔五〕此節注文，《初學記》作「胏，之也。唯可遙看，不可到下，到下則雷霆，流銅鐵之丸，以擊人。」

飛泉

漢貳師將軍李廣利伐大宛還，士衆渴乏。廣利乃引佩刀刺山，飛泉湧出，三軍賴此以獲濟。（《太平寰宇記》一百五十三）

蔥嶺

蔥嶺之水〔一〕，分流東西〔二〕，西入大海，東爲河源。（《水經注》卷二。又見《太平寰宇記》卷一百五十四，文字稍異。按：此條，《水經注》作「《涼土異物志》」，當是《涼州異物志》之誤。）

〔校記〕

〔一〕之，《太平寰宇記》無。

〔二〕流，《太平寰宇記》無。

高昌

高昌僻土，有異於華；寒服冷水，暑啜羅闍。郡人呼粥〔一〕。（《初學記》卷二十六。又見《太平御覽》卷八百五十九，文字稍異。）

〔校記〕

〔一〕此注文，《太平御覽》作「此郡人糜粥，啜之俗號闍也」。

封羊

封羊，其背如駝。（《初學記》卷二十九。又見《太平御覽》卷九〇二）

方外殊珍

方外殊珍，車渠馬瑙。器無常形，爲時之寶。隨其大小，以作盂碗杯盤也。視之目眩，希世之巧。羅刹所作，非人所造。羅刹鬼，遠外國，巧成器物，與人交市，非人能所造。（《太平御覽》卷七百五十六）

琥珀

琥珀作盂、瓶。(《太平御覽》卷七百六十。又見《御定淵鑒類函》卷三百八十四)

大秦國

大秦之國,斷首去軀,操刀屠人。(《太平御覽》卷八百二十八)

龍城

姜賴之墟,今稱龍城。恒溪無道,以感天庭。上帝赫怒,溢海蕩傾。姜賴,胡國名也。恒溪,其王字也,矜貪無厭。上帝化爲沙門,遊於觀其政,遂從溪乞之,以鹽與帝,帝乃震怒,使蒲昌溢以蕩覆也。剛鹵千里,蒺藜之形,其下有鹽,累棋而生。其地化爲鹵而剛堅,礧如蒺藜發,其底鹽方大如棋,以次相累也。坐以鹽乞天帝,故使此地化生鹽也。(《太平御覽》卷八百六十五)

鹽山

鹽山二岳,三色爲質,赤者如丹,黑者如漆。小大從意,鏤之寫物。赤與黑者皆小,惟白大。或如籃相,從人所爲形也。作獸辟惡,佩之爲吉。或治爲鳥獸以佩之。戎鹽,可以療疾。四方皆用白者作散,以除頭風。以其出胡國,故言戎鹽也。(《太平御覽》卷八百六十五)

水牛

有水牛,育於河中。(《太平御覽》卷九〇〇)

若斥

有小羊稱若斥,頗熱,峭山如壁,上下無跌。(《太平御覽》卷九〇二)

大尾羊

有羊大尾,車推乃行,用累其身。(《太平御覽》卷九〇二)

犬狗

犬狗如驢,希見其牙。(《太平御覽》卷九〇五)

黯

黯之始出,狀似肝。割之應力,從意使劃,見風乃硬,如石之盤。在南昌數百里,尋脈掘之。(《東坡先生物類相感志》卷三)

月氏羊

月氏有羊，尾重十斤。割之供食，尋生如故，亦日及牛之類也。（《蜀典》卷九）

《異物志》　十六國宋膺

《異物志》，晉宋膺撰。宋膺，生卒年、里籍未詳。此書史志未著錄。章宗源《隋書經籍志考證》疑朱應《扶南異物志》與宋膺《異物志》爲一書。今據佚文，《異物志》皆述西域之物，地域差別較大，二者應是二書。

大宛馬

大宛馬有肉角數寸，或有解人語及知音，舞與鼓節相應者。（《太平寰宇記》一百八十二）

月氏羊

月氏有羊〔一〕，大尾，稍割以供賓，亦稍自補復。〔二〕有大秦國，北有羊子，生於土中。秦人候其欲萌，爲垣以繞之。其臍連地，不可以刀截，擊鼓驚之而絕。因跳鳴食草，以一二百口爲群。（《太平廣記》卷四百三十九。又見《太平寰宇記》卷一百八十四，文字稍異。）

〔校記〕
〔一〕月氏：《太平寰宇記》作「月氏國」。
〔二〕「大尾」三句，《太平寰宇記》作「尾重十斤，割之供食，尋生如故」。且引至此。

另存文字差異較大者，錄於下：
秦之北附庸小邑，有羊黑自然生於土中，候其欲萌，築牆繞之，恐獸所食。其臍與地連，割絕則死。擊物驚之，乃驚鳴，臍遂絕，則逐水草爲群。（《史記·大宛列傳》張守節正義）

渠搜國

渠搜在疏勒國之西。（《太平寰宇記》卷一百八十一）

大秦金

大秦金二枚，皆大如瓜，擲之滋息無極，觀之如用則眞金也。（《史記·大宛列傳》張守節正義）

大、小頭痛山

大頭痛、小頭痛山，皆渠搜之東，疏勒之西。經之者身熱頭痛。夏不可行，行則致死。惟冬可行，尚嘔吐。山有毒，藥氣之所爲，冬乃枯歇，故可行也。（《太平御覽》卷七百九十三。又見《太平寰宇記》卷一百八十六，文字稍異。「爲」下，《太平寰宇記》有「也」字。）

《異物志》　　孫暢

《異物志》，孫暢撰。孫暢，生卒年、里籍不詳。此書史志無著錄。今僅存佚文一則，出自《初學記》。

鸚鵡

鸚鵡，其毛色或蒼綠，或紫赤；喙曲如鴞而目深；行如鳩雀而能效人言，故見殊貴。（《初學記》卷三十）

《南方異物志》　　佚名

《南方異物志》，作者不詳，未見史志著錄。其佚文較早爲《齊民要術》所徵引。

荳蔻

荳蔻，辛香可食，出交阯郡。（《一切經音義》卷八十一）

芭蕉（甘蕉）

甘蕉，草類，望之如樹。株大者，一圍餘。葉長一丈，或七八尺，廣尺

餘。華大如酒杯，形色如芙蓉。莖末百餘子，大各爲房。根似芋魁，大者如車轂。實隨華，每華一闔，各有六子，先後相次，子不俱生，華不俱落。此蕉有三種：一種，子大如拇指，長而銳，有似羊角，名「羊角蕉」，味最甘好。一種，子大如雞卵，有似牛乳，味微減羊角蕉。一種，蕉大如藕，長六七寸，形正方，名「方蕉」，少甘，味最弱。其莖如芋，取，濩而煮之，則如絲，可紡績也。（《齊民要術》卷十）

棘竹

棘竹，有刺，長七八丈，大如甕。（《齊民要術》卷十。又見李衎《竹譜》卷五）

翡翠

翡，大於鷸〔一〕，小於烏〔二〕，腰身通黑〔三〕，唯胸前、背上、翼後有赤毛〔四〕。翠，通身青黃，唯六翮上毛長寸餘，其飛即羽，鳴「翠翠翡翡」，因以名焉。（《一切經音義》卷十六。又見《一切經音義》卷六十五，文字稍異。）

〔校記〕
〔一〕鷸，《一切經音義》卷六十五作「鵁」。
〔二〕烏，《一切經音義》卷六十五作「鳥」。
〔三〕腰，《一切經音義》卷六十五作「青」。
〔四〕胸前，《一切經音義》卷六十五作「胸荊」。

鸚鵡鳥

鸚鵡鳥有三種：一種青大如烏臼〔一〕；一種大如鴟鴞〔二〕；一種五色，大如青而小於白者〔三〕。交州以南盡有之〔四〕。白及五色出杜薄州〔五〕。凡鳥四指，三向後〔六〕；此鳥兩向前，兩指向後，〔七〕異於凡鳥也。行則以口啄地，然後足從之。（《太平御覽》卷九百二十四。又見《初學記》卷三十，文字稍異。）

〔校記〕
〔一〕一種，《初學記》無。
〔二〕此句，《初學記》作「一種白，大如鴟鴞」。
〔三〕此句，《初學記》作「大於青者」。
〔四〕以南，《初學記》作「巴南」。
〔五〕白，《初學記》無。
〔六〕此句，《初學記》作「三向前一向後」。
〔七〕「此鳥」二句，《初學記》作「此鳥兩指向後」。《初學記》引至此。

另存文字差異較大者，錄於下：

廣、管、雷、羅、春勤等州多鸚鵡。野者，翠毛、丹嘴，可效人言，但稍小，不及隴山者。每群飛，皆數百隻。山果熟者，遇之立盡。南中云：「養之，切忌以手捫摸其背，犯者即不飲不啄，病而卒。」余寓番禺曾遊新會縣，遇安南歡好使麴將軍，名泉美，見代爲交趾使也。見養一鸚鵡，背尾有深淺翠毛，臆前淡紫嫩紅間出，兩腋別垂黃毛，翅尾甚奇。（《太平御覽》卷九百二十四）

文字簡潔者，附於下：

鸚鵡有三種，一種大白如鴟鴞。（《初學記》卷三十）

存疑

豆蔻

豆蔻，謂之漏蔻。（《御定佩文齋廣群芳譜》卷九十五）

珠肉

採珠人以珠肉作鮓也。（《文選》卷三十四）

《異物志》 郭氏

《異物志》，未見史志著錄。作者不詳，史籍徵引皆冠以「郭氏」。佚文較早爲唐張彥遠《歷代名畫記》徵引，其成書時代應爲隋以前。

巴獸潭

張衡〔一〕，字平子，南陽西鄂人。高才過人，性巧〔二〕，明天象，善畫。累拜侍中，出爲河間王相，年六十二。昔建州浦城縣山有獸〔三〕，名「駮神」，豕身人首，狀貌醜惡，百鬼惡之，好出水邊石上。平子往寫之，獸入潭中不出。或云，此獸畏人畫〔四〕，故不出也，〔五〕可去紙筆〔六〕，獸果出。平子拱手不動，潛以足指畫獸〔七〕。今號爲「巴獸潭」〔八〕。（《歷代名畫記》卷四。又見《太平廣記》卷二百一十，文字稍異。）

〔校記〕

〔一〕「張衡」上，《太平廣記》有「後漢」二字。

〔二〕巧，《太平廣記》作「聰」。

〔三〕浦城，《太平廣記》作「滿城」。

〔四〕此句，《太平廣記》作「此獸畏寫之」。

〔五〕也，《太平廣記》無。

〔六〕可，《太平廣記》作「遂」。

〔七〕獸，《太平廣記》作「之」。

〔八〕爲，《太平廣記》無。

翡翠

赤而雄者曰翡，青而雌者曰翠。（《遼懷堂全集》卷八）

《鬱林異物志》　　佚名

《鬱林異物志》，作者不詳，史志未著錄。其佚文較早爲《一切經音義》所徵引，應爲六朝作品。

水牛

周留者〔一〕，其實水牛，蒼毛豕身，角若擔矛，衛護其犢〔二〕，與虎爲讎。（《太平御覽》卷九〇〇。又見《事類賦》卷二十二，文字稍異。）

〔校記〕

〔一〕此句，《事類賦》作「周留者何」。

〔二〕衛護，《事類賦》作「衛護」。

另存文字差異較大者或記述簡潔者，錄於下：

周留，水牛也，毛青大腹，銳頭青尾。（《初學記》卷二十九）

周留牛，毛青大腹，銳頭青尾，其狀似豬。（《太平御覽》卷九〇〇。又見《駢雅訓纂》卷七下）

翡翠

翡翠，作巢在高樹之顚，去地七八丈。夷人稍稍下之，令去地七八尺，待其子欲成，然後取之。（《一切經音義》卷七十七。按：八，原作「人」，應爲「八」之形訛，今改之。）

《南中異物志》 佚名

《南中異物志》，作者不詳。史志無著錄。較早爲《一切經音義》徵引。

豫樟

豫樟生七年方知，若作舩，必焉龍鬬。（《一切經音義》卷十六）

自然灰

自然灰，生南海畔，可澣衣。石得此灰，即爛。可爲器，今馬腦等形質異者，先以此灰埋之，令輭，然後雕刻之也。（《證類本草》卷四）

楓香樹

楓香樹，似白楊，葉圓而岐分，有脂而香。子大如鴨卵，二月花發乃著實。八九月熟，曝乾可燒，惟九眞有之。（《焦氏説楛》卷二）

《廬陵異物志》 曹舒雅

《廬陵異物志》，又作《異物志》。史籍未著錄，其佚文較早爲《藝文類聚》所徵引，當是六朝作品。《太平御覽》、《太平寰宇記》、《輿地紀勝》皆冠以「曹舒雅」，其生卒年、里籍均不詳。

山都

廬陵大山之門〔一〕，有山都，似人，常裸身。見人便走，自有男女，可長四五尺〔二〕，能嘯相呼，常在幽昧之中〔三〕，亦鬼物也〔四〕。（《太平寰宇記》卷一〇九。又見《類要》卷一、《輿地紀勝》卷三十一，文字稍異。）

〔校記〕

〔一〕太山，《輿地紀勝》作「大山」。太，當爲「大」之形訛。門，當作「間」。
〔二〕此句，《類要》、《輿地紀勝》無。
〔三〕中，《輿地紀勝》作「間」。《輿地紀勝》引至此句。
〔四〕物，《類要》無。

然石

豫章有石黃白色而理疎，以水灌之便熱，以鼎加其上，炊足以熟，冷則灌之。雷煥以問張華，華曰：「然石也。」（《太平御覽》卷五十二）

魚、蜥蜴

魚跳躍，則蜥蜴從草中下〔一〕，稍相依近〔二〕，便共浮水上而相合〔三〕。事竟，魚還水底〔四〕，蜥還草中。（《太平御覽》卷九百四十六。又見涵芬樓本《說郛》卷六，文字稍異。）

〔校記〕

〔一〕從草中下，《說郛》作「於草中」。

〔二〕近，《說郛》無。

〔三〕而，《說郛》無。

〔四〕還，《說郛》作「遷」，下同。

〔五〕「蜥」下，《說郛》有「蜴」字。

橘

橘爲樹〔一〕，白華而赤實〔二〕，皮既馨香，裏又有美味。〔三〕交趾有橘官長一人〔四〕，秩三百石〔五〕，主歲貢御橘〔六〕。（《初學記》卷二十八。又見《藝文類聚》卷八十六、《太平御覽》卷九百六十六、《錦繡萬花谷》後集卷十八，文字稍異。）

〔校記〕

〔一〕「爲樹」二字，《藝文類聚》無。

〔二〕《藝文類聚》無「而」字。

〔三〕「皮既」二句，《藝文類聚》作「皮馨香有味」，《太平御覽》卷九百六十六作「皮既馨香，又有善味」。此二句以下，《太平御覽》卷九百六十六有「江南則有之，不生他所」。

〔四〕此句，《太平御覽》卷九百六十六作「交趾有橘，置長官一人」，《錦繡萬花谷》作「交趾有官長一人」。

〔五〕三百：《藝文類聚》作「二百」。

〔六〕《藝文類聚》無「歲」字。

另有記述簡潔者，附於下：

交趾有橘官長一人，秩二百石，主歲貢御橘。（《編珠》卷四）

灰汁

人呼灰汁爲金水〔一〕。（《類要》卷一。又見《輿地紀勝》卷三十一，文字稍異。）

〔校記〕

〔一〕爲,《輿地紀勝》作「如」。

木客鳥

有木客鳥〔一〕,大如鵲,千百爲羣,飛集有度,不與衆鳥相厠。人俗云:是木客化爲此鳥也。〔二〕(《太平寰宇記》卷一〇九。又見《類要》卷一、《輿地紀勝》卷三十一,文字有異。)

〔校記〕

〔一〕木客鳥,《輿地紀勝》作「未容鳥」。未容,蓋「木客」之形訛。

〔二〕「俗云」二句,《類要》作「俗人云是木客」。

金井

廬陵城中有一井,中有二色。水半青半黃。黃者,灰汁,取作糜粥,皆作金色。土人名灰汁爲金,因名爲「金井」。(《藝文類聚》卷九)

另存文字簡略者,錄於下:

人呼灰汁爲金水。(《太平寰宇記》卷一〇九)

存疑

石魚

開寶四年,黔南上言,江心有石魚見。上有古記云:廣德元年二月,大江水退,石魚見。部民相傳豐稔之兆。(《天中記》卷八)

《異物志》 　　陳祈暢

《異物志》,陳祈暢撰。陳祈暢,生卒年、里籍不詳。《新唐書·藝文志》、《玉海》皆著錄:「陳祈暢《異物志》一卷」。從現存佚文來看,《太平御覽》所徵引「馨子樹」、「三廉」二則,其正文爲四言韻語,其中夾以散體小注。《本草綱目》所引「構子」、「摩廚」二則冠以「陳祈暢《異物志贊》」,均以四言韻語成文。可見,陳祈暢《異物志》的體例與楊孚《異物志》、萬震《南州異物志》、佚名《涼州異物志》相類,皆爲韻語和散體的結合。然後人在徵引過程中,往往隨意取之,以致今之佚文面貌各然。

益智

益智，類薏苡，實長寸許〔一〕，如枳椇子，味辛辣，飲酒食之佳。（《齊民要術》卷十。又見《太平御覽》卷九百七十二，文字稍異。）

〔校記〕

〔一〕實，《太平御覽》無。

馨子樹

馨子之樹，枝葉四布。枝葉滿蘇，如車蓋也。名同種異，味實甜酢。與作紙穀同名，而實大異也。果而無核，裏面如素。析酒止醒，更爲遺賂。（《太平御覽》卷九百七十二）

餘甘

餘甘，大小如彈丸大，視之理如定陶瓜片。初入口如苦，忽咽口中，乃更甜美。鹽而蒸之，尤美。可多食之。（《太平御覽》卷九百七十三）

三廉

三廉大實，實不但三。雖名三廉，或有四五六枚。食之多汁，味酸且甘。藏之尤好，與眾果相參。（《太平御覽》卷九百七十四）

甘藷

甘藷似芋，亦有巨魁。剝去皮，肌肉正白如肪。南方人專食之，以當米穀。蒸炙皆香美。賓客酒食亦施設，有如果實也。（《太平御覽》卷九百七十四）

葭蒲藤

葭蒲藤類，延蔓他樹，以自長養。實大小長短如蓮，菆著枝格間。實外有殼，又無核，剝乃食之。煮而暴之，甜美，食之不饑。（《太平御覽》卷九百九十五）

存疑

摩廚

木有摩廚，生自斯調。厥汁肥潤，其澤如膏。馨香馥郁，可以煎熬。彼州之人，以爲嘉殽。（《本草綱目》卷三十一）

《廣州異物志》　佚名

《廣州異物志》，作者不詳。史志未著錄。其佚文僅得一條，出自《太平御覽》。

鱷魚

鱷魚，長者二丈餘，有四足，喙長七尺，齒甚利。虎及鹿渡水，鱷擊之，皆斷喙去齒，旬日更生。(《太平御覽》卷九百三十八)

《廣州記》　晉顧微

《廣州記》，晉顧微撰。顧微，又作「顧徵」、「顧徽」、「顧微」等，皆爲諸書徵引中之訛誤。其生平里籍不詳。此記，史志未著錄，佚文較早見於北魏賈思勰之《齊民要術》。南宋及元代諸書所引內容基本不出其前，或當時已經亡佚。又作《吳縣記》。

鬼目、草昧子

鬼目，樹似棠梨，葉如楮，皮白，樹高。大如木瓜，而小邪傾，不周正，味酢。九月熟。又有草昧子，亦如之，亦可爲糝用。其草似鬼目。(《齊民要術》卷十。又見《樹藝篇·果部》卷十)

甘蔗

甘蔗，與吳花、實、根、葉不異〔一〕，直是南土暖〔二〕，不經霜凍，四時花葉展。其熟，甘〔三〕；未熟時，亦苦澀〔四〕。(《齊民要術》卷十。又見《藝文類聚》卷八十七、《太平御覽》卷九百七十五、《樹藝篇·果部》卷九，文字稍異。)

〔校記〕
〔一〕吳，《太平御覽》作「蕉」。
〔二〕直，《太平御覽》作「眞」，當爲形訛。
〔三〕甘，《太平御覽》作「其」，應爲形訛。
〔四〕「苦澀」下，《太平御覽》有「也」字。

扶留藤

扶留藤,緣樹生。其花實即蒟也,可以爲醬。(《齊民要術》卷十)

萯藤

萯〔一〕,如栟櫚。葉疎。外皮青〔二〕,多棘刺。高五六丈者,如五六寸竹;小者如筆管竹。破其外青皮,得白心〔三〕,即萯藤。〔四〕藤類有十許種〔五〕:續斷〔六〕,草藤也,一曰「諾藤」,一曰「水藤」〔七〕。山行渴,則斷取汁飲之〔八〕。治人體有損絕。沐則長髮。去地一丈斷之,輒更生根至地,永不死〔九〕。(《齊民要術》卷十。又見《藝文類聚》卷八十二、《太平御覽》卷九百九十五、李衎《竹譜》卷十,文字稍異。)

〔校記〕

〔一〕萯,《藝文類聚》作「葳藤」,《太平御覽》作「科藤」。下同。

〔二〕外,《藝文類聚》作「破」。

〔三〕此句,《太平御覽》作「得息」。

〔四〕「破其」三句,《藝文類聚》無。《竹譜》引至此。

〔五〕藤,《藝文類聚》無。

〔六〕續斷,《藝文類聚》作「續遊」。

〔七〕一,《藝文類聚》作「二」。

〔八〕「則」下,《太平御覽》有「止」字。

〔九〕死,《太平御覽》作「絕」。

緗

緗,葉、子並似椒;味如羅勒。嶺北呼爲「木羅勒」。(《齊民要術》卷十)

花樹

平興縣有花樹,似菫,又似桑。四時常有花,可食,甜滑無子,此蓀木也。(《齊民要術》卷十)

古度樹

古度樹,葉如栗而大於枇杷。無花,枝柯皮中生子。子似杏而味酢。取煮以爲粽。取之數日,不煮,化作飛蟻。熙安縣有孤古度樹生,其號曰「古度」。俗人無子,於祠炙其乳,則生男。以金帛報之。(《齊民要術》卷十)

金岡

四會縣有金岡〔一〕。行人往往見金於岡側。(《編珠》卷二。又見《藝文類聚》卷六、《太平御覽》卷五十三，文字稍異。)

〔校記〕

〔一〕縣，《太平御覽》無。

另存文字差異較大者，錄於下：

南海四會縣有金岡山，行人往往見金人見形岡側。(《藝文類聚》卷八)

四會有金崗，新會即岡州，在側因岡爲州名也。(《太平寰宇記》一百五十七。又見《輿地紀勝》卷八十九、卷九十七)

行人往往見金人遊於崗側。(《輿地紀勝》卷九十六)

白水

南海增城縣有白水，山有瀑布懸注百許丈。(《藝文類聚》卷八。又見《白氏六帖事類集》卷二、《施注蘇詩》卷三十五，文字稍異。)

〔校記〕

〔一〕有，《施注蘇詩》無。此句，《白氏六帖事類集》作「南海曾城縣有泉」。

蒲母

程溪浦口有蒲母養龍〔一〕，列斷其尾〔二〕，因呼掘龍〔三〕。時人見之〔四〕，則土境大豐而利涉之〔五〕。(《白氏六帖事類集》卷二。又見《藝文類聚》卷九、《太平寰宇記》卷一百五十七，文字稍異。)

〔校記〕

〔一〕程，《藝文類聚》無。此句，《太平寰宇記》作「浦溪口有龍母養龍」。

〔二〕列，《藝文類聚》、《太平寰宇記》作「裂」。

〔三〕掘龍，《藝文類聚》作「龍掘」。此句，《太平寰宇記》作「因呼其溪爲龍窟」。

〔四〕時人，《藝文類聚》作「人時」。

〔五〕之，《藝文類聚》作「也」，《太平寰宇記》無。

貝多

貝多，似枇杷，而有光澤耀日。枝柯去地四五丈作懸，根生地便大如本株形。一樹亦可有數十根，如本形。花白，子不中食，種於精舍浮圖前。(《太平御覽》卷九百六十)

另存文字簡潔者，附於下：

貝多葉似枇杷。(《酉陽雜俎》前集卷十八、《樹藝篇·木部》卷四)

木威

木威，樹高大〔一〕。子如橄欖而堅，削去皮，以爲粽。(《齊民要術》卷十。又見《北戶錄》、《太平御覽》卷九百七十四，文字稍異。)

〔校記〕

〔一〕樹，《北戶錄》無。此句，《太平御覽》作「高丈餘」。

牛鼻山、夫盧山

南海始昌縣，有一石，望之似牛向江，名曰牛鼻山。縣西有夫盧山，高入雲霄，世傳云，上有湖水。至甲戌日，輒聞山上有鼓角笳簫鳴響。(《藝文類聚》卷八)

另存文字簡潔者，附於下：

盧山上有一湖，至甲戌日，輒聞山有鼓角聲。(《太平御覽》卷六十六)

始昌縣有一石，望之似牛向江，名牛鼻山。(《輿地紀勝》卷九十六)

參里山

東莞寶安縣，有參里山。傳云，曾參純孝，其所居山林，後以爲名。(《藝文類聚》卷八)

石牛

鬱林郡山東南有池〔一〕，池有石牛〔二〕。歲旱〔三〕，百姓殺牛祈雨〔四〕，以牛血和泥，泥石牛背〔五〕。祠畢，天雨洪注〔六〕，洗牛背泥盡即晴〔七〕。(《初學記》卷二。又見《藝文類聚》卷八、《太平御覽》卷十一、卷七十四、《輿地紀勝》卷一百二十一、《事類備要》前集卷二、卷十一、《錦繡萬花谷》後集卷一、《事文類聚》前集卷五，文字稍異。)

〔校記〕

〔一〕有池，《太平御覽》卷十一作「有一池」。此句，《藝文類聚》作「鬱林郡北，有大山，其高隱天，上有池」，《事類備要》前集卷二、《事文類聚》前集卷五作「鬱林郡山有池」。

〔二〕此句，《藝文類聚》、《太平御覽》卷七十四作「有石牛在池下」，《太平御覽》卷十一作「池邊有一石牛」。此句下，《藝文類聚》、《太平御覽》卷七十四有「民常祀之」，《太平御覽》卷十一作「人祭祀之」。

〔三〕歲，《太平御覽》卷十一作「若」。旱，《輿地紀勝》無。

〔四〕雨，《太平御覽》卷七十四作「之」。

〔五〕此句，《藝文類聚》作「厚泥石牛背」。

〔六〕此句，《太平御覽》卷十一作「則天雨大注」，《輿地紀勝》作「而太雨洪注」，《事類備要》前集卷十一作「天雨」，《錦繡萬花谷》後集卷一作「大雨」。《太平御覽》卷十一引至此。

〔七〕洗，《事類備要》前集卷二、《事文類聚》作「石」。即晴，《藝文類聚》、《太平御覽》卷七十四作「而後晴」，《輿地紀勝》作「乃晴」，《錦繡萬花谷》作「而晴」。

山檳榔

山檳榔，形小〔一〕，而大於蒳子〔二〕。蒳子，土人亦呼爲檳榔。（《藝文類聚》卷八十七。又見《太平御覽》卷九百七十四，文字稍異。）

〔校記〕

〔一〕此句，《太平御覽》無。

〔二〕而，《太平御覽》無。

另存文字差異較大者，錄於下：

嶺外檳榔，小如交趾，而大如蒳子，土人亦呼爲檳榔。（《太平御覽》卷九百七十一。又見《樹藝篇·果部》卷十，文字稍異。「交趾」下，《樹藝篇》有「者」字。）

益智

益智〔一〕，葉如蘘荷，莖如竹箭。子從心中出〔二〕，一枚有十子〔三〕。子內白滑〔四〕，四破去之，取外皮〔五〕，蜜煮爲糝〔六〕，味辛。（《齊民要術》卷十。又見《藝文類聚》卷八十七、《太平御覽》卷九百七十三、《證類本草》卷三十四、《樹藝篇·果部》卷十，文字稍異。）

〔校記〕

〔一〕益智，《樹藝篇》作「益知」。

〔二〕中，《藝文類聚》、《證類本草》無。

〔三〕十子，《樹藝篇》作「子十」。

〔四〕內，《藝文類聚》作「肉」。

〔五〕取，《證類本草》、《樹藝篇》作「或」。

〔六〕糝，《藝文類聚》、《證類本草》作「粽」，《太平御覽》作「粽子」。

金荊

撫納縣出金荊。（《藝文類聚》卷八十九。又見《一切經音義》卷三、《太平御覽》卷九百五十九。按：撫納縣，《一切經音義》作「梅納縣」，當誤。）

白荊、紫荊、杜荊

白荊堪爲履，紫荊堪爲床。萬南杜荊〔一〕，指病自愈〔二〕，節不相當者〔三〕，月暈時剋之養病〔四〕。（《藝文類聚》卷八十九。又見《爾雅翼》卷十一、《樹藝篇·木部》卷四，文字稍異。）

〔校記〕

〔一〕此句，《爾雅翼》、《樹藝篇》作「牡荊」。

〔二〕此句，《爾雅翼》、《樹藝篇》皆無。

〔三〕「節」下，《爾雅翼》、《樹藝篇》有「間」字。

〔四〕此句，《爾雅翼》、《樹藝篇》作「月暈時刻之爲券以畏病者」。

另存文字簡潔者，附於下：

白荊堪爲履，紫荊堪爲床。（《藝文類聚》卷八十九。又見《太平御覽》卷九百五十九）

食肉變虎

晉復陽縣里民〔一〕，有一家兒牧牛〔二〕。牛忽舐此兒，舐處肉悉白〔三〕。兒俄而死〔四〕，其家葬此兒，殺牛以供賓客。凡食此牛肉男女二十餘人悉變作虎。（《法苑珠林》卷四十三。又見《太平御覽》卷八百八十八，文字稍異。）

〔校記〕

〔一〕此句，《太平御覽》作「滇陽縣俚民」。

〔二〕兒，《太平御覽》無。

〔三〕白，《太平御覽》作「自」，形訛。

〔四〕兒，《太平御覽》無。

另存文字差異較大者，錄於下：

陽縣里民，有一兒年十五六牧牛。牛忽舐此兒，隨所舐處，肉悉白淨而甚快，遂聽牛日日舐之。兒俄而病死，其家葬兒，殺此牛以供賓客。凡食此牛肉者男女二十餘人悉變爲虎。（《太平御覽》卷九○○）

沉香

新興縣悉是沉香，如同心草。土人斫之，經年朽爛盡，心則爲沉香。（《法苑珠林》卷四十九）

石墨

懷化郡掘塹，得石墨，甚多〔一〕，精好，可寫書。（《初學記》卷二十一。又

見《太平御覽》卷六〇五、《文房四譜》卷五、《事類備要》前集卷四十六、《錦繡萬花谷》後集卷二十九、《唐詩鼓吹》卷五，文字稍異。）

〔校記〕

〔一〕此句，《事類備要》無。

勾芒木

阿林縣有勾芒木。俚人斫其大樹半斷，新條更生，取其皮績以爲布，輭滑甚好。（《太平御覽》卷八百二十）

趙嬰齊冢

吳黃武三年，遣交州治中呂瑜發趙嬰齊冢，得金蠶、日珠各數斛。（《太平御覽》卷八百二十五）

篥竹

篥竹，一名篔簹〔一〕，節長一丈。（《太平御覽》卷九百六十三。又見李衎《竹譜》卷六，文字稍異。）

〔校記〕

〔一〕此句，《竹譜》無。

笣竹

平鄉縣有笣竹，堪作布。（《太平御覽》卷九百六十三）

餘甘、甘蕉、木威、黃皮

餘甘、甘蕉、木威、黃皮，其味殊苦。（《太平御覽》卷九百七十四）

雞侯菜

雞侯菜，似艾，二月生，宜雞羹，故名之。（《證類本草》卷六。又見《樹藝篇·草類上品》卷上。按：此則内容冠作「顧《廣州記》」，當是顧微之《廣州記》，微，或脱。）

水弩

水弩蟲，四月一日上弩射人，八月後卸弩。（《紺珠集》卷七）

五羊

昔高固爲楚相，五羊銜穀至其庭，以爲瑞，因以五羊名其地。六國時廣屬楚。（《紺珠集》卷七）

風門

蒼梧山左右出風，故號「風門」。(《北堂書鈔》卷一百五十一。按：此則內容冠作「顧微《南海經》」，或當是《廣州記》之別稱。)

存疑

以下諸條內容皆不見於明代以前諸書徵引，或明代之前未有冠「顧微」名。暫置於下存疑。

菖蒲澗

熙安縣東北有菖蒲澗。(《補注東坡編年詩》卷三十八)

鼠藤

生南海山谷，藤蔓而生。鼠愛食此，故曰鼠藤。咬處即人用入藥。彼人食之，如喫甘蔗，味甘美。(《證類本草》卷十二、又見《本草綱目》卷十八下。按：《本草綱目》冠作「顧微《廣州記》」。)

荔枝

荔枝，如雞卵〔一〕大，殼朱，肉白，五六月熟，核若雞舌香。〔二〕(《北戶錄》卷二。又見《證類本草》卷二十三，文字稍異。)

〔校記〕

〔一〕此句，《證類本草》作「精者子如雞卵」。

〔二〕「白」三句，《證類本草》作「白核，如雞舌香」。

另存文字簡潔或差異較大者，錄於下：

荔支，大如桂樹，實如雞子，甘而多汁。(《施注蘇詩》卷三十六)

生嶺南及波斯國。樹似青木香。(《證類本草》卷二十三。又見《樹藝篇·果部》卷九)

荔枝，冬夏常青，其實大如雞卵，殼朱，肉白，核黃黑色，似半熟蓮子。精者核如雞舌香，甘美多汁，極益人也。(《本草綱目》卷三十一。按：此條，《本草綱目》冠作顧微《廣州記》。以上諸書徵引皆未冠作者。)

澄茄

澄茄，生諸海國，乃嫩胡椒也。青時，就樹採摘，柄粗而蒂圓。(《本草綱目》卷三十二。按：此則內容冠作「顧微《廣州志》」。)

《吳縣記》　　晉顧微

《吳縣記》，晉顧微撰。此記，史志未著錄。今存佚文 1 則，出自《文選·頭陀寺碑文》李善注。

佛法

佛法詳其始，而典籍亦無聞焉。魯莊七年，夜明佛生之日也。（《文選·頭陀寺碑文》李善注）

《西征記》　　宋戴祚

《西征記》，晉宋之際戴祚撰。戴祚，字延之，生卒年、里籍不詳。《隋書·經籍志》：「《西征記》二卷，戴延之撰」，《舊唐書·經籍志》著錄：「《西征記》一卷，戴祚撰」，《新唐書·藝文志》著錄：「戴祚《西征記》二卷」。元代諸書無著錄，應在宋元亡佚。

金水

洛陽建春門外有金水，入金谷塢。石崇所居也。（《編珠》卷一）

鶬

祚至雍丘，始見鶬，大小如鳩，色似鸚鵡，戲時兩兩相對。（《太平御覽》卷九百二十三）

翟泉

太子宮東有翟泉。（《太平寰宇記》卷三。）

二城

三皇山上有二城，東曰東廣武，西曰西廣武，各在一山頭〔一〕，相去百步〔二〕。汴水從廣澗中東南流，今涸無水。〔三〕城各有三面，在敖倉西。（《史記·項羽本紀》張守節正義。又見《太平寰宇記》卷九，文字稍異。）

〔校記〕

〔一〕此句，《太平寰宇記》無。

〔二〕百步，《太平寰宇記》作「二百餘步」。《太平寰宇記》引至此句。

〔三〕「汴水」二口，《太平寰宇記》作「汴河水從澗中東南流，今無水」。

另存文字差異較大者，錄於下：

三皇山上有二城，謂東西廣武城，相去二百餘步，隋河水從中東南流，今無水。今城東有高壇，即項羽坐太公於上以示漢軍處，一謂鴻溝。（《太平御覽》卷六十九。按：「二城」，原作「三城」，今改。）

武牢城

武牢城內有高祖殿，西南有武庫也。（《史記・外戚世家》司馬貞索隱）

夷齊祠

洛陽東北首陽山有夷齊祠。（《史記・伯夷列傳》張守節正義）

嵩高山

嵩高，中嶽也。東謂太室，西謂少室，總名嵩也。（《文選・懷舊賦》李善注）

金谷水

御溝引金谷水，從閶闔門入。（《文選・古意酬到長史溉登琅邪城》李善注）

白社

洛陽建春門外迎道北有白社〔一〕，董威輦所住也，去門二里。白社有牛馬市〔二〕，即嵇公臨刑處也〔三〕。（《北堂書鈔》卷八十七。又見《藝文類聚》卷三十九、《太平御覽》卷五百三十二，文字稍異。）

〔校記〕

〔一〕迎，《太平御覽》無。

〔二〕白社，《太平御覽》無。

〔三〕即，《太平御覽》無。

三銅鐘

洛陽太極殿前〔一〕，左右各三銅鐘〔二〕。大者三十二圍〔三〕，小者二十五圍，〔四〕博山頭紐作獅子，身鏤龍虎文章。（《北堂書鈔》卷一百八。又見《初學記》卷十六、《太平御覽》卷五百七十五，文字稍異。）

〔校記〕

〔一〕太，《初學記》作「大」。

〔二〕「銅鐘」下，《初學記》、《太平御覽》有「相對」二字。

〔三〕「大者」上，《太平御覽》有「鐘」字。

〔四〕《初學記》、《太平御覽》引至此。

銅龍

太極殿前有銅龍〔一〕，長二丈〔二〕。銅樽，容四十斛〔三〕。正旦大會羣臣〔四〕，龍從腹內受酒〔五〕，口吐之於尊內〔六〕。（《北堂書鈔》卷一百四十八。又見《太平御覽》卷七百六十一，文字稍異。）

〔校記〕

〔一〕前，《太平御覽》作「中」。

〔二〕二，《太平御覽》作「三」。

〔三〕四十，《太平御覽》作「三十」。

〔四〕羣臣，《太平御覽》無。

〔五〕腹內，《太平御覽》作「土中」。

〔六〕尊內，《太平御覽》作「樽中」。

濟水

濟水自大伾入河〔一〕，與河水鬬而東流。（《北堂書鈔》卷一百五十八。又見《初學記》卷六、《太平御覽》卷六十一，文字稍異。）

〔校記〕

〔一〕伾，《太平御覽》作「岯」。

太極殿上

太極殿上有井、博山、轆轤交龍〔一〕，負山於井〔二〕。又有金獅子在龍下〔三〕。（《北堂書鈔》卷一百五十九。又見《藝文類聚》卷九、六十二、《太平御覽》卷一百七十五、《類要》卷十三，文字稍異。）

〔校記〕

〔一〕井，《藝文類聚》卷九作「金井」，《藝文類聚》卷六十二作「金井欄」。博山，《藝文類聚》作「金博山」。轆轤，《藝文類聚》作「金轆轤」。交龍，《藝文類聚》作「蛟龍」。此句，《太平御覽》作「太極殿上有金井闌、金博山、鹿盧山、蛟龍山」，《類要》作「太極殿上有井」。

〔二〕此句，《藝文類聚》作「負山於井上」，《太平御覽》作「負於井上」。

〔三〕此句，《藝文類聚》卷九作「有金師子在龍下」，《藝文類聚》卷六十二作「又有金師子，在龍下」，《太平御覽》作「又有金師子」。

石室

嵩山〔一〕，東曰太室〔二〕，西曰少室，相去十七里。嵩，其總名也。謂之室者，以其下各有石室焉。少室高八百六十丈，方十里〔三〕，與太室相埒，但小耳〔七〕。（《北堂書鈔》卷一百六十。又見《初學記》卷五，文字稍異。）

〔校記〕

〔一〕此句，《初學記》作「其山」。

〔二〕曰，《初學記》作「謂」，下同。

〔三〕「方」上，《初學記》有「上」字。

另存文字差異較大者，錄於下：

嵩高山，巖中也，東謂太室，西謂少室，相去七十里，嵩高，總名也。（《藝文類聚》卷七）

太室山

漢武帝於太室山作登仙臺及萬歲亭。（《北堂書鈔》卷一百六十。又見《初學記》卷五）

積石壇

天泉之南，有東西溝，承御溝水。水之北有積石壇，云三月三日御坐流杯之處。（《初學記》卷四。又見《太平御覽》卷三十。）

關內八水

關內八水：一涇，二渭，三灞，四滻，五澇，六潏，七澧，八滈。（《初學記》卷六）

另存記述簡潔者，附於下：

關內八水：涇、渭、灞、滻、澇、潏、澧、滈。（《海錄碎事》卷三上）

次前

次前至黃馬阪，去計素緒十里〔一〕。（《初學記》卷八。又見《太平寰宇記》卷五，文字稍異。）

〔校記〕

〔一〕素緒，《太平寰宇記》作「索渚」。

倉坦城

倉坦城，南臨汴渠。（《初學記》卷八。又見《御定淵鑒類函》卷三百三十五）

宿預城

宿預城下邳之中路舊邸閣。(《初學記》卷八)

雷陂

雷陂有臺,高二丈。(《初學記》卷八。又見《太平寰宇記》卷一百二十三)

金市

洛陽舊有二市,一曰金市,在宮西大城內〔一〕。(《藝文類聚》卷六十五。又見《海錄碎事》卷十五,文字稍異。)

〔校記〕

〔一〕此句,《海錄碎事》無。

金商門

太極殿西有金商門。(《後漢書・楊震列傳》李賢等注。又見《玉海》卷一百五十九)

冰井

凌雲臺有冰井〔一〕,延之以六月持去〔二〕,經日猶堅也〔三〕。(《太平御覽》卷六十八。又見《古今合璧事類備要》前集卷四、《事類賦》卷八,文字稍異。)

〔校記〕

〔一〕凌雲臺,《事類賦》、作「淩雲臺」。

〔二〕延之,《古今合璧事類備要》作「戴延之」。

〔三〕也,《古今合璧事類備要》無。此句,《事類賦》作「今日猶堅」。

三樂

檀山,凡去洛城水道五百三十里,由新安、澠池、宜陽、三樂。〔一〕三樂男女老少〔二〕,未嘗見船,既聞晉使溯流,皆相引蟻聚川側,俯仰傾笑。(《太平御覽》卷七百七十。又見《事類賦》卷十六,文字稍異。)

〔校記〕

〔一〕「凡去」二句,《事類賦》作「向恪水道經宜陽、三樂」。

〔二〕少,《事類賦》作「幼」。

山陽

山陽,津名。(《太平寰宇記》卷一百二十四。又見《資治通鑑》卷七十)

金井

符秦築宮於長安東，中有太極殿，殿上有金井焉。(《太平寰宇記》卷二十五)

官度臺

官度臺，去青口澤六十里，魏武所造也〔一〕，破袁紹於此。(《藝文類聚》卷六十二。又見《太平御覽》卷一百七十七，文字稍異。)

〔校記〕

〔一〕所，《太平御覽》無。

王智先

宋公諮議參軍王智先〔一〕，停栢谷，遣騎送道人惠義疏云〔二〕：「有金璧之瑞，公遣迎取。」軍進次於崤東〔三〕，金璧至，脩壇拜受之。(《藝文類聚》卷八十四。又見《太平御覽》卷八〇六，文字稍異。)

〔校記〕

〔一〕參軍，《太平御覽》無。

〔二〕云，《太平御覽》作「日」。

〔三〕進，《太平御覽》無。

冀州博陵郡

冀州博陵郡王次寺道人法稱，告其弟子普嚴曰：「嵩高皇帝語吾，言江東有劉將軍，是漢家苗裔，受天命〔一〕。吾以三十二璧金一餅與之〔二〕。璧數是劉氏卜世之數也。」惠義以義熙十三年入嵩高山，即得璧金獻焉。(《藝文類聚》卷八十四。又見《太平御覽》卷八〇六，文字稍異。)

〔校記〕

〔一〕「受」上，《太平御覽》有「當」字。

〔二〕三十二，《太平御覽》作「四十二」。

木蘭

顯陽殿前有木蘭。(《藝文類聚》卷八十九。又見《御定淵鑒類函》卷四百一十六)

少室山

少室山中多神藥，漢武帝築登仙臺，在其峰。(《太平御覽》卷三十九)

首陽山

洛東北去首陽山二十里，山上有伯夷、叔齊祠。或云餓死此山。今河東蒲阪南，又謂首陽，亦有夷齊祠，未詳餓死所在。（《太平御覽》卷四十）

張母祠

邙山西岸東垣〔一〕，亙阜相屬，其下有張母祠。即永嘉中，此母有神術，能愈病，故元帝渡江時，延聖火於丹陽，即此母〔二〕。今祠存。〔三〕（《太平寰宇記》卷三。又見《太平御覽》卷四十二，文字稍異。）

〔校記〕

〔一〕岸，《太平御覽》作「匡」。

〔二〕「母」，《太平御覽》有「也」。

〔三〕「存」下，《太平御覽》有「焉」。

金門塢

宜陽縣，地名金門塢。（《太平御覽》卷四十二）

曾峻冢

焦氏山北數里〔一〕，漢司隸校尉魯峻〔二〕，穿山得白蛇、白兔，不葬，更葬山南，鑿而得金，故曰金鄉山。山形峻峭，冢前有石祠、石廟，四壁皆青石隱起〔三〕，自書契以來，忠臣、孝子、貞婦、孔子及弟子七十二人形像〔四〕，像邊皆刻石記之，文字分明。又有石床，長八尺，磨瑩鮮明，叩之聲聞遠近〔五〕。時太尉從事中郎傅珍之、咨議參軍周安穆拆敗石床〔六〕，各取去〔七〕，為魯氏之後所訟，二人並免官〔八〕。焦氏山東即金鄉山也，有冢，謂之秦王陵。山上二百步得冢口，塹深十丈，兩壁峻峭，廣二丈，入行七十步，得埏門，門外左右皆有空，可容五六十人，謂之白馬空。埏門內二丈，得外堂，外堂之後，又得內堂。觀者皆執燭而行，雖無他雕鏤，然治石甚精。或云是漢昌邑哀王冢，所未詳也。東南有范巨卿冢，名件猶存。巨卿名式，山陽之金鄉人，漢荊州刺史，與汝南張劭、長沙陳平子石交，號為死友矣。（《水經注》卷八。又見《太平御覽》卷四十二，文字稍異。）

〔校記〕

〔一〕此句，《太平御覽》作「焦氏山北數山」。

〔二〕「漢」上，《太平御覽》有「有」字，魯峻，《太平御覽》作「魯恭」。

〔三〕「四壁」上，《太平御覽》有「廟」。

〔四〕「及」在「孔子」上。

〔五〕遠近，《太平御覽》作「甚遠」。

〔六〕拆，《太平御覽》作「析」。

〔七〕去，《太平御覽》作「之」。

〔八〕二人，《太平御覽》作「三人」。此句下，《太平御覽》無。

另存文字簡潔者，錄於下：

金鄉焦氏山北數里，有漢司隸校尉曾峻冢〔一〕，前有石祠〔二〕，堂中四壁，皆青石隱起，〔三〕自書契以來，忠臣孝子、孔門七十二人形象〔四〕，皆刻石記之。（《藝文類聚》卷四十。又見《太平御覽》卷五百六十，文字稍異。）

〔校記〕

〔一〕曾峻冢，《太平御覽》作「魯峻冢」。

〔二〕此句，《太平御覽》作「前有古石祠堂」。

〔三〕「堂中」二句，《太平御覽》作「堂壁皆青石隱起」。

〔四〕此句，《太平御覽》作「忠臣、孝子、貞婦、孔子及弟子七十二人形像」。

焦氏山魯恭冢，前有石祠，四壁皆有青石隱起，忠臣孝子貞婦形像；像邊皆刻石記碑文。（《初學記》卷二十四）

金鄉焦氏山北，有漢司隸校尉曾峻冢，前有石床，長八尺，瑩摩鮮明，叩之即鳴。時太尉從事中郎傅珍之、咨議參軍周室穆折石床，各取一頭。爲曾氏之後所訟。（《太平御覽》卷七〇六）

七山原

河東鹽池東吳阪，登七山原，每登一原，輒峭起五六里，原上平廣，不知其極。（《太平御覽》卷五十七）

伊水

伊水，上源經新城、陸渾二縣，男女無少長，皆病癭。俗云水土所致，伊水不可飲也。（《太平御覽》卷六十二）

魚山

魚山北臨河。（《初學記》卷八）

巨澤

巨澤，魯之西界，孔子獲麟處。（《太平御覽》卷七十二。又見《御定淵鑒類函》卷三十二）

千金堨

金、瀍、谷三水合處有千金堨，即魏陳留王所立，引水東灌，民今賴之。（《太平寰宇記》卷三。又見《太平御覽》卷七十三）

陽渠水

洛陽城外四面有陽渠水，周公所制池，建春門外二橋最大，一從一橫。（《太平御覽》卷七十五）

函者

函者，道形如函也。孫卿子曰「秦有松柏之塞」是也。（《太平御覽》卷一百五十九。又見《類要》卷六）

許由臺

許昌城，本許由所居也〔一〕。大城東北九里，有許由臺，高六丈，寬三十步〔二〕。由恥聞堯讓而登此山，邑人慕德，故立此臺。（《初學記》卷二十三。又見《太平御覽》卷一百七十七，文字稍異。）

〔校記〕

〔一〕也，《太平御覽》無。

〔二〕寬，《太平御覽》作「廣」。此句下，《太平御覽》有「長六十步」。

吳蜀二主第宅

東陽門外道北，吳蜀二主第宅，去城二里。墟基猶存。（《太平御覽》卷一百八十）

潼關

潼關，北去蒲阪城六十里，城中有舜廟。城外有宅井及二妃壇。南去城二十里有山，舜所耕山也。（《太平御覽》卷一百八十）

鬱金屋

洛陽城有鬱金屋。（《太平御覽》卷一百八十一。又見《河南志》卷二）

平昌門

洛城南有平昌門，道東辟雍壇，去靈臺三里，俱是魏武帝所立，高七丈。（《太平御覽》卷五百三十四）

范曾冢

彭城南有亞父范曾冢。冢高四十餘丈，東北有隧道。其城北三里有劉向墓。泗水東三里，漢大夫龔勝冢，石碣猶存。（《太平御覽》卷五百六十）

翁仲

陝縣城西北二面帶河。河中對城西北角，〔一〕水涌起銅鐘〔二〕，翁仲頭髮常出水上，漲減常與水齊。〔三〕晉軍當至〔四〕，髮不復出，唯見水中嗟嗟有聲〔五〕，聞數里〔六〕。翁仲本在城內大司馬門外〔七〕，爲賊所徒〔八〕。當西入關〔九〕，至此而沒。（《樂書》卷一百三十三。又見《太平御覽》卷三百七十三、五百七十五，文字稍異。）

〔校記〕

〔一〕「陝縣城」二句，《太平御覽》卷三百七十三作「陝縣大城西北角」。

〔二〕此句，《太平御覽》卷三百七十三作「水漫涌起」。此句下，《太平御覽》卷三百七十三有「勃鬱方數十丈，有如物居水中。父老云」三句。

〔三〕常，《太平御覽》卷五百七十五作「恒」。「翁仲」二句，《太平御覽》卷三百七十三作「銅翁仲頭髮常與水齊」。

〔四〕當，《太平御覽》卷三百七十三無。

〔五〕中，《太平御覽》卷三百七十三作「黑」，《太平御覽》卷五百七十五作「異」。

〔六〕此句，《太平御覽》作「聲聞數里」。

〔七〕城內，《太平御覽》卷三百七十三無。

〔八〕徒，《太平御覽》作「徙」，「徒」之形訛。

〔九〕此句，《太平御覽》卷三百七十三無。

博山頭

鐘大者三十二，博山頭形瓌紐作師子頭。鐘大者三十二，博山頭二丈，厚八尺，大面廣一丈二尺，小面七尺。或作蛟龍，或作鳥獸，周繞其外。（《太平御覽》卷五百七十五）

石墨山

石墨山北五十里，山多墨，可以書。（《初學記》卷二十一。又見《太平御覽》卷六〇五）

厄井

板渚津，津南原上有厄井。父老云，漢祖與楚戰，敗走逃此井。追軍至，見兩鳩從井中出，故得免厄，因名厄井。（《初學記》卷七）

漕邑

白馬城者〔一〕，古衛之曹邑〔二〕。（《太平寰宇記》卷九。又見《資治通鑒》卷七，文字稍異。）

〔校記〕

〔一〕此句，《資治通鑒》作「白馬故城」。

〔二〕此句，《資治通鑒》作「即衛之漕邑」。

塢

塢在川南，因高爲塢〔一〕，高十餘丈〔二〕，劉武王西入長安，舟師所保也。（《水經注》卷十五。又見《太平寰宇記》卷五、《資治通鑒》卷一百一十七，文字稍異。）

〔校記〕

〔一〕高，《太平寰宇記》作「原」。

〔二〕此句，《太平寰宇記》作「高數丈」，《資治通鑒》作「高一十餘丈」。《太平寰宇記》、《資治通鑒》引至此。

般祠

今見祠在東岸，臨河累石爲壁，其屋宇容身而已。（《水經注》卷五）

白超壘

次至白超壘，去函谷十五里，築壘當大道，左右有山夾立，相去百餘步，從中出北，乃故關城。（《水經注》卷十六）

洧涓水

湖陸縣之東南有洧涓水。（《水經注》卷二十五。又見《徐州府志》卷十一）

梓澤

梓澤，去洛城六十里。梓澤，金谷也。中朝賢達所集，賦詩猶存，是石崇居處。（《藝文類聚》卷九）

波若臺

徽音殿西南，姚興起波若臺，有逍遙園。西去三百步，有鹿子苑，羌王養麋鹿數百頭。（《太平御覽》卷九〇六）

陵柵

舊陵縣之治也。（《水經注》卷二十五）

婦姑城

梁東百里，古有婦人寡居，養姑孝謹。鄉人義之，爲築此城，故曰婦姑城。（《太平寰宇記》卷一）

存疑（戴延之記）

嵩山

嵩山三十六峰，東曰太室，西曰少室，相去十七里，嵩其總名也。謂之室，以其下各有石室焉。少室高八百六十丈，方十里，與太室相埒，但小耳。（《資治通鑒》卷二〇五。按：此條引作「戴延之記」，實即《西征記》。下二條同。）

銅翁仲

城南倚山原，北臨黃河，懸水百餘仞，臨之者咸悚惕焉。西北帶河，水湧起方數十丈，有物居水中，父老云：銅翁仲所沒處。（《水經注》卷四）

石虎

石虎載經於此沉沒，二物並存，水所以湧，所未詳也。（《水經注》卷四）

吳蜀二主第宅

東陽門外道北，吳蜀二主第宅，去城二里，墟墓猶存。（《藝文類聚》卷六十四。按：此條引作「戴延之《西京記》」，實即《西征記》。下三條同。）

舜廟

潼關北去蒲阪城六十里，中有舜廟，城外有宅井，及二妃壇，南去城二十里，有山，舜所耕山，上亦有山。（《藝文類聚》卷六十四）

梓澤

梓澤去洛城六十里，澤在金谷之中，朝賢所集賦詩，是石崇所居。（《太平御覽》卷五十四）

博山頭

鐘大者三十二，博山頭形環鈕作師子頭，身作起雕，鏤龍虎文章。（《北堂書鈔》卷一〇八）

鹽

鹽生水中，夕取朝復，千車萬驢，適意多少。（《太平御覽》卷八百六十五。
按：引作《西京記》，或爲訛誤，存疑。）

《宋武北征記》　宋戴祚

戴祚《宋武北征記》，《隋書經籍志》言一卷，戴氏撰。書中提及桓溫
太和四年北伐事，並言「距今四十九年」矣，則此書當作於義熙五年（409），
時間與宋武帝北征時間一致。章宗源《隋書經籍志考證》言：戴祚即戴延
之，有《西征記》二卷。案，宋武西征，姚泓入長安，在晉安帝義熙十二
年，此北征，慕容超猶在，其前七年是役也。延之以僚屬從，故爲此記。
同時從行者裴松之、孟奧、徐齊民，並有《北征記》，伍緝之有《從征記》，
邱淵之有《征齊道里記》。

袁紹固

少室山西有袁術固〔一〕，可容十萬衆〔二〕，一夫守隘〔三〕，萬人莫當〔四〕。
（《元和郡縣志》卷六。又見《太平寰宇記》卷五，文字稍異。）
〔校記〕
〔一〕袁術，《寰宇記》作「袁紹」。
〔二〕此句，《寰宇記》作「容十萬人」。
〔三〕守隘，《寰宇記》作「守險」。
〔四〕萬人，《寰宇記》作「千人」。

敖山

敖山，秦時築倉於山上，漢高祖亦因敖倉傍山築甬道〔一〕，下汴水，即此
山也。（《元和郡縣志》卷九。又見《詩地理考》卷三、《太平寰宇記》卷九，文字稍異。）
〔校記〕
〔一〕此句，《寰宇記》作「漢高祖亦因敖山築甬道」。

桓公溝

桓宣武以太和四年率衆平趙、魏〔一〕時，遣冠軍將軍毛彪生鑿此溝，因

號桓公溝〔二〕，於今四十九年矣。溝已塡塞，公遣朱超石更鑿通之。(《太平寰宇記》卷十四。又見《元和郡縣志》卷十一，文字稍異。)

〔校記〕

〔一〕桓宣武，《元和郡縣志》作「桓公宣武」。

〔二〕因號，《元和郡縣志》作「號曰」。

下邳城

下邳城有三重，大城之門周四里，呂布所守也。魏武禽布於白門。白門，大城之門也。(《後漢書·劉焉袁術呂布列傳》李賢等注)

存疑

除以上明言出戴祚《宋武北征記》諸條外，《水經注》所引數條，僅言作者為戴延之，不著出處，茲列於此，以待考證。

層阜

關之直北隔河有層阜，巍然獨秀，孤峙河陽，世謂之風陵，戴延之所謂「風埵」者也。(《水經注》卷四)

橐水

城南倚山原北臨黃河，懸水百餘仞，臨之者咸悚惕焉。西北帶河水，湧起方數十丈。有物居水中，父老云：銅翁仲所沒處。(《水經注》卷四)

武水

河牧城又東北入東武陽縣，東入河，又有漯水出焉。戴延之謂之武水也。(《水經注》卷五)

石門亭

水北有石門亭戴延之所云新築城，城週三百步，滎陽太守所鎮者也。(《水經注》卷七)

濟水

北汶水注之，戴延之所謂清口也。(《水經注》卷八)

渠水

東南逕赤城北，戴延之所謂西北有大梁亭，非也。(《水經注》卷二十二)

匡城

匡城周三里。（《大清一統志》卷二十二。按：此則引作「戴氏《北征記》」。）

《北征記》　　宋裴松之

《北征記》，晉宋之際裴松之撰，史志未著錄。松之（372-451），字世期，河東聞喜（今山西聞喜）人。義熙十二年（416），劉裕率軍北伐。裴松之時任司州主簿隨軍北行。《北征記》即應作於此時。

中牟臺

中牟臺下臨汴水，是爲官渡水也〔一〕。（《史記·高祖本紀》司馬貞索隱。又見《後漢書·孝獻帝紀》李賢等注，文字稍異。）

〔校記〕

〔一〕此句，《後漢書》作「是爲官度」。

《北征記》　　宋徐齊民

《北征記》，徐齊民撰。徐齊民，里籍、生卒年不詳。此書，史志未著錄。其文較早出自《後漢書》李賢注。

棐林縣

（棐林）縣東南有大隧澗，鄭莊公所闢。又大城東臨濮水，水東溱水，注於洧。城西臨洧水。（《後漢書·郡國志》李賢等注）

呂祿臺

（雍丘）有呂祿臺，高七丈，有酈生祠。（《後漢書·郡國志》李賢等注）

《從征記》　宋伍緝之

　　伍緝之《從征記》，卷亡，史志不著錄。伍輯之，晉宋間人，生平、里籍未詳。有集十二卷。案諸類書引伍輯之《從征記》似與郭緣生、戴延之、裴松之、邱淵之並從宋武帝北征、西征者，義熙中，同爲劉裕官屬也。是書北宋諸書多徵引，當此時仍存，南宋諸書所引無新條目，或南宋時已亡。

秦始皇勒銘

　　北巖有秦始皇所勒銘。（《史記・封禪書》司馬貞索隱）

石硯

　　夫子床前有石硯一枚，作甚古樸，蓋孔子生平時物也〔一〕。（《北堂書鈔》卷一〇四。又見《藝文類聚》卷五十八、《初學記》卷二十一、《太平御覽》卷六〇五，文字稍異。）

　　〔校記〕

　　〔一〕孔子，《初學記》作「夫子」；生平，《初學記》、《太平御覽》作「平生」。

　　另存文字差異較大者，錄於下：

　　魯國孔子廟中，石硯一枚〔一〕，甚古樸〔二〕，孔子平時物也〔三〕。（《類說》卷五十九。又見《初學記》卷二十一、《類林雜說》卷十四、《文房四譜》卷三、《墨池編》卷六、《緯略》卷八，文字稍異。）

　　〔校記〕

　　〔一〕石硯，《初學記》、《類林雜說》、《文房四譜》作「有石硯」，

　　〔二〕甚古樸，《文房四譜》、《墨池編》作「制甚古樸」；《初學記》、《類林雜說》無。

　　〔三〕此句，《初學記》、《類林雜說》、《文房四譜》作「蓋夫子平生時物」，《墨池編》作「蓋孔子平生時物」。

清沙峴

　　青沙峴，一名小峴。（《北堂書鈔》卷一百五十七。）

　　青峴沙峴，一名小峴，木多櫨杏。（《太平御覽》卷五十六。）

　　青沙峴，玄圃城十里，木皆櫨杏，草多微絑。（《太平寰宇記》卷二十三）

泰山三廟

泰山有下、中、上三廟，牆闕嚴整，廟中柏樹夾兩階，大二十餘圍，蓋漢武所植也。赤眉嘗斫一樹，見血而止，今斧創猶存。（《水經注》卷二十四）

另存文字有異者，錄於下：

泰山廟中柏，皆二十餘圍〔一〕，夾兩階〔二〕，赤眉嘗斫一樹，見血而止，今斧瘡猶在〔三〕。（《藝文類聚》卷八十八。又見《太平御覽》卷九五四、《記纂淵海》卷九十五，文字稍異。）

〔校記〕

〔一〕二十，《太平御覽》、《記纂淵海》作「三十」。

〔二〕此句，《記纂淵海》無。

〔三〕斧瘡，《記纂淵海》作「斧印」。

泰山有上中下三廟，廟前有大井，水極香冷，異於凡水，不知何代所掘。（《初學記》卷五）

泰山

泰山於所經諸山非最高，而岑崿軒舉，凌跨眾阜，雲霞草木，靄然靈異，苑囿神奇，故無螫蟲猛獸。（《太平御覽》卷三十九。）

大峴直度山

大峴，去牟城八十里〔一〕，直度山二十五里〔二〕，崖阪峭曲〔三〕，石徑幽危〔四〕，四嶽三塗，不是過也〔五〕。（《元和郡縣志》卷十三。又見《初學記》卷八、《太平寰宇記》卷二十三，文字稍異。）

〔校記〕

〔一〕此句，《初學記》無。

〔二〕二十五里，《太平寰宇記》作「十五里」。

〔三〕《初學記》此句前有「澗壑洞地」句，峭，《太平寰宇記》作「稍」。

〔四〕此句，《初學記》無。

〔五〕此句，《寰宇記》無。

孔子所乘車

魯人藏孔子所乘車於廟中〔一〕，是顏路所請者也。獻帝時，廟遇火，燒之。（《後漢書·光武十王列傳》李賢等注。又見《冊府元龜》卷三十九，文字稍異。）

〔校記〕

〔一〕藏，《冊府元龜》作「茂」。

孔里

譙周云：「孔子後，魯人就冢次而居者百有餘家，曰孔里。」（《太平御覽》卷一百五十七）

劉表冢

劉表冢〔一〕，在高平郡。表子琮〔二〕，擣四方珍香數十石〔三〕，著棺中〔四〕，蘇合消救之香〔五〕，莫不畢備〔六〕。永嘉中，郡人衡熙發其墓〔七〕，表貌如生〔八〕，香聞數十里，熙懼，不敢犯〔九〕。（《太平御覽》卷五百五十一。又見《藝文類聚》卷四十、《太平寰宇記》卷三十三、《太平御覽》卷九百八十二，文字稍異。）

〔校記〕

〔一〕冢，《太平御覽》卷九百八十二作「家」。

〔二〕此句，《藝文類聚》作「表之子琮」，《太平御覽》卷九百八十二作「表子」。

〔三〕石，《藝文類聚》、《太平御覽》卷九百八十二作「斛」。

〔四〕著，《太平御覽》卷九百八十二作「置」。

〔五〕此句，《太平寰宇記》無；救，《藝文類聚》作「疾」，《太平御覽》卷九百八十二作「疫」。

〔六〕此句，《太平寰宇記》無，《太平御覽》卷九百八十二作「畢備」。

〔七〕衡熙，《太平寰宇記》作「衛熙」，《藝文類聚》、《太平御覽》卷九百八十二無此二字。

〔八〕此句，《藝文類聚》作「表白如生」，《太平寰宇記》作「見表貌如生」，《太平御覽》卷九百八十二作「表如生」。

〔九〕此二句，《藝文類聚》、《太平御覽》卷九百八十二無。

汶水

汶水，出縣西南流〔一〕。（《水經注》卷二十四。又見《禹貢指南》卷一、《太平御覽》卷六十三。）

〔校記〕

〔一〕縣，《太平御覽》作「萊蕪縣」。

萊蕪谷

自入萊蕪谷，夾路連山數百里，水黑，多行石，澗中出草藥，饒松柏，林灌綿蒙，崖壁相望。或傾岑岨徑，或回巖絕谷，清風鳴條，山壑俱響。凌高降深，兼惴慄之懼；危蹊斷徑〔一〕，過懸度之艱〔二〕。未出谷十餘里，有別谷在孤山〔三〕。谷有清泉。泉上數丈，有石穴二口，容人行〔四〕。入穴丈餘，高九尺許〔五〕，廣四五丈，言是昔人居山之處，薪爨煙墨猶存。谷中林木緻密，行人鮮有能至矣。又有少許山田，引灌之蹤尚存。出谷有平丘，面山傍水，

土人悉以種麥。云此丘不宜殖稷黍，而宜麥，齊人相承以殖之〔六〕。意謂麥丘所栖愚公谷也，何其深沉幽翳，可以託業怡生如此也！余時逕此，爲之躊蹰，爲之屢眷矣。（《水經注》卷二十四。又見《太平御覽》卷六十三，文字稍異。）

〔校記〕

〔一〕斷，《太平御覽》作「險」。

〔二〕此句，《太平御覽》作「有懸束之艱」。

〔三〕「孤山」下，《太平御覽》有「下」字。

〔四〕「行」上，《太平御覽》有「平」字。

〔五〕許，《太平御覽》作「餘」。

〔六〕此句下，《太平御覽》無。

萊蕪城

城在萊蕪谷，當路阻絕，兩山間道由南北門。漢末，有范史雲爲萊蕪令，言萊蕪在齊，非魯所得引。舊說云，齊靈公滅萊，萊民播流此谷，邑落荒蕪，故曰萊蕪。（《水經注》卷二十六）

桑谷水

名曰聖水。（《水經注》卷二十六）

齊襄王墓

齊襄王墓在汝水西。墓西有僖公墓，東有四田墓，傳云，倨、榮、廣、布也。墓皆方墓圓墳。（《太平御覽》卷五百六十）

季劄兒冢

嬴縣西六十里有季箚兒冢，冢圓，其高可隱也。前有石銘一所，漢末奉高令所立，無所敘述，標誌而已。自昔恒蠲民戶灑掃之，今不能。然碑石糜碎，靡有遺矣。（《水經注》卷二十四）

洙、泗二水

洙、泗二水交於魯城東北十七里，闕里背洙面泗〔一〕，南北百二十步〔二〕，東西六十步，四門各有石閫〔三〕，北門去洙水百步餘〔四〕。（《水經注》卷二十五。又見《太平御覽》卷六十三、《玉海》卷一○二，文字稍異。）

〔校記〕

〔一〕背洙面泗，《太平御覽》作「有洙泗牆」，《玉海》作「背洙泗牆」，

〔二〕百二十，《太平御覽》、《玉海》作「一百二十」。

〔三〕石闔，《玉海》作「石闕」。

〔四〕百步餘，《太平御覽》作「百餘步」。

另存文字簡潔者，附於下：

洙泗二水交於魯城東北十七里，闕里背洙泗洙水。（《通鑒釋文辨誤》卷八）

闕里背洙面泗，即此也。（《史記·孔子世家》張守節正義。又見《通鑒綱目》卷十上）

顯闔

杜謂顯闔，闔丘也。（《水經注》卷二十五）

高平東陽東北有漆縣、漆鄉，東北十里有闔丛鄉。（《路史》卷二十六）

今兗有古漆城。（《路史》卷二十九）

堯山祠

廣固城北三里有堯山祠，堯因巡狩登此山，後人遂以名山。（《水經注》卷二十六）

桓公冢

（淄）水西有桓公冢，甚高大，墓方七十餘丈，高四丈，圓墳圍二十餘丈，高七丈餘，一墓方七丈。（《水經注》卷二十六）

澠

水出臨淄縣，北逕樂安博昌南界，西入時水者也。自下通謂之爲澠也。（《水經注》卷二十六）

澠，名曰聖水。（《水經注》卷二十六）

次睢里社

臨沂厚丘間，有次睢里社〔一〕，常以人祭，襄公使邾子用鄫子處〔二〕，相承雇貧人，命齋絜〔三〕，祭時縛著社前，如見牲犧〔四〕，魏初乃止。（《藝文類聚》卷三十九。又見《北堂書鈔》卷八十七，文字稍異。）

〔校記〕

〔一〕此二句，《北堂書鈔》作「臨沂，有次睢社」。

〔二〕此句，《北堂書鈔》作「宋襄公使煞用鄫子處」。

〔三〕齋絜，《北堂書鈔》作「齊潔」。

〔四〕牲犧，《北堂書鈔》作「犧牲」。

夫子墓

《孔叢》云，夫子墓方二里〔一〕，諸弟子各以四方木來植之〔二〕，今盤根猶存。(《藝文類聚》卷四十。又見《北堂書鈔》卷九十四，文字有異。)

〔校記〕

〔一〕此句，《北堂書鈔》作「夫子之墓授方一里」。

〔二〕木，《北堂書鈔》作「奇木」。

自燃灰

自燃灰，狀如黃灰，生海濱。投水中浣衣，不須淋水。(《太平御覽》卷八百七十一。)

紫石英

自太峴至太山，皆有紫石英。太山所出，特復瑰殊。(《太平御覽》卷九百八十七。)

漢武封壇

漢武封壇廣丈三尺，高丈尺，下有玉籙書，以金銀爲鏤，封以璽。(《玉海》卷九十八。按：此條引作《史記正義》引伍緝之《從征記》。)

漆縣閻叢鄉

高平東陽東北有漆縣，漆鄉東北十里有閻叢鄉。(《路史》卷二十六)

存疑

逢山石鼓

在縣逢山上，《從征記》曰，齊地亂，則石鼓聲聞數十里。(《(嘉靖)青州府志》卷七、《(嘉靖)青州府志》卷十八、(嘉靖)山東通志》卷二十二。此條，明前說均不見，但其所記內容與《從征記》其他條同屬一範圍，並行文風格類，似不僞也。)

《述征記》　　宋郭緣生

《述征記》，晉宋之際郭緣生撰。郭緣生，生平未詳。《隋志》、舊、新《唐志》並錄：「《述征記》二卷，郭緣生撰。」元代諸書無著錄，則應亡佚於其時。

堯陵

城陽縣東有堯冢，亦曰堯陵，有碑。(《史記·五帝本紀》張守節正義)

堯母陵

成陽縣東南有堯母慶都墓，上有祠廟。堯母陵俗亦名靈臺大母。(《後漢書·肅宗孝章帝紀》李賢等注。又見《詩地理考》卷六)

另存文字差異較大者，錄於下：

郕陽城東南有堯母慶都之墓，上有廟。繞墓有池，池中有魚，魚頭間有印。(《類要》卷四)

仲山甫墓

堯陵在城南九里，中山夫人祠在城南二里，東南六里，堯母慶都冢，堯陵北二里有仲山甫墓。(《水經注》卷二十四)

印頰魚

郕陽城東南，有堯母慶都之墓，上有祠廟。繞墓有池，池中有魚，頭間有印，謂之「印頰魚」。(《太平寰宇記》卷十四)

另存文字差異較大者，錄於下：

城陽縣南六里，堯母慶都墓廟前一池，魚額間有印文，名頰魚。非告祠者，捕不可得。(《太平御覽》卷九百四十)

長安

長安東則驪山，西則白鹿原。北望云陽，悉見山阜之形，而恒若雲霧之中。(《長安志》卷十五)

廣武

一澗橫絕上過，名曰廣武。相對皆立城塹，遂號東、西廣武。(《史記·項羽本紀》張守節正義。又見《資治通鑒》卷十)

項羽墓

項羽墓，在穀城西北三里，半許毀壞，有碣石「項王之墓」。(《史記·項羽本紀》張守節正義)

戲水

戲水注渭，東有周幽王壘。昔幽王㪍舉烽以悅褒姒，遂犬戎伐周，諸侯玩而弗至，戰敗死於斯地。（《藝文類聚》卷八十）

另存文字差異較大者，錄於下：

戲水自驪山馮公谷北流，歷戲亭，東入渭。（《史記·高祖本紀》司馬貞索隱）

梁孝王冢

梁孝王冢〔一〕，斬山徙戶〔二〕，以石為藏〔三〕。行一里到藏中〔四〕，有數尺水，有大鯉魚。人皆潔而進，不齊，輒有獸噬其足。獸似豹也。（《太平御覽》卷五百五十九。又見《太平寰宇記》卷十二，文字稍異。）

〔校記〕

〔一〕此句，《太平寰宇記》作「梁孝王葬於碭山」。

〔二〕此句，《太平寰宇記》作「鑿山作島」。

〔三〕此句，《太平寰宇記》作「穿石為藏」。

〔四〕中：《太平寰宇記》作「內」。此句下，《太平寰宇記》無。

蒙縣

蒙縣，莊周之本邑也。（《史記·老子韓非列傳》張守節正義）

國學、太學

國學在辟雝東北五里，太學在國學東二百步。（《文選·閒居賦》李善注）

北芒

北芒，洛陽北芒嶺〔一〕，靡迤長阜，自滎陽山連嶺脩亙，暨於東垣。（《文選·應詔樂遊苑餞呂僧珍》李善注。又見《文選·河陽縣作》李善注，文字有異。）

〔校記〕

〔一〕此句，《文選·河陽縣作》作「城北芒嶺也」。此句以下，《文選·河陽縣作》無。

另存文字差異較大者，錄於下：

北芒，去大夏門不盈一里。（《文選·河陽縣作》李善注）

銅渾儀

長安宮南有雲臺，高十五仞，上有銅渾儀。（《白孔六帖》卷一）

銅渾儀、相風銅烏

長安宮南有靈臺〔一〕，高十五仞〔二〕，上有渾儀〔三〕，張衡所製〔四〕。又有相風銅烏〔五〕，遇風乃動〔六〕。一曰：長安靈臺，上有相風銅烏，千里風至，此馬乃動。又有銅表，高八尺，長一丈三尺，廣尺二寸，題云太初四年造。（《三輔黃圖》卷五。又見《初學記》卷一、《太平御覽》卷五百三十四，文字稍異。）

〔校記〕

〔一〕長安宮：《初學記》作「長安」。

〔二〕十五仞：《初學記》、《太平御覽》作「十仞」。

〔三〕此句，《初學記》、《太平御覽》作「上有銅渾天儀」。

〔四〕此句，《初學記》無。

〔五〕此句，《太平御覽》作「又相風銅烏」。

〔六〕此句，《初學記》作「或云遇千里風乃動」，《太平御覽》作「或云此烏遇千里風乃動」。此句下，《初學記》、《太平御覽》無。

另存文字簡潔者，附於下：

長安宮南有靈臺〔一〕，有相風銅烏。〔二〕或云〔三〕，此烏遇千里風乃動〔四〕。（《藝文類聚》卷一。又見《北堂書鈔》卷一百三十、《太平御覽》卷九、卷九百二十，文字稍異。）

〔校記〕

〔一〕此句，《北堂書鈔》作「長安臺上」，《太平御覽》卷九作「長安宮南靈臺上」。

〔二〕此句，《北堂書鈔》作「有相風鳥」。「長安宮」二句，《太平御覽》卷九百二十作「相風烏在靈臺上」。

〔三〕或云：《太平御覽》卷九百二十無。

〔四〕此句，《北堂書鈔》作「此遇千里風乃動」，《太平御覽》卷九百二十作「遇千里風則動」。

狐

北風勁，河冰始合，要須狐行。云此物善聽，聽冰下無水聲，然後過河。（《初學記》卷二十九）

另存文字簡潔者，附於下：

狐聽冰，河水無聲，狐方行。（《北堂書鈔》卷一百五十九）

華山

華山與首陽本同一山。河神巨靈，擘開以通河流，故掌跡存焉。（《事類賦》卷七）

另存文字差異較大者，錄於下：

華嶽與首陽山本一山，河神巨靈，析開爲二。（《初學記》卷五）

華山對河東首陽山，黃河流於二山之間。云本一山，巨靈所開，今睹手跡於華嶽，而腳跡在首陽山下。（《藝文類聚》卷七）

浦

與舊魏步導吳揭水，灌之，絕道爲浦。（《白孔六帖》卷七）

澡盤

長安逍遙宮門裏有澡盤〔一〕，面徑丈二也〔二〕。（《太平御覽》卷七百一十二、又見《太平御覽》卷七百五十八，文字稍異。）

〔校記〕

〔一〕此句，《太平御覽》卷七百五十八作「逍遙宮門裏有銅浴盤」。

〔二〕此句，《太平御覽》卷七百五十八作「面徑丈二尺」。

周氏婢

陳留周氏婢，入山採樵。夢見一女子曰：「吾眼中生刺，乞拔之。當厚報。」此婢乃於朽棺中見髑髏草生眼，乃拔之。即於其處得金鐶一雙。（《白孔六帖》卷二十三）

華嶽廟碑

華嶽三廟前立碑，叚煨所刻。其文弘農張昶所造，仍自書之。鍾公題年月二十餘字。（《北堂書鈔》卷一〇二）

曹真祠堂

曹眞祠堂在北邙山。刊石既精，書亦甚工。（《北堂書鈔》卷一〇二）

襘褕先生碑

齊之南有一谷。谷中有襘褕先生碑。（《北堂書鈔》卷一百二十九）

木仙人

尚方北門中有指南車〔一〕。車上有木仙人，指信旛〔二〕，車轉而人常指南〔三〕。（《北堂書鈔》卷一百四十。又見《太平御覽》卷七百七十五，文字稍異。）

〔校記〕

〔一〕此句，《太平御覽》作「去端門百餘步首南得方尙，北門中有指南車」。

〔二〕指：《太平御覽》作「持」。

〔三〕此句，《太平御覽》作「車東西，人恒指南。」

黃卷阪

黃卷阪者，傍絕澗以昇潼關〔一〕。長阪十餘里，九阪皆逶迤〔二〕。長阪，《東京賦》云「西阻九阿」者也〔三〕。（《北堂書鈔》卷一百五十七。又見《太平御覽》卷五十三，文字稍異。）

〔校記〕

〔一〕昇：《太平御覽》作「升」，昇同「升」。

〔二〕逶迤：《太平御覽》作「迤邐」。

〔三〕云：《太平御覽》作「所謂」。

另存文字差異較大者，錄於下：

河自關東北流，水側有長阪，謂之黃卷阪。（《太平寰宇記》卷六）

穴民

金鄉縣焦氏山，有穴民。庶遭亂，則避難於此穴。（《北堂書鈔》卷一百五十八）

濟水

河內溫縣有濟〔一〕，入於黃河，謂濟之源。按：二濟南北異岸〔二〕，而相遠亦踰千里也。（《北堂書鈔》卷一百五十八。又見《初學記》卷六，文字稍異。）

〔校記〕

〔一〕「有」上，《初學記》有「亦」字。

〔二〕「南北」上，《初學記》有「既」字。

另存文字差異較大者，錄於下：

濟水，河內溫縣注於河。（《水經注》卷七）

洛水

洛水底礜石〔一〕，故上無冰〔二〕。（《北堂書鈔》卷一百五十八。又見《初學記》卷六、《太平御覽》卷六十二，文字稍異。）

〔校記〕

〔一〕「底」下，《初學記》、《太平御覽》有「有」字。礜石：《初學記》作「礜石」，《太平御覽》作「礜石」。

〔二〕此句下，《初學記》有「洛之神曰宓妃」。

款冬

洛水至歲凝厲〔一〕，則款冬茂悅曾冰之中。(《藝文類聚》卷八十一。又見《太平御覽》卷九百九十二，文字稍異。)

〔校記〕

〔一〕「歲」下，《太平御覽》有「末」字。

〔二〕此句，《太平御覽》作「則款冬生曾水之中」。

二岑

華山有二岑，直上數千仞。自下小岑疊秀，迄於嶺表，有如削成。(《北堂書鈔》卷一百六十。又見《初學記》卷五)

華山

山下自華嶽廟列柏，南行十一里，又東迴三里，至中祠。又西南出五里至南祠。南入谷口七里，又至一祠。又南一里至天井。天井纔容人上，可長六丈餘。出井如望空視明，如在室窺窗矣。出井東南二里，至峻坂斗上，又東上百丈崖，皆須攀繩挽葛而後行。又西南出六里，又至一祠，名胡越寺神。又行二里，便屆山頂。上方七里，有靈泉二所，一名蒲池，一名太上泉。池北有石鼓，嘗聞其鳴。其上有三峰直上，晴霽可睹。(《初學記》卷五)

秦梁

秦梁，地名也〔一〕。或云秦始皇東巡，弗行舊道，過此水，率百官以下〔二〕，人提一石以填之，俄而梁成。今睹所累石，無造作之處〔三〕。(《初學記》卷五。又見《太平御覽》卷五十一，文字稍異。)

〔校記〕

〔一〕地：《太平御覽》作「圯」。

〔二〕以下：《太平御覽》作「巳下」。

〔三〕此句，《太平御覽》作「無造之處也」。

秦梁埭

秦梁埭到召伯埭二十里，召伯埭至三枚埭十五里，三枚埭到鏡梁埭十五里。(《太平御覽》卷七十三)

溫泉

東萊郡出溫泉。(《初學記》卷七)

呂母梁積石

壽張縣梁山際清水，呂母宅在山北，東北過水。呂母梁積石猶在。(《初學記》卷七)

金谷

金谷，谷也。地有金水，自太白源南流經此谷〔一〕，注谷水〔二〕。(《初學記》卷八。又見《太平寰宇記》卷三，文字稍異。)

〔校記〕

〔一〕源，《太平寰宇記》作「原」。

〔二〕此句，《太平寰宇記》無。

董生

汴南董生，引汴水自羊湖。(《初學記》卷八。又見《御定淵鑒類函》卷三百三十五)

石濟

河有一積石，謂之石濟。(《初學記》卷八)

清水

鉅野縣有清水。(《初學記》卷八。又見《御定淵鑒類函》卷三百三十五)

濚清水

梁山濚清水，更屬岱宗。(《初學記》卷八。又見《御定淵鑒類函》卷三百三十五)

籠水

梁鄒城西有籠水。或云：齊之孝婦，湧泉發於宅內，以籠覆水，所以名曰籠水。(《初學記》卷八。又見《御定淵鑒類函》卷三百三十五)

金輿山

朗公金輿山，孤峰環秀，實神嶺也。(《初學記》卷八。又見《御定淵鑒類函》卷三百三十五)

濠汜

濠汜，水公也，其水注泗，有舊魚梁，莊子遊於濠梁，則此地也。(《初學記》卷八)

麻黃草

踐縣境便睹斯卉〔一〕，窮則知踰界。（《水經注》卷二十二。又見《詩地理考》卷三，文字稍異。）

〔校記〕

〔一〕睹：《詩地理考》作「見」。

太行山

太行山，首始於河北，至幽州凡百嶺，巖亘十州之界。中有八陘。（《類要》卷七）

另存文字簡潔者，附於下：

太行山，首詩雨河內。自河內北至幽州，凡有八陘。（《詩地理考》卷六）

五明囊

八月一日作五明囊，盛取百草。頭露洗眼，令眼明也〔一〕。（《荊楚歲時記》。又見《事類賦》卷三，文字稍異。）

〔校記〕

〔一〕《事類賦》無「令」字。

女水

臨淄牛山下有女水，齊人諺曰：「世治則女水流，世亂則女水竭。」〔一〕慕容超時〔二〕，乾涸彌載，及宋武北征而激洪流〔三〕。（《太平御覽》卷五十九。又見《記纂淵海》卷一、《事類賦》卷七，文字稍異。）

〔校記〕

〔一〕以下三句，《記纂淵海》無。

〔二〕慕容超：《事類賦》作「慕容起」，起，「超」之形訛。

〔三〕而：《事類賦》作「乃」。

齊桓公冢

齊桓公冢在齊城南二十里，因山爲墳〔一〕。大冢東有女水〔二〕，或云〔三〕，齊桓公女冢在其上，故以名水也〔四〕。女水導川東北流，甚有神焉。化隆則水生，政薄則津竭。燕建平六年，水忽暴竭，玄明惡之，寢病而亡。燕太上四年，女水又竭，慕容超惡之，燕祚遂淪。〔五〕（《水經注》卷二十六。又見《資治通鑒》卷一百一十四，文字稍異。）

〔校記〕

〔一〕此句，《資治通鑑》無。

〔二〕「冢」上，《資治通鑑》無「大」字。

〔三〕云：《資治通鑑》作「曰」。

〔四〕《資治通鑑》無「也」字。

〔五〕「燕建平六年」八句，《資治通鑑》無。

北方涉寒

北方涉寒，下雨勁風鼓之不得。流便冰合，合便厚數尺。（《事類賦》卷八）

石人

逢山，在廣固南三十里〔一〕，有祠並石人、石鼓〔二〕。齊世將亂〔三〕，石人輒打鼓〔四〕，聞數十里〔五〕。（《太平御覽》卷五百八十二。又見《太平寰宇記》卷十八、《記纂淵海》卷七十八，文字稍異。）

〔校記〕

〔一〕此句，《太平寰宇記》、《記纂淵海》無。

〔二〕此句，《太平寰宇記》作「有石鼓」。

〔三〕《記纂淵海》無「齊」字。世，《太平寰宇記》作「地」。

〔四〕此句，《太平寰宇記》作「人擊石鼓」。

〔五〕此句，《太平寰宇記》作「聞數十里」。

嵇公竹林地

山陽縣城東北二十里〔一〕，魏中散大夫嵇康園宅〔二〕。今悉爲田墟，而父老猶謂「嵇公竹林地」〔三〕，以時有遺竹也。（《藝文類聚》卷六十四。又見《太平御覽》卷一百八十、九百六十二，文字稍異。）

〔校記〕

〔一〕此句，《太平御覽》卷九百六十二作「仙陽縣城東北二十里」。

〔二〕此句，《太平御覽》卷九百六十二作「有中散大夫嵇康宅」。

〔三〕此句，《太平御覽》卷九百六十二作「而父老猶種竹木」。此句下，《太平御覽》卷九百六十二無。

另存文字差異較大者，錄於下：

白鹿山東南二十五里有嵇公故居，以居時有遺竹焉，蓋謂此也。（《水經注》卷九）

山陽縣城東北二十里，魏中散大夫嵇康園宅竹林，時有遺竹也。在白鹿巖東南。（《藝文類聚》卷八十九）

赤鱗魚

柏沖爲江州刺史〔一〕，遣人周行廬山，冀觀靈異〔二〕。既陟崇巘，有一湖，匝生桑樹，有白鵠，〔三〕湖中有赤鱗魚〔四〕，使者渴極，欲往飲水〔五〕，赤鱗張鰭向之〔六〕，使者不敢飲。（《太平御覽》卷六十六。又見《記纂淵海》卷七，文字稍異。）

〔校記〕

〔一〕柏沖：《記纂淵海》作「桓沖」，是。

〔二〕觀：《記纂淵海》作「遇」。

〔四〕「匝生」二句，《記纂淵海》無。

〔五〕此句，《記纂淵海》作「中有赤鱗魚」。

〔六〕此句，《記纂淵海》作「使者渴極欲飲」。

〔七〕此句，《記纂淵海》作「有羣白鱗魚張鬐向之」。

太極殿前大鐘

洛陽太極殿前大鐘六枚。父老云：曾有欲移此鐘者，聚百數長絙挽之〔一〕，鐘聲震地，咸懼，不敢復犯。（《太平御覽》卷五百七十五。又見《記纂淵海》卷七十八，文字稍異。）

〔校記〕

〔一〕《記纂淵海》無此句。

柘谷

柘谷，谷名也。漢武帝微行所至〔一〕，長傲賓於柘谷者也。谷中無迴車地，夾以高原〔二〕，柏林蔭藹〔三〕，窮日幽暗〔四〕，殆弗睹陽景〔五〕。（《藝文類聚》卷八十八。又見《太平御覽》卷九百五十四，文字有異。）

〔校記〕

〔一〕「至」下，《太平御覽》有「處」字。

〔二〕夾：《太平御覽》作「狹」。

〔三〕柏林，《太平御覽》作「林柏」。

〔四〕《太平御覽》無「幽暗」二字。

〔五〕「陽景」下，《太平御覽》有「也」字。

陰槃縣

陰槃縣舊屬安定郡，遇亂徙於新豐。（《太平寰宇記》一百五十一）

覆車山

山形如覆車之象也。（《太平寰宇記》卷二十六）

渭南縣

渭南縣，夷狄所置〔一〕。（《太平寰宇記》卷二十九。又見《資治通鑒》卷二百二十五，文字稍異。）

〔校記〕

〔一〕此句下，《資治通鑒》有「謂苻、姚也」，當是後人摻入。

漢高祖宅

豐圻〔一〕，豐水西九十里，有漢高祖宅。（《藝文類聚》卷六十四。又見《太平御覽》卷一百八十，文字稍異。）

〔校記〕

〔一〕《太平御覽》無此句。

滑臺城

登滑臺城，西北望太行山〔一〕白鹿巖、王莽嶺，冠於眾山表也〔二〕。（《太平寰宇記》卷九。又見《太平御覽》卷四十，文字稍異。）

〔校記〕

〔一〕西北，《太平御覽》作「西南」。

〔二〕也，《太平御覽》無。

大湖山

長白山，雲雨長白〔一〕。西南有太湖山〔二〕，並有石室〔三〕，又有漆船〔四〕，俗謂之堯時物〔五〕。（《太平寰宇記》卷十九。又見《太平御覽》卷四十二，文字稍異。）

〔校記〕

〔一〕此句，《太平御覽》作「能興雲雨」。

〔二〕「西南」上，《太平御覽》有「山」字。太，《太平御覽》作「大」。

〔三〕「並有」上，《太平御覽》有「二山」二字。

〔四〕此句，《太平御覽》作「敗赤漆船，上有記」。

〔五〕俗：《太平御覽》作「皆」。

魚山

魚山，一名五山，《瓠子歌》所謂也。魏熹平中，有神女智瓊降弦超室，後復遇此山陌上。（《太平御覽》卷四十二）

另存文字差異較大者，錄於下：

魚山臨清河，舊屬東阿。東阿王曹植每升此山，有終焉之志。植之所遊池沼溝渠悉存，既葬於山西，有二石柱猶存也。地今割並谷城。（《太平御覽》卷五百五十六）

雲陽

長安東則驪山，西側白鹿原，北望雲陽，悉見山阜之形，而恒若在雲霧之中。孟康曰：「昔周幽王悅褒姒，姒不笑，王乃擊鼓舉烽以征諸侯，至而無寇，褒姒乃笑，王甚悅之。及犬戎至，王舉烽以征諸侯，不至，王遂敗，身死於驪山之北。」（《太平御覽》卷四十四）

井陘

燕趙間，凡厥山路，名之曰陘，井陘在常山。（《太平御覽》卷五十三）

呂梁水

彭城呂縣有呂梁水，則《莊子》所稱丈夫水也。（《太平御覽》卷六十三）

流杯池

廣陽門北，魏明帝流杯池猶有處所〔一〕。池西，平原懿公主第，有皇女臺。西南，劉曜壘。壘西，曜試弩棚。西北有鬪雞臺。（《太平御覽》卷一百七十七。又見《太平御覽》卷六十七，文字稍異。）

〔校記〕

〔一〕此句，《太平御覽》卷六十七作「有魏明帝流杯池」。此句以下，《太平御覽》卷六十七無。

冰井

冰井在凌雲臺北，古藏冰處也〔一〕。（《太平寰宇記》卷三。又見《太平御覽》卷六十八，文字稍異。）

〔校記〕

〔一〕此句，《太平御覽》作「古舊藏冰處」。

龍莽洲

晉寧縣有龍莽洲，父老云：龍蛻骨於此洲，其水今猶多龍骨。（《太平御覽》卷六十九）

涼城

涼城至河壽津六十里，河之故瀆在焉〔一〕。（《太平御覽》卷七十一。又見《資治通鑑》卷一百五十六，文字稍異。）

〔校記〕

〔一〕此句，《資治通鑑》無。

諑門

諑門即宣陽門也。（《太平寰宇記》卷三）

鬼橋

方興縣鬼橋，忽一夜聞人呼喚聲，車行雷駭，曉而石橋自成，家家牛皆喘息未定。（《太平御覽》卷七十三）

蠡臺

蠡臺，梁孝王所築於兔園中，回道似蠡，因名之。（《太平御覽》卷一百七十八）

司馬京兆碑

青門外有魏車騎將軍郭淮碑。小城最東一門名落索門，門裏有司馬京兆碑，郡民所立。（《太平御覽》卷一百八十三）

陽渠

東城二石橋，舊於王城之東北，開渠引洛水，名曰陽渠，東流經洛陽，於城之東南，然後北回，通運至建春門，以輸常滿倉。（《太平御覽》卷一百九十）

思子城

思子城，漢武帝延和二年，衛太子遇江充之亂，奔湖自縊。壺關三老、太廟令田千秋訴太子之冤，築思子宮於湖，其城存焉。（《太平御覽》卷一百九十三）

太學

太學在國子學東二百步。學堂裏有《太學贊碑記》曰：建武三十七年立太學堂，永建六年制下府繕治，並立諸生房舍千餘間。陽嘉元年畢刊子碑，有太尉龐參、司徒劉琦、太常孔扶、將作大匠胡廣答記制。（《太平御覽》卷五百三十四）

桓魋石槨

桓魋石槨在九里山之東北也。槨有二重門，間隱起青石，方淨如鏡，門扇數四。(《太平御覽》卷五百五十二)

後倉葬

荀氏葬在彭城東岸。東岸有一丘，民俗謂之「荀氏葬」。或云斯則徐偃王葬後倉者也。〔一〕古徐國宮人，娠而生卵，棄之水濱。有犬名後倉，銜而歸，伏而成人〔二〕，遂爲徐之嗣君〔三〕。純筋無骨，號曰「偃王」。偃王躬行仁義，眾國附之，得朱弓之瑞。周穆王命楚滅之。後倉將死，生角，九尾，實黃龍也。(《太平御覽》卷五百五十六。又見《初學記》卷二十九，文字稍異。)

〔校記〕
〔一〕自首句至此，《初學記》無。
〔二〕此句，《初學記》作「俄而成人」。
〔三〕此句，《初學記》作「遂爲徐嗣君」。此句以下，《初學記》無。

陳球墓

下相城西北漢太尉陳球墓有三碑，近墓一碑記弟子盧植、鄭玄、管寧、華歆等六十人。其一碑陳登，碑文並蔡邕所作。(《太平御覽》卷五百八十九)

新安縣

新安縣，今猶謂之新關。(《資治通鑒》卷二十)

倉亭津

倉亭津在范縣界，去東阿六十里。(《水經注》卷五。又見《資治通鑒》卷六十一)

繁昌縣

其地在許南七十里。東有臺，高七丈，方五十步；南有壇，高二丈，方三十步，即受終之壇也。是年以繁陽爲繁昌縣。(《資治通鑒》卷六十九)

洋水

逢山在廣固南二十里，洋水歷其陰而東北流，世謂之石溝水，出委粟山北，而東注於巨洋水，謂之石溝口。然是水下流亦有時通塞，及其春夏水泛，川瀾無輟，亦或謂之龍泉水。(《資治通鑒》卷一〇八)

定城

定城去潼關三十里，夾道各一城〔一〕。（《水經注》卷十九。又見《資治通鑑》卷一百一十八、一百七十六，文字稍異。）

〔校記〕

〔一〕此句下，《資治通鑑》卷一百一十八有「渭水遶其北」。

另存文字差異較大者，錄於下：

定城，或云段煨所造，未詳。夾道各一城，城下有泥泉水出焉。（《太平寰宇記》卷二十九）

踐土

踐土，今冶阪城〔一〕。（《水經注》卷五。又見《資治通鑑》卷一百一十九，文字稍異。）

〔校記〕

〔一〕「冶阪城」下，《資治通鑑》有「是」字。

涼城

涼城到長壽津六十里，河之故瀆出焉。（《水經注》卷五）

鴻門

或云：霸城南門曰鴻門也。項羽將因會危高祖，羽仁而弗斷，范增謀而不納，項伯終護高祖以獲免。既抵霸上，遂封漢王。（《水經注》卷十九）

堯陵

堯陵在城南九里，中山夫人祠在城南二里，東南六里，堯母慶都冢，堯陵北二里有仲山甫墓。（《水經注》卷二十四）

清河

清河首受洪水，北注濟〔一〕。（《水經注》卷八。又見《資治通鑑》卷一百二十一，文字稍異。）

〔校記〕

〔一〕此句下，《資治通鑑》有「或謂清即濟也」。

石佛山

彭城南有石佛山，頂方二丈二尺。（《資治通鑑》卷二百五十九）

盤龍山

鼓縣盤龍山，石上有大人跡。（《編珠》卷一）

另存文字差異較大者，錄於下：

齊有龍盤山，上有大腳，姜嫄所履跡。（《太平御覽》卷三百八十八）

金輿山

朗公谷金輿山，孤峰瓌秀，在泰山郡。（《編珠》卷一）

蒙山

臨沂縣蒙山，望之如橫雲中斷。（《編珠》卷一）

少室山

漢末之亂，魏武征韓遂、馬超，連兵此地。（《水經注》卷四）

全節

全節，地名也。其西名桃原，古之桃林，周武王克殷休牛之地矣。（《水經注》卷四）

碻磝

碻磝，津名也，自黃河泛舟而渡者，皆爲津也。其城臨水，西南崩於河。（《水經注》卷五）

殷城

河之北岸，河內懷縣有殷城。（《水經注》卷九）

谷、洛二水

谷、洛二水，本於王城東北合流，所謂谷、洛斗也。（《水經注》卷十六）

石梁

鄭城東、西十四里各有石梁者也。（《水經注》卷十九）

豐水

城極大，四周塹通豐水，豐水於城南東注泗，即泡水也。（《水經注》卷二十四）

安仁山銘

魏東平王翕，七日登壽張縣安仁山，鑿山頂爲會望處，刻銘於壁。文字猶在。銘云：「正月七日，厥日爲人。策我良駟。陟彼安仁。」（《荊楚歲時記》）

碑祠

自漢迄晉，二千石及丞尉多刊石，述敘堯即位至永嘉三年，二千七百二十有一載，記於堯妃祠，見漢建寧五年五月，成陽令管遵所立碑文云。堯陵北仲山甫墓南，二冢間有伍員祠，晉大安中立。一碑是永興中建，今碑祠並無處所。（《水經注》卷二十四）

陶墟

舜耕陶所在。（《水經注》卷二十四。按：此條，《水經注》引作「緣生言」，當爲《述征記》。）

戍縣

淮陽太守治。自後置戍縣，亦有時廢興也。（《水經注》卷三十）

興浦

興浦，舊魏步道，吳揭水灌之，今絕道爲浦。（《藝文類聚》卷九。又見《御定淵鑒類函》卷三十四）

鬭雞臺

廣陽門北有鬭雞臺。（《初學記》卷二十三）

劉曜壘

廣陽門西南有劉曜壘、試弩棚，西北有鬥雞臺、射雉觀。（《太平寰宇記》卷三）

北邙

北邙東則乾脯山，山西南晉文帝崇陽陵，陵西武帝峻陽陵，邙之東北宣帝高原陵、景帝峻平陵，邙之南則惠帝陵也。（《文選‧爲宋公至洛陽謁五陵表》李善注）

博棋

極西南端門外有石，石色青而細。修之作博棋，以遺江東，甚可珍玩。（《太平御覽》卷七百五十四）

張母墓

北征有張母墓。舊說張母是王氏妻，王家葬經數百載後開墓，而香火猶燃。其家奉之，稱清火道。（《太平御覽》卷八百六十八）

另存文字差異較大者，錄於下：

北芒有張母墓，舊說是王氏妻，葬有年載，後開墓而香火猶燃。（《太平御覽》卷九百八十一）

林檎

林檎，果實可佳，其楹勃實微大。其狀醜，其味香。輔關有之，江淮南少。（《太平御覽》卷九百七十一）

蓬池

大梁西南九十里，尉氏有蓬池。（《太平寰宇記》卷一）

鞏縣

鞏縣，周之鞏伯邑。（《太平寰宇記》卷五）

九井

廟內九井，或云汲一井而八井動。（《太平寰宇記》卷十二）

神女智瓊

濟北郡史延超，魏嘉平中，有神女成公智瓊降之。超同室疑其有奸，以告監國。詰問，超具言之，智瓊乃絕。後五年，超使將至洛，西到濟北魚山下陌上，遙望曲道頭有車馬，似智瓊，前到，果是。同乘至洛，克復舊好。太康中仍存。（《太平寰宇記》卷十三）

陳宮

魏武征徐州，陳宮說東郡太守張邈迎呂布，於時縣悉叛，荀或等保阿、鄄、范三縣而已。（《太平寰宇記》卷十四）

桓雖墓

槨隱鏤金爲龜、龍、麟、鳳之象。（《太平寰宇記》卷十五）

太公冢

太公冢，在堯山西。（《太平寰宇記》卷十八）

桓公墓

永嘉末，人發冢得珠襦、玉匣。（《太平寰宇記》卷十八）

歷城縣

歷城到營城三十里，自城以東，水彌漫數十里；南則迫山，實爲險固。（《太平寰宇記》卷十九）

汶水

泰山郡水皆名曰汶。（《太平寰宇記》卷二十一）

抱犢固

承縣君山有抱犢固，壁立千仞，頂寬而有。此山去海三百里，天氣澄明，宛然在目。山上有池，周迴五丈，深可三四尺，春冬水旱，未嘗有減，若漸穢污則竭，潔誠祈請則生。上有精廬，每有修定僧居焉。上有地頃餘，昔有隱遁者，抱一犢於其上墾種，故以名山。漢名樓山，魏號仙臺。高九里，周迴四十五里。（《太平寰宇記》卷二十三）

另存文字差異較大者，錄於下：

昔有隱遁者，抱一土犢於其上墾種。（《類要》卷四）

藍田山

山形如覆車之象也。（《太平寰宇記》卷二十六）

長城

長城，或說秦、晉分境，祠華嶽，故築此城。（《太平寰宇記》卷二十九）

敷西縣

敷西縣，夷狄所置，謂苻堅、姚萇時置有敷西縣，尋省之。（《太平寰宇記》卷二十九）

風母

風母，似猿，見人若慙。屈頸打殺，得風即活。（《海錄碎事》卷一）

煎餅

人日煎餅謂之「熏天」，食於庭中。（《古今合璧事類備要》卷十五）

泛冢

烏常泛。齊人名湖爲「泛冢」，即秦皇望海臺也。（《齊乘》卷二）

淩雲臺

陵雲臺在明光殿西，高八丈，累磚作道通至臺上，登迴迥眺，究觀洛邑，暨南望少室，亦山丘之秀極也。（《太平御覽》卷一百七十九）

太山群水

太山群水皆名曰汶，源別而流通。（《類要》卷四。按：此則不冠作者，當屬郭緣生之《述征記》。）

鍜灶山

此山東門十五里有嵇康採藥遺跡。（《類要》卷七。按：此則不冠作者，當屬郭緣生之《述征記》。）

存疑

以下數則，不見明代以前著述徵引，存疑。

兔頭峴

兔頭峴，雖無峭嶮，然其連林脩阪，約有數十里。（《御定淵鑒類函》卷二十三）

魚穴

泉塢祭河下有魚穴。春夏輒有魚泝河而上，於時以仲夏至洛都居民捕之。河中自非此時無魚，乃云洞穴通江，未詳。（《御定淵鑒類函》卷二十六）

彭城水

彭城水，五溝到龍溝五里。（《御定淵鑒類函》卷三百三十五）

昆明臺

周靈王二十三年，起昆明之臺，一名宣昭之臺。聚天下異木、神工，篩水精爲泥。臺高百丈，升之以望雲色。時有萇弘，能招致神異。王登臺，忽

見二人乘空而至。乘遊飛之輦，駕以青螭，其衣皆縫緝毛羽。王即迎之上席，時天下大旱，地裂木燃。一人先唱，能爲雪霜。引氣一噴，則雲起雪飛。坐者皆口禁。井池冰堅可啄。又設狐腋、素裘、紫罷、大褥，是西域所至，施於臺上。又一人以指彈席上，而暄風入室，裘、褥皆棄臺下。（《御定淵鑒類函》卷三百四十九）

通雲臺

燕昭王二年，海人乘霞舟，以雕壺盛數斗膏，以獻王。王坐通雲臺，亦云通霞之臺。以龍膏爲燈，光耀百里。煙色丹紫，國人望之，咸言：「瑞光也。」遙拜之。燈以火浣布爲纏。山西有照石，去石十里，見人物之影如鏡焉。碎石片片皆能照人，而廣方一丈，則重一兩。昭王春此石於泥，泥於通霞之臺。與西王母遊居此臺上，常有鐘鼓琴瑟之鳴，神光照耀如日月之出臺。左右種恒春之樹，葉如蓮花，芬芳似桂花，隨四時之色。（《御定淵鑒類函》卷三百四十九）

燭臺

魏文帝築臺，高四十丈，列燭置於臺下，名曰「燭臺」。遠望如列星之墜地，以處美人薛靈芸焉。（《御定淵鑒類函》卷三百四十九）

辟寒臺

魏明帝五年，昆明國貢□金鳥。帝將此鳥畜於靈禽之園，飴以珍珠，飲以龜腦。鳥常吐金屑，如粟。鑄之以器。服畏霜雪，乃起小屋以處之，名曰「辟寒臺」。皆用水精爲戶牖，使內外通光，而風露恒隔。宮人爭以鳥所吐之金，用飾釵珮謂之「辟寒金」。（《御定淵鑒類函》卷三百四十九）

環榴臺

吳主以潘夫人爲神女。每與夫人遊昭宣之臺，恣意幸適。既盡酣醉，吐於玉壺中，使侍婢寫於臺下。得火齊、指環，即掛石榴枝上，因其處起臺，名曰「環榴臺」。（《御定淵鑒類函》卷三百四十九）

畢昴臺

魏文帝，黃星炳夜乃起畢昴臺，以記星。（《御定淵鑒類函》卷三百四十九）

《續述征記》 宋郭緣生

《續述征記》，晉宋之際郭緣生撰。郭緣生，宋天門太守，生平、里籍不詳。《水經注》冠以「郭緣生《續述征記》」。史志不著錄，其佚文較早爲《北堂書鈔》所徵引。

梁孝王冢

碭山梁孝王冢，以石爲藏。行一里許，到藏中。中有數尺水，有大鯉魚，靈異，人不敢犯。有至藏者，輒有獸噬之，其獸似豹。（《北堂書鈔》卷九十四）

另存文字較簡潔者，附於下：

梁孝王冢中有數尺水，有大鯉。人謂有靈，不敢犯。（《太平御覽》卷九百三十六）

敗赤漆船

石壺臺有敗赤漆船。土民皆謂堯時物。（《北堂書鈔》卷一百三十七。又見《格致鏡原》卷二十八）

兔頭峴

兔頭峴〔一〕，雖無峭巇，然連林脩阪數千里〔二〕。（《北堂書鈔》卷一百五十七。又見《太平御覽》卷五十六，文字稍異。）

〔校記〕

〔一〕兔頭峴：《太平御覽》作「菟頭峴」。菟，同「兔」。

〔二〕千里：《太平御覽》作「十里」。此句下，《太平御覽》有「中行者固亦密勿矣」。

另存文字簡潔者，附於下：

梁父縣有兔頭峴（《編珠》卷一）

溫泉

東萊郡有溫泉，恒沸，鳥墜輒爛。（《初學記》卷七。又見《御定淵鑒類函》卷三十一）

歷山井

歷山有井無底〔一〕，與城西南湧泉相通〔二〕。（《初學記》卷八。又見《太平寰宇記》卷十九，文字稍異。）

〔校記〕

〔一〕「井」上，《太平寰宇記》有「一」字。

〔二〕此句，《太平寰宇記》作「與此泉（華泉）通也」。

彭城水

彭城水，五溝到龍溝五里。（《初學記》卷八）

籠水

梁鄒城西有籠水〔一〕，云齊孝婦誠感神明〔二〕，湧泉發於室內〔三〕，潛以績籠覆之〔四〕，由是無負汲之勞〔五〕，及家人疑之〔六〕，時其出而搜其室〔七〕，試發此籠，而泉遂潰湧〔八〕，流漂居宇，故名曰籠水〔九〕。（《藝文類聚》卷八。又見《太平御覽》卷五十九、四百一十五、七百六十四，文字稍異。）

〔校記〕

〔一〕梁鄒城：《太平御覽》卷九百七十四作「梁鄒」。此句下，《太平御覽》卷四百一十五作「發源長城山，直北流於梁鄒西，注濟」，《太平御覽》卷七百六十四作「發源長城山，直北流於梁鄒西，注濟水」。

〔二〕「云」上，《太平御覽》卷四百一十五、七百六十四有「或」字。「齊」下，《太平御覽》卷四百一十五、七百六十四有「之」字。

〔三〕於，《太平御覽》卷四百一十五無。此句以下，《太平御覽》卷四百一十五無。

〔四〕覆：《太平御覽》卷七百六十四作「蔽」。此句下，《太平御覽》卷七百六十四有「人莫知之」句。

〔五〕負汲：《太平御覽》卷五十九作「甕汲」，《太平御覽》卷七百六十四作「谷汲」。

〔六〕《太平御覽》卷五十九無「及」字。此句，《太平御覽》卷七百六十四作「姑及家人疑而嫉之」。

〔七〕此句，《太平御覽》卷七百六十四作「值出而搜其室」。此句下，《太平御覽》卷七百六十四有「既無所睹」句。

〔八〕《太平御覽》卷五十九無「潰」字。

〔九〕此句，《太平御覽》卷七百六十四作「所以名曰籠水也」。

蓬池

大梁西南七十里尉氏縣，有蓬池。（《藝文類聚》卷九。又見《海錄碎事》卷三下）

烏常沉

烏常沉〔一〕，齊人謂湖爲沉〔二〕。中有九十臺〔三〕，皆生結蒲。云秦始皇遊此臺，結蒲繫馬〔四〕，自此蒲生則結〔五〕。（《藝文類聚》卷八十二。又見《太平寰宇記》卷十八、《太平御覽》卷七十五、九百九十九，文字稍異。）

〔校記〕

〔一〕此句，《太平寰宇記》作「烏常泛」。《太平御覽》卷七十五無此句。

〔二〕沉：《太平御覽》卷七十五、《太平寰宇記》作「泛」。

〔三〕此句，《太平寰宇記》作「中有臺」，《太平御覽》卷七十五作「泛中有九十九臺」，《太平御覽》卷九百九十九作「中有九臺」。

〔四〕「云秦始皇」二句，《太平御覽》卷七十五無。「繫馬」下，《太平寰宇記》有「於此」二字。《太平寰宇記》引至此句。

〔五〕此句，《太平御覽》卷七十五作「因此蒲生自結」。

廣固城

廣固城有大澗，甚廣，阻之爲固，謂之廣固。（《太平御覽》卷一百九十三）

白馬城

白馬城，魏黃初中曹彪封白馬王，治於此城。（《太平御覽》卷一百九十三）

小城陽城

小城陽城，在陽城西南半里許，實中俗說囚堯城。（《太平御覽》卷一百九十三）

太公冢

太公冢在堯山北五里。平地爲墳，高十丈。曾有發之者，冢深數十仞，得一銅槨，金玉甚多。尙父五世葬周，斯實田和冢也。和遷齊，居於海上，而別爲諸侯，亦稱太公也。（《太平御覽》卷五百六十）

徐君墓

宿預縣水南大徐城，古之徐國。城北徐君墓，季子解劍墳樹，則斯地也。（《太平御覽》卷五百六十）

小城

城陽縣城二里，小城二里。小城南九里有堯陽，自漢迄於晉，二千石及丞尉刊名。堯即位至永嘉三年，二千七百有二十一載，記於堯碑。城東南六

里，堯母慶都墓，稱曰靈臺。堯陵北二里，仲山甫墓，墓前祠堂石室儼然若新。（《太平御覽》卷五百六十）

醬魁城

自醬魁城到酢溝十里者也。（《水經注》卷二十二）

汳沙

汳沙到浚儀而分也。（《水經注》卷二十二）

洪溝

案《河渠書》、《溝洫志》引河爲洪溝。一說秦至魏鑿渠引河灌大梁，名曰洪溝焉。（《太平御覽》卷七十五）

荇倉城

荇倉城，去大遊墓二十里。（《水經注》卷二十三）

堂城

堂城至黃蒿二十里。（《水經注》卷二十三）

落架

在董生決下二里。（《水經注》卷二十三）

黃蒿

黃蒿到斜城五里。（《水經注》卷二十三）

周塢

斜城東三里。（《水經注》卷二十三）

夏侯塢

夏侯塢至周塢，各相距五里。（《水經注》卷二十三）

襄鄉浮圖

西去夏侯塢二十里，東一里，即襄鄉浮圖也。（《水經注》卷二十三）

蠡臺

回道似蠡，故謂之蠡臺。（《水經注》卷二十四）

石人

逢山在廣固南三十里，有祠並石鼓，齊地將亂，石人輒打石鼓，聲聞數十里。(《水經注》卷二十六)

女水

女水至安平城南伏流十五里，然後更流，北注陽水。(《水經注》卷二十六)

漆園

古之漆園在中牟，今猶生漆樹也。梁王時，莊周爲漆園吏，則斯地。(《太平御覽》卷七百六十六)

鍾城

鍾城，魏太傅鍾繇故里。(《太平寰宇記》卷一)

苑陵城

成皋東南一百三十里，有苑陵城，鄭國之所都。(《太平寰宇記》卷一)

睢渙二水

睢渙二水，波若五色，有文章。(《御定淵鑒類函》卷三十。此條不見明代以前著述徵引，存疑。)

《山記》　　王演

《山記》，王演撰。史志未著錄，今見於《初學記》卷五所引謝靈運《遊名山記》。據《晉書·王鑒傳》，鑒弟濤之子戭，字庭堅，堂邑（今屬山東）人，爲著作郎，早卒。王演或爲王戭。

天目山

（天目山）謂之木榴山，一名地肺。(《初學記》卷五引謝靈運《遊名山記》)

年代不確定者

《地理記》 張氏

　　《地理記》，張氏撰，史志未著錄。今存佚文 1 則。南宋程大昌認爲，張氏爲三國魏張揖。楊守敬則認爲其應爲三國魏張晏，其《晦明軒稿》載：「守敬按：郭璞於《爾雅》「鳥鼠同穴」注引《張氏地理記》，《水經・山水澤地所在》「鳥鼠同穴」注引張晏《地理記》，則張氏爲張晏無疑。程大昌以爲張揖妄也。」檢《水經注》所徵引，其並非爲「張晏《地理記》」，而是「張晏言」，與《水經注》卷二、五、七、十、十一、十九、二十四、二十五、三十八所引「張晏曰」云云無異。二者徵引內容相似，但無法證明張氏即爲張晏，故單列爲一書。此則內容較早爲郭璞所徵引，其作期不會晚於西晉。姚振宗《三國藝文志》中亦載：「張晏《地理記》」，證據與楊相似，亦過於武斷。王謨《漢唐地理書鈔》亦輯此則內容，但置於張氏《土地記》篇下，與出自於張氏《土地記》、佚名《土地記》以及佚名《地理記》的三則內容混淆一處。

鳥鼠同穴
　　不爲牡牝〔一〕。（《山海經傳》西山經卷二。又見《爾雅》卷下、《後漢書・郡國志》李賢等注、《杜工部草堂詩箋》卷十五、《禹貢說斷》卷四、《通鑒前編》卷一、《書經注》卷三、《爾雅翼》卷二十三、《詩地理考》卷六）

　　〔校記〕
〔一〕牡牝，《後漢書・郡國志》、《爾雅翼》、《詩地理考》作「牝牡」。此句，《杜工部草堂詩箋》作「互爲牝牡」。

《土地記》 張氏

　　張氏《土地記》，卷亡，史志不著錄，張氏，始末不詳。今所見有郭璞《山海經傳》所引一條。其應成書於東晉前。

石城山

　　東陽永康縣南四里有石城山，上有小石城，云黃帝曾遊此，即三天子都也。（《山海經傳》海內南經第十。又見《太平寰宇記》卷九十七。「此」下，有「山」字。）

　　另存文字簡略者，附於下：
　　東陽永康縣南四里石城山上有石城，黃帝遊此。（《路史》卷十四）

存疑

　　亦存佚名《土地記》者，單列於下，存疑。

驪山

　　驪山即藍山。（《史記·周本紀》張守節正義。又見《類編長安志》卷六。藍山，作「藍田山」。）

嶢關

　　藍田縣南有嶢關，地名嶢柳道，通荊州。（《水經注》卷十九。）

枝迴嶺

　　鹵城東三十八里有枚迴嶺，北與高是山連麓接勢，通爲高是山。（《太平寰宇記》卷五十一）

　　另存文字簡潔者，附於下：
　　枝迴嶺與高是山連麓接勢。（《元和郡縣志》卷十八。）

梅嶺

　　鹵地東州四十八里有梅嶺焉。（《初學記》卷八）

《山川記》　　顧夷吾

《後漢書·光武十王列傳》引顧夷吾《吳地記》，顧夷吾，或即顧夷。《(咸淳)臨安志》又引顧夷吾《山川記》二條，顧夷吾《山川記》，史志亦不載，不知所記地理範圍爲何。茲列於下。

靈隱浦

自南徂東，臨浙江一派，謂之「靈隱浦」。(《(淳祐)臨安志》卷八。又見《(咸淳)臨安志》卷二十三)

林巖龍洞

靈隱山有林巖龍洞，其上皆櫧桂，淩冬不凋，故其林常青。(《(淳祐)臨安志》卷八。又見《(咸淳)臨安志》卷二十三)

《漢中記》　　佚名

《漢中記》，《水經注》中有徵引，約爲魏晉作品。

嶓冢

嶓冢以東，水皆東流；嶓冢以西，水皆西流。即其地勢源流所歸〔一〕，故俗以嶓冢爲分水嶺。(《水經注》卷二十。又見《尚書纂傳》卷四，文字稍異。)

〔校記〕

〔一〕此句，《尚書纂傳》無。

黃金峭、寒泉嶺、陽都坂

自西城涉黃金峭、寒泉嶺、陽都坂〔一〕，峻崿百重，絕壁萬尋，既造其峯，謂已逾崧、岱，復瞻前嶺，又倍過之。言陟羊腸，超煙雲之際，顧看向途，杳然有不測之險。山豐野牛、野羊，騰巖越嶺，馳走若飛，觸突樹木，十圍皆倒，山殫艮阻，地窮坎勢矣。(《水經注》卷二十七。又見《通鑑地理通釋》卷十一)

〔校記〕

〔一〕此句下，《通鑑地理通釋》無。

平陽城

本西鄉縣治也。(《水經注》卷二十七)

七女池

興道有七女池〔一〕。昔有人無男〔二〕，養七女。父亡〔三〕，女負土各爲一冢，不知定葬何家。其冢羅列如七星，各高七丈〔四〕，取土之處今成一池〔五〕。號爲七女池。(《太平寰宇記》卷一百三十八。又見《類要》卷八，文字稍異。)

〔校記〕

〔一〕興道，《類要》作「與道」，形訛也。

〔二〕昔，《類要》作「皆」，形訛也。

〔三〕此句，《類要》無。

〔四〕此句，《類要》無。

〔五〕成，《類要》作「爲」。《類要》引至此。

另存文字差異較大者，錄於下：

興道有七女池。昔人無男，養七女。父亡，女負土各爲一冢。其七冢，三在城固縣，四在興道縣也。(《輿地紀勝》卷一百九十)

光遷國

光遷國，昔傳此地古有三百人，於川西南房山中學道得仙，因名其地爲廣仙。後人語訛爲「光遷」。(《輿地紀勝》卷八十六)

廉水縣

魏正始中，自漢川移此，則古已有廉水縣矣。(《輿地紀勝》卷一百八十三)

青城山

刺史鄧亮嘗夢至一小城中，有壇宇。及覺，尋訪，至此山恍然如夢。(《輿地紀勝》卷一百八十三)

北城

北城，即城固縣也。城北及東皆臨鞏水，舊經劉豐所築，與南城相對，因名北城，俗謂之漢城。(《輿地紀勝》卷一百八十三)

西鄉縣

漢以南鄭縣之西鄉，封班超爲定遠侯，即此。(《輿地紀勝》卷一百九十)

白崖山

在蓋水沙溪中，其山有白崖，因以爲名。(《輿地紀勝》卷一百九十)

明月池

明月池東北一十里，有百頃池，可澆田五百頃也。(《輿地紀勝》卷一百九十)

寒泉山

秦唐公昉師事先人李八百〔一〕，公昉中渴，八百以杖指崖，出湧泉，即此〔二〕。(《輿地紀勝》卷一百九十。又見《歷世眞仙體道通鑒》卷十一，文字稍異。)

〔校記〕

〔一〕昉，《歷世眞仙體道通鑒》作「房」，下同。

〔二〕「此」下，《歷世眞仙體道通鑒》有「山」字。此句下，《歷世眞仙體道通鑒》有「登之者必加嚴肅，或誼譁，立有風雷暴起，因此爲名」數句。

白公城

秦白起嘗爲漢中太守，築此城，以控制夷獠。(《輿地紀勝》卷一百九十)

戚夫人

戚夫人乃洋川人。(《輿地紀勝》卷一百九十)

美農臺

漢太守桓宣每登以勸農。(《海錄碎事》卷十七)

《中山記》　張曜

《中山記》，張曜撰。張曜，生卒、里籍皆不詳。《太平御覽·經史圖書綱目》、文廷式《補晉書藝文志》並載：「張曜《中山記》。」其佚文較早爲出自《水經注》，爲晉宋作品無疑。宋代《太平寰宇記》、《太平御覽》及《玉海》亦徵引，但不見於元代諸書，則大約亡佚於宋元之際。

中山城

郡理中山城〔一〕，城中有山〔二〕，故曰中山〔三〕。(《太平寰宇記》卷六十二。

又見《後漢書‧光武帝記》李賢等注、《通典》卷一百七十八、《太平御覽》卷一百六十一、《路史》卷二十八、《文獻通考》卷三百一十六，文字稍異。）

〔校記〕

〔一〕理，《路史》作「謂」。城，《太平御覽》無。此句，《後漢書》、《通典》、《文獻通考》無。

〔二〕此句，《太平御覽》作「以其城中有山」。

〔三〕此句，《太平御覽》作「故謂之中山」。

另存文字簡潔者，附於下：

（中山城）以爲中人城。（《水經注》卷十一）

（中山城）郡治中人城。（《太平御覽》卷一百六十一）

中人城

中人者，城東去望都故城十餘里。（《水經注》卷十一）

雷河溝水

雷河溝水，源出鼓城縣。（《太平寰宇記》卷六十一）

馬溺山

八渡、馬溺，是山曲要害之地，二關勢接。（《水經注》卷十一）

安憙縣

縣在唐水之曲，山高岸險，故曰安險；邑豐民安，改曰安憙。秦氏建元中，唐水泛漲，高岸崩頹，城角之下有大積木，交橫如梁柱焉。（《水經注》卷十一）

舊盧奴鄉

盧奴有三鄉，斯其一焉，後隸安憙。城郭南有漢明帝時孝子王立碑。（《水經注》卷十一）

甘泉、二妃祠

郭東有舜氏甘泉〔一〕，有舜及二妃祠〔二〕。（《水經注》卷十一。又見《路史》卷二十一、《玉海》卷二十四，文字稍異。）

〔校記〕

〔一〕此句，《路史》作「蒲陰昌安郭東舜氏甘泉，即此」。

〔二〕及，《路史》作「與」。

《古今地名》　佚名

　　《古今地名》，又作《古今地名記》，作者不詳。《新唐書·藝文志》、《通志·藝文略》皆載：「《古今地名》，三卷」。其佚文較早爲《藝文類聚》所徵引，爲六朝作品。

智城

　　解縣有智城。（《史記·魏世家》張守節正義）

負黍

　　負黍，在洛州陽城西三十七里也。（《史記·田敬仲完世家》張守節正義）

寘零阪

　　寘零阪〔一〕，在吳城之北〔二〕，今謂之吳阪〔三〕。（《文選·答盧諶詩一首並書》李善注。又見《太平御覽》卷五十三，文字稍異。）

〔校記〕
〔一〕此句，《太平御覽》作「寘輪坂」。
〔二〕此句，《太平御覽》作「在塩池東，吳城之北」。
〔三〕謂之，《太平御覽》作「之」。

王屋縣

　　山方七百里，山高萬仞，本冀州之河陽山也。（《史記·夏本紀》張守節正義）

　　另存文字差異較大者，錄於下：
　　王屋山，狀如垣形，故以名縣。（《太平寰宇記》卷五）

酇縣

　　即酇亭是也。《輿地志》云魏以酇縣屬譙郡。漢封蕭何爲酇侯。《茂陵書》：「何封國在南陽。」姚察曰：「兩縣同作酇字，南陽酇音贊，此沛酇音嵯。」班固《泗水亭高祖碑》之：「文昌四友，漢有蕭何，序功第一，受封於酇。」以韻而言，則非南陽酇也。（《太平寰宇記》卷十二）

韓城

　　韓武子食采於韓原〔一〕，亦秦晉戰於此，即獲杜回，又秦獲晉惠公以歸之處。（《太平寰宇記》卷二十八。又見《太平御覽》卷五十七，文字稍異。）

〔校記〕

〔一〕采，《太平御覽》作「菜」。

另存文字簡潔者，附於下：

韓武子食采於韓原。（《初學記》卷八。又見《路史》卷二十八，文字稍異。於，《路史》無。）

呂鄉

永安縣有呂鄉。晉大夫呂甥之邑也，呂州取名於此。（《太平寰宇記》卷四十三）

另存文字簡潔者，錄於下：

呂鄉，呂甥之邑。（《路史》卷二十九）

松滋縣

荊州松滋縣，古鳩茲地，即茲方是也。（《史記·楚世家》張守節正義）

另存文字差異較大者，錄於下：

松滋，一名祝松，古鳩茲地也。（《太平寰宇記》卷一百二十九）

松滋縣，古鳩茲地，漢屬廬江郡。（《太平御覽》卷一百六十七）

鼎門

河南有鼎門，九鼎所定。（《藝文類聚》卷六十三。又見《太平御覽》卷一百八十三。按：所，《太平御覽》作「新」。）

另存文字簡潔者，附於下：

河南有定鼎門。（《初學記》卷二十四）

《廣州記》 佚名

六朝時期撰寫《廣州記》者有裴淵、顧微。顧微，又作顧徽、顧徵，徽、徵，皆爲「微」之形訛。此佚文，或爲裴淵者，或爲顧微者，無可辨。另輯作一篇。

司命井

鬱林郡有古井，名曰司命井。(《北堂書鈔》卷一百五十九。又見《事類賦》卷八)

荔支樹

子似荔支而員〔一〕，七月熟。荔支樹高五六丈，大如桂樹〔二〕，實如雞子〔三〕，甘而多汁，似安石榴〔四〕。有甜醋者〔五〕，至日昳中，翕然俱赤，即可食。(《後漢書·孝和孝殤帝紀》李賢等注。又見《錦繡萬花谷》集卷三十六、《資治通鑑》卷四十八，文字稍異。)

〔校記〕

〔一〕荔支，《錦繡萬花谷》作「荔枝」，下同。員，《錦繡萬花谷》、《資治通鑑》作「圓」。

〔二〕大，《錦繡萬花谷》無。

〔三〕如，《錦繡萬花谷》作「似」。

〔四〕似，《錦繡萬花谷》作「以」，形訛也。

〔五〕醋，《錦繡萬花谷》作「酸」。

另存文字差異較大者，錄於下：

每歲進荔枝，郵傳者疲斃於道。漢朝下詔止之。今猶修事荔枝煎進焉。其樹自徑尺至於合抱，葉密如冬青。木性堅重。其根，工人多取爲阮咸槽、彈弓、棋局。(《太平御覽》卷九百七十一)

馬援

(馬)援到交阯，立銅柱，爲漢之極界也。(《後漢書·馬援列傳》李賢等注。又見《太平御覽》卷七百六十八、《玉海》卷二十五)

周敞

周敞爲交州刺史，採龍山之木以爲州門鼓，上分一鼓給桂林郡，下分一鼓給交州。雖根幹異器，而杪末同歸，故擊一鼓，二鼓相應。(《太平寰宇記》一百五十七)

白水山

增城縣白水山有五距鳥。縣北又有搜山，有荔枝樹，高八丈，相去五丈而連理。(《太平寰宇記》一百五十七)

九真山

馬援鑿九眞山，即石爲隄，以遏海波，自是不復遇海漲。(《太平寰宇記》一百七十一)

寧浦

漢獻帝建安二十三年，吳分鬱林立，治平山縣。〔一〕（《宋書·州郡志》。又見《資治通鑒》卷九十二，文字稍異。）

〔校記〕

〔一〕「吳分」二句，《資治通鑒》作「吳分鬱林郡立寧浦郡」。

另存文字簡潔者，附於下：

吳分鬱林郡置。（《太平寰宇記》一百六十六）

枇杷

枇杷若榴，參乎京都。（《藝文類聚》卷八十七。又見《太平御覽》卷九百七十一）

饒朮

彰平縣偏饒朮。（《藝文類聚》卷八十一）

鰕

吳平，晉滕脩爲刺史，脩鄉人語脩，鰕鬚長一赤。脩責以爲虛。其人乃至東海，取鰕鬚長四赤，速送示脩，脩始服謝，厚爲遣。（《水經注》卷三十七）

另存文字差異較大者，錄於下：

吳後置廣州，以南陽滕脩爲刺史。或語脩，蝦長一丈。脩不信。其人後故至東海，取蝦鬚長四五尺，封以示脩，脩乃服。（《太平御覽》卷九百四十三）

雍

雍菜，生水中〔一〕，可以爲菹也〔二〕。（《齊民要術》卷十。又見《太平御覽》卷九百八十，文字稍異。）

〔校記〕

〔一〕中，《太平御覽》無。

〔二〕此句，《太平御覽》作「以爲菹」。

冬風

冬風菜，陸生，宜配肉作羹也〔一〕。（《齊民要術》卷十。又見《太平御覽》卷九百八十，文字稍異。）

〔校記〕

〔一〕此句，《太平御覽》作「宜肥肉作羹」。此句下又有「二者微味，人甚重之」二句。

三薕

　　三薕快酢，新說，蜜爲糝乃美。（《齊民要術》卷十）

東風

　　東風，華葉似「落娠婦」，莖紫。宜肥肉作羹，味如酪，香氣似馬蘭。（《齊民要術》卷十）

荞

　　荞葉廣六七尺，接之以覆屋。（《齊民要術》卷十）

檳榔

　　嶺外檳榔，小於交阯者〔一〕，而大於蒳子，土人亦呼爲「檳榔」。（《齊民要術》卷十。又見《太平御覽》卷九百七十一，文字稍異。）

　　〔校記〕

　　〔一〕此句，《太平御覽》作「小如，下同交趾」。

銀米

　　廣州市司用銀米〔一〕，遂成縣。任山有銀穴，有銀沙〔二〕。（《初學記》卷二十七。又見《太平御覽》卷八百一十二，文字稍異。）

　　〔校記〕

　　〔一〕「銀」下，《太平御覽》有「易」字。

　　〔二〕沙，《太平御覽》作「砂」。

鷝鳿

　　根杜出五色鷝鳿。曾見其白者，大如母雞。（《初學記》卷三十）

魴魚

　　魴魚，廣而肥甜，魚之美者也。（《初學記》卷三十）

鯨鯢

　　鯨鯢長百尺，大亦稱之。雌曰鯢，雄曰鯨。目即明月珠。死不見，有眼睛，而噴浪翳於雲日。（《初學記》卷三十）

鐵石

　　鄧平縣有鐵石。（《太平御覽》卷八百一十三）

木棉

枝似桐枝，葉似胡桃而稍大，出交、廣二州。（《太平御覽》卷九百六十）

石膏山

彰平縣有石膏山，望之，皎若霜雪。（《太平御覽》卷九百八十八）

獨足鳥

新寧縣有獨足鳥，大如鵠，其色蒼，其鳴自呼「獨足」。（《太平御覽》卷九百二十八）

金鳥

廣寧縣有金鳥，純白，口腳如金，其鳴自呼。（《太平御覽》卷九百二十八）

南珍

荔枝、壺橘，南珍之上；菱、蓮、椑、柿爲其次。（《太平御覽》卷九百七十一）

龍眼子

龍眼子，似荔枝，七月熟。（《太平御覽》卷九百七十三）

饒麥、門冬

郭平縣偏饒麥門冬。（《太平御覽》卷九百八十九）

當歸

郭平縣出當歸。（《太平御覽》卷九百八十九）

續斷

郭平縣出續斷。（《太平御覽》卷九百八十九）

半夏

郭平縣出半夏。（《太平御覽》卷九百九十二）

董奉

董奉與士燮同處數載，積思欲還豫章。燮情拘留不能免，後乃托以病死。燮開棺看，乃是茅人。（《太平御覽》卷九百九十六）

簩竻竹

簩竻竹皮薄而空多，大者徑不逾二寸，皮上有粗澀文，可爲錯子。錯甲，利勝於鐵。若鈍，以漿水澆之，還復快利。(《太平廣記》卷四百一十二)

繳濮國

永昌郡西南一千五百里，有繳濮國。其人有尾，欲坐，輒先穿地作穴，以安其尾。若邂逅誤折其尾，即死也。(《太平廣記》卷四百八十二)

烏欖

廣州有烏欖，色黑澀酢，廣人不食。(《古今合璧事類備要》別集卷四十三)

茶

茗別名，葉而澀。南人以爲飲。(《類要》卷二十八)

駱田

交趾有駱田，仰潮水上下，人食其田，名爲「駱侯」。諸縣自名爲「駱將」〔一〕，銅印青綬，即今之令。〔二〕後蜀王子將兵討駱侯〔三〕，自稱爲「安陽王」，治封溪縣。後南越王尉佗攻破安陽王〔一〕，令二使典主交趾、九眞二郡，即甌駱也。(《史記・南越列傳》司馬貞索隱。又見《資治通鑒》卷十三胡三省注、《通鑒綱目》卷三下，文字稍異。)

〔校記〕

〔一〕諸縣，《通鑒綱目》作「諸侯」。

〔二〕「銅印」二句，《通鑒綱目》無。

〔三〕後，《資治通鑒》無。安陽王，《通鑒綱目》作「之」。

石門

石門，在番禺縣北二十里。昔呂嘉拒漢，積石於江，名曰石門。又俗云石門水名曰「貪泉」，飲之則令人變。故吳隱之至石門，酌水飲，乃爲之歌也。(《史記・南越列傳》司馬貞索隱)

另存文字差異較大者，錄於下：

石門，在番禺縣北二十里。昔南越相呂嘉，積石於江以拒漢，因名石門。古老云石門之水名曰「貪泉」，飲之則廉士亦貪。晉吳隱之至石門，遂酌而飲之，賦詩云：「古人言此水，一歃懷千金。試使夷齊飲，終當不易心。」厥後清操愈厲。(《通鑒綱目》卷四下)

盧橘

盧橘，皮厚，氣、色、大如甘，酢多。九月正月□色，至二月，漸變爲青，至夏熟。味亦不異多時。土人呼爲「壺橘」〔一〕。其類有七八種，不如吳會橘〔二〕。（《齊民要術》卷十。又見《樹藝篇・果部》卷六）

〔校記〕

〔一〕人，《樹藝篇》無。

〔二〕此句，《樹藝篇》作「不如吳有一種甘」。此句下，《樹藝篇》有「日回青。实大，凌冬不凋。滿樹垂金，至春後回青，再黃始摘。味不甚佳。花極香，與抹梨相頡頏。」

另存文字簡潔者，附於下：

盧橘，皮厚，大小如甘，酢多，九月結，實正赤，明年二月更青黑，夏熟。（《史記・司馬相如列傳》司馬貞索隱。又見《會稽三賦・會稽風俗賦》）

盧橘，皮厚，味酸，大如柑，至夏熟。土人呼爲「盧橘」。（《施注蘇詩》卷三十六）

新會

永初元年，分新寧立，治盆允。（《宋書・州郡志》）

東官

晉成帝咸和六年，分南海立〔一〕。（《宋書・州郡志》。又見《輿地紀勝》卷九十九，文字稍異。）

〔校記〕

〔一〕「立」下，《輿地紀勝》有「東官郡」。

橄欖

樹身聳高數丈。其子深秋方熟，閩中多種植。咀之，味香。及煮食，悉解酒毒。有野生者，樹繁子酸，不可梯。但刻其根下方寸許，內鹽於中，一夕子皆落。（《全芳備祖》後集卷四。丈，原作「大」，當爲形訛，改之。）

石蟹

出南海。（《重修廣韻》卷三、卷四）

皐盧

酉平縣出皐盧〔一〕，茗之別名。葉大而澀，南人以爲飲。（《太平御覽》卷

八百六十七。又見《事類賦》卷十七，文字稍異。別名，《太平御覽》原作「利茗」，改之。）

〔校記〕

〔一〕此句，《事類賦》作「皐蘆」。

另存文字差異較大者，錄於下：

新平縣出皐蘆。皐蘆，茗之別名也，葉大而澀。（《證類本草》卷十二。又見《證類本草》卷十四，文字稍異。卷十四無「皐蘆」二句。）

出新平縣，狀若茶樹闊大。（《證類本草》卷十二。又見中華道藏本《圖經衍義本草》卷二十一）

番山、禺山

番山，在南海縣。禺山，在番禺縣。（《通鑒綱目》卷三上）

青草瘴

夏謂之青草瘴，秋謂之黃茅瘴。（《唐詩鼓吹》卷二）

波斯白礬

出大秦國。其色白而瑩淨，內有棘針紋，味酸澀。（《證類本草》卷三。又見中華道藏本《圖經衍義本草》卷二）

石硫黃

生崑崙日腳下，顆塊瑩淨，無夾石者良。（《證類本草》卷四。又見中華道藏本《圖經衍義本草》卷三）

金屑

出大食國，彼方出金最多，凡是貨易並使金。（《證類本草》卷四。又見中華道藏本《圖經衍義本草》卷三）

草犀根

生嶺南及海中。獨莖對葉而生，如燈臺草，若細辛。（《證類本草》卷六）

薇

生海池澤中。（《證類本草》卷六）

蒟醬

波斯國，文實狀若桑椹，紫褐色者爲上，黑者是老不堪。黔中亦有，形狀相似，滋味一般。（《證類本草》卷九。又見中華道藏本《圖經衍義本草》卷十五）

蒔蘿

生波斯國。（《證類本草》卷九。又見中華道藏本《圖經衍義本草》卷十五）

宜南草

生廣南山谷。有莢長二尺許，內有薄片似紙，大小如蟬翼，主邪。小男女以緋絹袋盛一身，佩之臂上，辟惡止驚。此草生南方，故作南北字。（《證類本草》卷十。又見中華道藏本《圖經衍義本草》卷十七）

另存文字簡潔者，附於下：
小男女佩之臂上，辟惡止驚。（《通志》卷七十五）

朝生暮落花

生嶺南及海隅。苗蔓如土爪，根相似，味辛。（《證類本草》卷十。又見中華道藏本《圖經衍義本草》卷十七）

紫鉚

生南海山谷，其樹紫赤色，是木中津液成也。（《證類本草》卷十三）

蕪荑

生大秦國，是波斯蕪荑也。（《證類本草》卷十三。又見中華道藏本《圖經衍義本草》卷二十二）

安息香

生南海波斯國，樹中脂也，狀若桃膠，以秋月採之。（《證類本草》卷十四。又見《樹藝篇·木部》卷四、中華道藏本《圖經衍義本草》卷二十三）

天竺桂

生南海山谷。（《證類本草》卷十三。又見中華道藏本《圖經衍義本草》卷二十三）

榼藤子

生廣南山林間，樹如通草藤也。三年方始熟，紫黑色，一名象豆。（《證類本草》卷十四。又見中華道藏本《圖經衍義本草》卷二十五）

牡蠣

出南海水中。（《證類本草》卷二十。又見中華道藏本《圖經衍義本草》卷三十一）

鯷鯥魚

生南海。（《證類本草》卷二十）

予

予，蛇頭鱉身，亦水宿，亦樹棲，俗謂之予膏主蛭刺。以銅及瓦器盛之浸出，唯雞卵盛之不漏。（《證類本草》卷二十一）

蛤蚧

生廣南谷中。有雌雄，狀若小鼠，夜即居於榕樹上，投一獲二。（《證類本草》卷二十二）

甲香

南人常食，若龜鱉之類。又有小甲香，若螺子狀，取其蔕而脩成也。（《證類本草》卷二十二。又見中華道藏本《圖經衍義本草》卷三十四）

《三輔宮殿名》　佚名

《三輔宮殿名》，撰者不詳，不見於史志著錄。《太平御覽·經史圖書綱目》載：「《三輔宮殿名》」。其佚文較早爲《藝文類聚》所引，當是魏晉作品。

未央宮

未央宮有麒麟殿、椒房殿。（《藝文類聚》卷六十二。又見《太平御覽》卷一百七十五）

長樂宮

長樂宮前殿、宣德殿、通光殿、高明殿。（《藝文類聚》卷六十二。又見《太平御覽》卷一百七十五，文字稍異。）

〔校記〕

〔一〕通光殿，《太平御覽》作「通化殿」，化，當是「光」之訛誤。

《洛陽宮殿名》　　佚名

《洛陽宮殿名》，撰者不詳，史志未著錄。其佚文較早爲隋杜公瞻《編珠》所徵引，應爲魏晉時期作品。

南宮

南宮有玉堂前、後殿。（《後漢書·孝靈帝紀》李賢等注。又見《資治通鑒》卷五十七）

永安宮

永安宮，周回六百九十八丈，〔一〕故基在洛陽故城中。（《後漢書·孝獻帝紀》李賢等注。又見《資治通鑒》卷五十八、《河南志》卷二，文字稍異。）

〔校記〕

〔一〕《河南志》引至此。

華光殿

華光殿在崇光殿北。（《後漢書·周黃徐姜申屠列傳》李賢等注）

洛陽室

洛陽有望舒涼室、含章鞠室、靈芝鞠室、清暑涼室。（《藝文類聚》卷六十四）

凌霄閣

洛陽有凌霄閣。（《編珠》卷二）

《洛陽故宮名》　佚名

　　《洛陽故宮名》，作者不詳。《太平御覽·經史圖書綱目》、丁國均《補晉書藝文志》載：「《洛陽故宮名》」。其佚文較早見於酈道元《水經注》，當爲兩晉時期作品。

洛陽南宮

　　洛陽南宮，有玉堂前殿、黃龍殿、翔平殿、竹殿。（《初學記》卷二十四）

　　另存關於洛陽南宮之事，錄於下：

　　侍中廬，在南宮中。（《藝文類聚》卷六十四。又見《太平御覽》卷一百八十一）承明堂、萬金堂、嘉德署、南署、武庫、侍中廬在南宮中。（《河南志》卷二）

嘉德殿

　　洛陽宮有嘉德殿。（《初學記》卷二十四）

飛兔門

　　洛陽有飛兔門。（《初學記》卷二十四）

含章門

　　洛陽有含章門。（《初學記》卷二十四）

建禮門

　　洛陽有建禮門。（《初學記》卷二十四）

廣德門

　　洛陽有廣德門。（《初學記》卷二十四）

明德門

　　洛陽有明德門。（《初學記》卷二十四）

望鐘門

　　洛陽有望鐘門。（《初學記》卷二十四）

神仙門

洛陽有神仙門。(《初學記》卷二十四)

含德門

洛陽有含德門。(《初學記》卷二十四)

敬法門

洛陽有敬法門。(《初學記》卷二十四)

卻非門

洛陽有卻非門。(《初學記》卷二十四)

會福門

洛陽有會福門。(《初學記》卷二十四)

宜秋門

洛陽有宜秋門。(《初學記》卷二十四)

洛陽門

洛陽有飛兔門、含章門，又有建禮門、廣懷門，有明禮門、泰夏門、司馬門、閶闔門、南止車門、東西止車門、西華門、神虎門、雲龍門、東掖門、西掖門、千秋門、南端門、笙鏞門、神仙門、敬法門、卻非門、含德門、上東門、廣陽門、津門、小苑門、開陽門、中東門、司馬門、北闕門、玄武門、南掖門、北掖門、南端門、金門、九龍門、白虎門、春興門、青鎖門、金商門、宜秋門。(《太平御覽》卷一百八十三)

另存文字簡潔者，附於下：

洛陽有飛兔門、廣懷門、明禮門、千秋門、金門、笙鏞門、神仙門，又有照園、九谷池、八溪池。(《河南志》卷二)

洛陽諸闕

（洛陽）有朱雀闕、白虎闕、蒼龍闕、北闕、南宮闕也。(《水經注》卷十六)

馬市

馬市在城東，吳、蜀二主館與相連。(《文選》卷三十八注。又見《河南志》卷二)

《北征記》　孟奧

《北征記》，孟奧撰，史志不著錄。孟奧，生平、里籍不詳，大抵爲晉宋時期人。其佚文較早爲《藝文類聚》徵引。

白石室

淩雲臺南角一百步〔一〕，有白石室，〔二〕名「避雷室」〔三〕。（《初學記》卷一。又見《藝文類聚》卷二、《太平御覽》卷十三、《事類賦》卷三、《古今合璧事類備要》前集卷三，文字稍異。）

〔校記〕

〔一〕淩雲臺，《事類賦》作「陵雲臺」。南角，《藝文類聚》作「東南角」。

〔二〕「淩雲臺」二句，《古今合璧事類備要》作「淩雲臺有白石室」。

〔三〕「名」下，《藝文類聚》有「爲」字。

君子

君子迅雷暴雨必變，必興衣服冠而坐。（《北堂書鈔》卷一百五十二）

雷公磨石

臨賀有石方二丈，石有磨刀斧跡，春夏常明淨，其跡甚新。秋冬則苔穢，故爲「雷公磨石」。（《太平御覽》卷十三）

另存文字簡潔者，附於下：

臨賀有石方二丈，石有磨刀斧跡甚新，名「雷公磨石」。（《事類賦》卷三）

華林牆

鄴城避雷室西南石溝，北有華林牆，高九丈〔一〕，方圓一里〔二〕。（《初學記》卷二十四。又見《太平御覽》卷一百八十七，文字稍異。）

〔校記〕

〔一〕「高」上，《太平御覽》有「牆」字。

〔二〕「一里」下，《太平御覽》有「也」字。

許昌

許昌，在洛水之西。城方圓二十里，有三重。城南北東西土門金城，西南員實中臺高六丈餘，方圓二畝，上有廟城，門有鐵鑊。（《太平御覽》卷一百九十二）

《北征記》 佚名

《北征記》，作者佚名，單列爲一篇。

繁昌城

城在許之南七十里，東有臺，高七丈，方五十步。臺南有壇，高二丈，方三十步，即受終之壇也。（《後漢書·郡國志》李賢等注）

睢陽城

城周三十七里，南臨濊水，凡二十四門。（《後漢書·郡國志》李賢等注）

蕭城

蕭城周十四里，南臨汙水〔一〕。（《後漢書·郡國志》李賢等注。又見《路史》卷二十五，文字稍異。）

〔校記〕

〔一〕汙水，《路史》作「沔水」。

匡城

匡城周三里。（《後漢書·郡國志》李賢等注）

彭城

彭城西二十里有山，山有楚元王墓。（《後漢書·郡國志》李賢等注）

柏谷

柏谷，谷邑也。漢武帝微行至此，爲老父所窘者也。谷中無回車，地夾以高原，柏林蔭藹，窮日幽暗，殆弗睹陽景。（涵芬樓本《說郛》卷四）

華山

華山，對河東首陽山，黃河流於二山之間，聞本一山，巨靈所開。今睹手跡於華山，腳跡在首陽山下。（涵芬樓本《說郛》卷四）

嵇公竹林

山陽縣城北二十里，魏中散大夫嵇康園宅。今悉爲田墟，而父老猶謂「嵇公竹林」。地以時有遺竹也。（涵芬樓本《說郛》卷四）

中城

中城，呂布所守也。南臨白門樓。（《太平寰宇記》卷十七）

項羽井

下邳西南有石，崇四丈。碑云：「項羽井在下相城也。」（《太平寰宇記》卷
十七）

《漢宮闕疏》　　佚名

《漢宮闕疏》，撰者不詳。《三輔黃圖》中有所徵引。

上林苑

上林苑有繭館。（《三輔黃圖》卷六。又見《長安志》卷四、《玉海》卷七十七）

長安城

四年築東面，五年築北面。（《史記·呂太后本紀》司馬貞索隱）

神明臺

臺高五十丈，上有九室，常置九天道士百人也。（《史記·孝武本紀》司馬
貞索隱）

甘泉林光宮

甘泉林光宮，秦二世造〔一〕。（《文選·西都賦》李善注。又見《海錄碎事》
卷四下、《玉海》卷一百五十五、《長安志》卷三，文字稍異。）
〔校記〕
〔一〕二，《長安志》作「三」。世，《海錄碎事》、《玉海》作「代」。

九市

長安立九市，其六市在道西〔一〕，三市在道東〔二〕。（《文選·西都賦》李善
注。又見《玉海》卷十六，文字稍異。）
〔校記〕
〔一〕此句，《玉海》作「六在道西」。
〔二〕此句，《玉海》作「三在道東」。

靈臺

靈臺高三丈,十二門。天子曰靈臺,諸侯曰觀臺。(《玉海》卷九十五)

柳市

細柳倉有柳市。(《漢書·游俠傳》顏師古注、《類編長安志》卷四)

未央宮

未央宮有麒麟閣、天祿閣,有金馬門、青鎖門,玄武、蒼龍二闕、朱雀堂、畫堂、甲觀、非常室。又有鉤盾署弄田。(《三輔決錄》卷二)

牽牛、織女象

昆明池有二石人,牽牛、織女象。(《文選·西都賦》李善注。又見《長安志》卷四)

鼓簧宮

鼓簧宮,周匝百三十六步,在建章宮西北。(《長安志》卷三)

鶴禁

鶴宮,太子所居。凡人不得輒入,故曰鶴禁。(《事類備要》後集卷二。又見《翰苑新書》後集上卷五)

《漢宮殿名》 佚名

《漢宮殿名》,佚名。史志不著錄。佚文較早出自隋杜公瞻《編珠》。

東都門

東都門,今名青門也〔一〕。(《後漢書·逸民列傳》李賢等注。又見《資治通鑑》卷三十六,文字稍異。)

〔校記〕

〔一〕也,《資治通鑑》無。

德陽殿

北宮有德陽殿。(《後漢書·鍾離宋寒列傳》李賢等注)

長安門

長安有宣平門、萬秋門、橫門；東都有宣德門、禮成門、青綺門、章義門、仁壽門、壽城門。（《初學記》卷二十四）

長安觀

長安有臨仙觀，渭橋觀，仙人觀，霸昌觀，蘭池觀，平樂觀，九華觀，豫章觀，三章觀，昆明觀，走馬觀，華光觀，封巒觀，走狗觀，天梯觀，瑤臺觀，沆渠觀，相思觀，長平觀，宜春觀，華池觀，射熊觀，迎風觀，露寒觀。（《藝文類聚》卷六十三）

神明臺

神明臺，武帝造，高五丈，上有九室，今人謂之九天臺，武帝求神仙，恆置九天道士百人〔一〕。（《藝文類聚》卷六十四。又見《編珠》卷二、《太平御覽》卷一百七十四，文字稍異。）

〔校記〕
〔一〕此句，《編珠》作「置九天道士百餘人」。

青綺門

長安有青綺門。（《初學記》卷二十四）

仁壽門

長安有仁壽門。（《初學記》卷二十四）

長安殿

長安有臨華殿、神仙殿、高門殿、朱鳥殿、曾城殿、宣室殿、承明殿、鳳皇殿、飛雲殿、昭陽殿、鴛鴦殿、釣臺殿、合歡殿、蕭何殿、曹參殿、韓信殿。（《太平御覽》卷一百七十五）

《上黨記》　佚名

《上黨記》，一作《上黨郡記》，作者不詳，史志不著錄。姚振宗、章宗源考證爲六朝時期作品。其佚文較早爲《史記》裴駰集解所徵引，則應成書於南朝之前。元代諸書無徵引者，明代以後諸書所引內容，亦不出唐宋諸書所引，則大約亡佚於元代。

馮亭冢

馮亭冢，在壺關城西五里。（《史記·趙世家》裴駰集解）

令狐墓

令狐徵君隱城東山中，令狐終，即爲冢焉〔一〕。諸生尊師法，陪葬者三百餘家〔二〕。松千樹〔三〕，大皆數十圍〔四〕，高四、五十丈。今俗名其山名「令狐墓」〔五〕。漢史所稱壺關三老令狐茂者是也。（《北堂書鈔》卷九十二。又見《太平御覽》卷五百六十，文字稍異。）

〔校記〕

〔一〕此句，《太平御覽》作「即云葬焉」。

〔二〕「陪葬」上，《太平御覽》有「而」字。

〔三〕此句，《太平御覽》作「松三千樹」。

〔四〕數十，《太平御覽》作「十數」。

〔五〕名（「其山」下），《太平御覽》作「曰」。

另存文字差異較大者，錄於下：

關城，都尉所治。令狐徵君隱城東山中，去郡六十里，即壺關三老令狐茂上書訟戾太子者也。茂即葬其山。（《後漢書·郡國志》李賢等注）

青巖

太行山有青巖，有人射熊間，〔一〕於巖見諸生讀書，往覓不知處，傳以爲仙人。（《北堂書鈔》卷九十八，又見《藝文類聚》卷五十五，文字稍異。）

〔校記〕

〔一〕以上二句，《藝文類聚》作「太行山菁有射熊」。

高平赤壤

高平赤壤，其地阻險〔一〕，百姓不居〔二〕。（《初學記》卷八。又見《太平寰宇記》卷四十五、《太平御覽》卷一百六十三，文字稍異。）

〔校記〕

〔一〕此句，《太平寰宇記》、《太平御覽》作「其地山阻」。

〔二〕此句下，《太平寰宇記》、《太平御覽》有「即此郡也」句。

白起臺

秦坑趙眾，收頭顱，築臺於壘中，因山爲臺。（《太平寰宇記》卷四十四）

慶雲山

堯之將興，有五色雲出此山，故曰慶雲山。(《太平寰宇記》卷四十五)

另存文字簡潔者，錄於下：

堯將興，慶雲出之。(《路史》卷二十)

井谷關

在天井谷內，深邃如井，因以名之。(《太平寰宇記》卷四十五)

土山

曹公之圍壺關，起土山於西城〔一〕，內築界城遮之〔二〕。(《太平寰宇記》卷四十五。又見《元和郡縣志》卷十九，文字稍異。)

〔校記〕

〔一〕此句，《元和郡縣志》作「起土山於城西北角」。此句下，《元和郡縣志》有「穿地道於城西」句。

〔二〕「遮」上，《元和郡縣志》有「以」字。

神農井

神農廟西五十步〔一〕，有石泉二所〔二〕，一清一白，甘美，呼爲神農井。(《太平寰宇記》卷四十五。又見《路史》卷十二，文字稍異。)

〔校記〕

〔一〕神農，《路史》無。

〔二〕有，《路史》無。

關龍逢祠

王屋山有關龍逢祠。(《太平寰宇記》卷四十五)

魚子陂

屯留有魚子陂，多魚蒲之饒。(《太平寰宇記》卷四十五)

銅鞮

晉別宮墟闕〔一〕，猶存。(《後漢書‧郡國志》李賢等注。又見《太平寰宇記》卷五十，文字稍異。)

〔校記〕

〔一〕此句，《太平寰宇記》作「銅鞮有晉宮闕」。

泰山

太行阪東頭，即泰山也。避世者，區種而食，或射熊於岩間。(《太平御覽》卷三十九)

長平城

長平城在郡之南，秦壘在城西，二軍共食流水，澗相去五里。(《水經注》卷九)

丹水

長平城在郡南山中，丹水出長平北山，南流，秦坑趙眾，流血丹川，由是俗名爲丹水，斯爲不經矣。(《水經注》卷九)

另存文字簡潔者，錄於下：

秦阬趙卒，血流丹峪，名其水爲丹水。(《唐大詔令集》卷一百一十四)

鹿谷山、余吾城

有鹿谷山，濁漳所出。有余吾城，在縣西北三十里。(《後漢書·郡國志》李賢等注)

茂松

邑帶山林，茂松生焉。(《後漢書·郡國志》李賢等注)

東山

東山在城東南。晉由生所伐。今名平罜。(《後漢書·郡國志》李賢等注)

平亭

城在郡南山中百二十里。(《後漢書·郡國志》李賢等注)

潞

潞，濁漳也。(《後漢書·郡國志》李賢等注)

沁水

有羊頭山，沁水所出。(《後漢書·郡國志》李賢等注)

大王山

禹治水而登此山，因名焉。(《張燕公集》卷十一)

存疑

以下二則內容涉及後世之事，蓋為後人增補，姑且存疑。

遂疑山

後魏太和末，孝文帝自岱幸洛，見此山有伏龍，疑而不進，斷山東麓以厭之。其斷處猶存，因名「遂疑山」。（《張燕公集》卷十一）

白巖

黎城縣東北七里有白巖。山本名豬啄巖。巖有穴，北入岡知窮極。齊武帝與宋朱榮統眾，東望北川。帝指其巖云：「孫滕曰：『此是天蟀，口開則赤色殺人。』可以塞之。」今白以厭之，故因號「白巖」。（《地理新書》卷九）

《中州記》　　佚名

《中州記》，作者佚名。今存佚文 1 則，出自酈道元《水經注》。

惠帝

惠帝為太子，出聞蝦蟆聲，問人為是官蝦蟆、私蝦蟆？侍臣賈胤對曰：在官地為官蝦蟆，在私地為私蝦蟆。令曰：若官蝦蟆，可給廩。先是有讖云：蝦蟆當貴。（《水經注》卷十六）

《洛陽諸宮名》　　佚名

《洛陽諸宮名》，作者佚名，史志未著錄。今存佚文 1 則，出自《水經注》。

南宮

南宮有諺臺、臨照臺。（《水經注》卷十六。又見《玉海》卷一百六十九）

《天台山圖》　佚名

《天台山圖》，佚名，不見史志著錄。較早爲《文選》李善注所徵引，今存佚文 1 則。

赤城山、瀑布山

赤城山，天台之南門也。瀑布山，天台之西南峰。水從南巖懸注，望之如曳布。建標立物，以爲之表識也。（《文選·遊天台山賦》）

《洛陽地記》　佚名

《洛陽地記》，作者佚名，史志未著錄。

太倉

大城東有太倉，倉下運船常有千計。（《水經注》卷十六）

宮堂

洛陽有盧德堂、修成堂。（《初學記》卷二十四。按：此條引作「《洛陽宮地記》」。）

《洛陽故宮記》　佚名

《洛陽故宮記》，作者佚名，史志未著錄。

洛陽門

洛陽有上西門、廣陽門、津門、小苑門、開陽門、中東門、上東門、司馬門、北闕門、玄武門、南掖門、北掖門、東掖門、西掖門、止車門、南端門、金門、九龍門、白虎門、春興門、青瑣門、金商門、雲龍門、神武門、宜秋門。（《初學記》卷二十四）

　　另存文字差異較大者，錄於下：

　　洛陽有萬春門、千秋門，內至禁省爲殿門。外出大道爲掖門。王行幸，設車宮轅、門帷、宮旌。門無宮則供人門，司門掌授管鍵以啓閉國門閈。城外郭內之里門也；閭里，中門也；闠市，外門也。長安有宣平門、萬秋門、橫門。東都有宣德門、禮成門、青綺門、章義門、仁壽門、壽城門，又有章城門、直城門、洛城門。洛陽有上西門、廣陽門、津門、小苑門、開陽門、中東門、上東門、司馬門、北闕門、玄武門、南掖門、北掖門、東掖門、西掖門、止車門、南端門、金門、九龍門、山虎門、春興門、青瑣門、金商門、雲龍門、神武門、宜秋門，又有大夏門、長春門、朱明門。（《記纂淵海》卷八）

雲龍門

　　洛陽有雲龍門。（《文選・東京賦》李善注。按：此條引作「《洛陽宮舍記》」，下三則同。）

端門

　　洛陽有端門。（《文選・東京賦》李善注）

閶闔門

　　洛陽有閶闔門。（《文選・籍田賦》李善注）

萬春門、千秋門

　　洛陽有萬春門、千秋門。（《初學記》卷二十四）

《洛陽宮殿簿》　　佚名

　　《洛陽宮殿簿》，作者佚名。《隋書・經籍志》著錄：「《洛陽宮殿簿》，一卷」，《舊唐書・經籍志》、《新唐書・藝文志》、《通志・藝文略》皆著錄：「《洛陽宮殿簿》，三卷」。今見佚文較早爲《世說新語》劉孝標注徵引。明代後諸書所徵引皆不出元代前諸書所引，大約亡佚於元明之際。

華光殿

　　華光殿，在華林園內。（《後漢書・卓魯魏劉列傳》李賢等注）

陵雲臺

陵雲臺上壁方十三丈，高九尺。樓方四丈，高五丈。棟去地十三丈五尺七寸五分也。（《世說新語·巧藝》劉孝標注）

銅榴

太極殿銅榴，廣九尺。（《編珠》卷二）

許昌宮

許昌宮景福殿七間。（《文選·景福殿賦》李善注。又見《玉海》卷一百五十九）

許昌宮永寧殿七間，安昌殿十間。（《文選·景福殿賦》李善注）

許昌宮承光殿七間。（《文選·景福殿賦》李善注）

杏

含章殿前，杏四株。顯陽殿前，杏六株。（《藝文類聚》卷八十七。又見《事類賦》卷二十六。按：《事類賦》所徵引二句不連續。）

另存文字差異較大者，錄於下：

明光殿前杏一株，顯陽殿前杏六株，含章殿前杏四株。（《太平御覽》卷九百六十八）

櫻桃

顯陽殿前櫻桃六株，徽音殿前、乾元殿前並二株。（《初學記》卷二十八）

另存文字有異者，錄於下：

顯陽殿前櫻桃六株，明光殿前櫻桃四株，徽音殿前櫻桃二株。（《太平御覽》卷九百六十九）

芸香

顯陽殿前芸香一株，徽音殿前芸香二株，含章殿前芸香二株。（《藝文類聚》卷八十一）

另存文字有異者，錄於下：

顯陽殿前芸香一株，徽音、含章殿前各二株。（《太平御覽》卷九百八十二）

顯陽、徽音、含章殿前，各芸香一二株。（《爾雅翼》卷三）

木蘭

顯陽殿前，有木蘭二株。（《藝文類聚》卷八十九）

宮殿

明光、徽音、式乾、暉章、含章、建始、仁壽、宣光、嘉福、百福、芙蓉、九華、流圃、華光、崇光，並殿名。（《藝文類聚》卷六十二）

另存文字有差異者，錄於下：

明光殿、徽音殿、式乾殿、暉章殿、含章殿、建始殿、仁壽殿、嘉福殿、百福殿、芙蓉殿、九華殿、流圃殿、華光殿、崇光殿。（《太平御覽》卷一百七十五）

明光殿、徽音殿。（《初學記》卷二十四）

九華殿、百福殿。（《初學記》卷二十四）

式乾殿、清暑殿。（《初學記》卷二十四）

瓊花池

西宮臨章殿有瓊花池。（《太平寰宇記》卷三）

高閣

高平觀南行至清覽觀，高閣六十四間。修齡觀南行至臨商觀，高閣五十五間。太極殿前南行仰閣三百二十八間，南上總章觀，閣十三間。東上淩雲臺，閣十一間。永寧宮連閣二百八十六間。十二間連閣上下數見，親觀差閣九間。（《太平御覽》卷一百八十四）

槐、皂莢

建始殿前槐及皂莢二十株。（《太平御覽》卷九百六十）

太極殿

太極殿近含章殿。（《初學記》卷二十四）

太極殿十二間。殿前南行，仰閣三百二十八間，南上總章觀，閣十三間，東上淩雲臺，閣十一間。殿前有兩株萬年樹。（《河南志》卷二）

疏圃殿

疏圃殿，殿在華林園中。（《初學記》卷二十四）

永寧宮

永寧宮有景福殿、安昌殿、延休殿。(《初學記》卷二十四)

另存文字有異者，錄於下：

永寧宮內有景福殿、安昌殿、延休殿，有園。(《河南志》卷二)

永寧宮有連閣二百八十六。(《河南志》卷二)

華光殿

華光殿在樺林園內。(《玉海》卷二十六)

洛陽諸殿

有魏太極、九龍、芙蓉、九華、承光諸殿。(《初學記》卷二十四。又見《玉海》卷一百五十六)

宮堂

承慶堂，昌福堂，綏福堂。(《初學記》卷二十四)

徽音堂，又曰嘉德堂。(《初學記》卷二十四)

洛陽有桃間堂皇、杏間堂皇、柰間堂皇、竹間堂皇、李間堂皇、魚梁堂皇、醴泉堂皇、百戲堂皇。(《初學記》卷二十四)

有九華芳香琴堂，又有百戲堂皇。(《初學記》卷二十四)

德陽殿

殿南北行七丈，東西行三十七丈四尺。(《河南志》卷二)

臨商觀

（元覽）觀南行，至臨商觀，高閣五十五間。(《河南志》卷二)

清覽觀

觀南行至清覽觀，高閣六十四間。(《河南志》卷二)

見親觀

閣九間。(《河南志》卷二)

右城之內外

有飛兔門、廣德門、明理門、望鐘門、神仙門、萬春門，昌福堂、徽音

堂、嘉德堂、魚梁堂皇、醴泉堂皇、百戲堂皇、九華堂皇、虛德堂、修成堂、
望舒涼室、清暑涼室、含章鞠室、靈芝鞠室。(《河南志》卷二)

《漢宮殿簿》　佚名

《漢宮殿簿》，佚名，史志未著錄。其佚文爲《文選》李善注徵引，當
爲六朝作品。

長安池

長安有西陂池、東陂池。(《文選・上林賦》李善注)

《扶南記》　竺枝

《扶南記》，竺枝撰，史志不著錄。竺枝，晉宋時期人，生卒年、里籍
不詳。其佚文較早見於酈道元《水經注》。

林楊國

林楊國去金陳國步道二千里，車馬行，無水道。舉國事佛，有一道人命
過燒葬，燒之數千束樵，故坐火中，乃更著石室中，從來六十餘年，屍如故，
不朽，竺枝目見之。夫金剛常住，是明永存，舍利剎見，畢天不朽，所謂智
空罔窮，大覺難測者矣。(《水經注》卷一)

安息國

安息國去私訶條國二萬里，國土臨海上，即《漢書》天竺、安息國也。
戶近百萬，最大國也。(《水經注》卷二)

扶南

扶南去林邑四千里，水步道通。檀和之令軍入邑浦，據船官口城六里者
也。自船官下注大浦之東湖，大水連行，潮上西流，潮水日夜長七八尺，從
此以西，朔望幷潮，一上七日，水長丈六七。七日之後，日夜分爲再潮，水

長一二尺。春夏秋冬，厲然一限，高下定度，水無盈縮，是爲海運，亦曰象水也。又兼象浦之名。《晉功臣表》所謂「金潾清逕，象渚澄源」者也。其川浦渚有水蟲彌微，攢木食船，數十日壞。源潭湛瀨，有鮮魚，色黑，身五丈，頭如馬首，伺人入水，便來爲害。(《水經注》卷三十六)

山溪瀨

山溪瀨中謂之究。(《水經注》卷三十六。又見《資治通鑒》卷四十三)

頓遜國

頓遜國，屬扶南國，主名崑崙國，有天竺胡五百家，兩佛圖，天竺婆羅門千餘人。頓遜敬奉其道，嫁女與之，故多不去，唯讀《天神經》，以香花自洗，精進不捨晝夜。疾困便發願鳥葬，歌舞送之邑外。有鳥啄食，餘骨作灰，甖盛沉海。鳥若不食，乃藍盛火。葬者投火，餘灰函盛埋之，祭祠無年限。又酒樹，有似安石榴，取花與汁停甕中，數日，乃成酒，美而醉人。(《太平御覽》卷七百八十八)

《扶南俗》　　佚名

《扶南俗》，作者佚名，史志未著錄。其佚文較早出自《文選》李善注。

鮒魚

諸大魚欲死，鮒魚皆先封之。(《文選·吳都賦》李善注。又見《爾雅翼》卷三十)

鱕䱐

鱕䱐有橫骨在鼻前，如斤斧形，東人謂斧斤之斤爲鱕，故謂之鱕䱐。魚二十餘種，此其尤異者。此魚所擊，無不中斷也。有出入䱐子，朝出求食，暮還入母腹中，皆出臨海。(《文選·吳都賦》李善注)

烏賊魚

烏賊魚腹中有藥。(《文選·吳都賦》李善注)

擁劍

擁劍，蟹屬也，從廣二尺許，有爪，其螯偏大，大者如人大指，長二寸餘，色不與體同，特正黃而生光明，常忌護之如珍寶矣，利如劍，故曰擁劍。其一螯尤細，主取食，出南海、交趾。（《文選·吳都賦》李善注）

𧒻𧏖

𧒻𧏖，龜屬也，其形如笠，四足縵胡無指，其甲有黑珠，文采如瑇瑁，可以飾物，肉如龜肉，肥美可食。（《文選·吳都賦》李善注）

鯖魚

鯖魚出交趾、合浦諸郡。（《文選·吳都賦》李善注）

鼉魚

鼉魚長二丈餘，有四足，似鼉，喙長三尺，甚利齒，虎及大鹿渡水，鼉擊之皆中斷。生則出在沙上乳卵，卵如鴨子，亦有黃白，可食。其頭琢去齒，旬日間更生，廣州有之。（《文選·吳都賦》李善注）

《聖賢冢墓記》　李彤

《聖賢冢墓記》，李彤撰。李彤，生平、里籍不詳。《隋書·經籍志》著錄：「《聖賢冢墓記》一卷，李彤撰，」《新唐書·藝文志》著錄：「李彤，《聖賢冢墓記》一卷。」元代諸書無著錄，大約於其時亡佚。

督亢

督亢在涿郡。（《水經注》卷十二。此條，《水經注》言出《上古聖賢冢地記》。）

東平思王

東平思王歸國〔一〕，思京師。〔二〕後薨，葬東平。〔三〕其冢上松柏皆西靡。〔四〕（《藝文類聚》卷八十八。又見《文選·重答劉秣陵沼書》李善注、《太平御覽》卷九百五十三，文字稍異。）

〔校記〕

〔一〕此句上,《文選》有「東平思王冢在東平。無鹽人傳云」,《太平御覽》有「東平王無疆,傳云」。此句,《太平御覽》作「王歸國」。

〔二〕「東平思王」二句,《文選》作「思王歸國京師」。

〔三〕「後薨」二句,《文選》作「後葬」。

〔四〕皆,《文選》無。

黃城山

南陽葉邑方城西〔一〕,有黃城山〔二〕,是長沮、桀溺耦耕之所〔三〕,有東流水〔四〕,則子路問津處〔五〕。(《水經注》卷三十一。又見《太平寰宇記》卷八,文字稍異。)

〔校記〕

〔一〕此句,《太平寰宇記》作「南陽葉縣方城邑西」。

〔二〕城,《太平寰宇記》作「成」。

〔三〕之所,《太平寰宇記》作「耕處」。

〔四〕「有」上,《太平寰宇記》有「下」字。

〔五〕處,《太平寰宇記》作「之所」。

檀樹

孔子墓有檀樹。(《太平御覽》卷九百五十八)

五味樹

孔子墓上五味樹〔一〕。(《太平御覽》卷九百九十。又見《爾雅翼》卷七,文字稍異。)

〔校記〕

〔一〕五味樹,《爾雅翼》作「五味木」。

馮夷

馮夷者,弘農華陰潼鄉隄首里人。服八石,得水仙,爲河伯龍魚。(《後漢書‧張衡列傳》)李賢等注)

美玉

驪山之陽多美玉。(《長安志》卷十六)

《外國事》　支僧載

　　《外國事》，支僧載撰，史志不著錄。支僧載，生卒年及里籍皆不詳。今其佚文較早出自酈道元《水經注》徵引，當爲六朝作品。向達認爲作者支僧載爲晉人；陳連慶進一步考證其爲東晉人，其時代略早於法顯，是大月氏人。

和訶條國

　　和訶條國，在大海之中〔一〕，地方二萬里。國有大山〔二〕，山有石井〔三〕，井中生千葉白蓮花〔四〕。井邊青石上有四佛足跡〔五〕，合有八跡〔六〕。月六齋日〔七〕，彌勒菩薩，與諸天神〔八〕，禮佛跡竟〔九〕，便飛去。浮圖講堂皆七寶〔十〕。國王長者，常作金樹銀花、銀樹金花，供養佛〔十一〕。（《藝文類聚》卷七十六。又見《太平御覽》卷七百九十七，文字稍異。）

　　〔校記〕
　　〔一〕之，《太平御覽》無。
　　〔二〕此句，《太平御覽》作「大山名『三漫屈』」。
　　〔三〕山，《太平御覽》無。
　　〔四〕「白蓮花」下，《太平御覽》有「數種」二字。
　　〔五〕青，《太平御覽》無。
　　〔六〕此句，《太平御覽》無。
　　〔七〕「月」山，《太平御覽》有「每」字。
　　〔八〕與，《太平御覽》作「常以」。
　　〔九〕跡竟，《太平御覽》作「跡畢」。
　　〔十〕此句，《太平御覽》無。
　　〔十一〕此句，《太平御覽》作「以供奉佛」。

　　另存文字簡潔者，附於下：
　　私訶條國大洲上有大山。上有石井，井自生千葉白蓮華及眾蓮華出。（《太平御覽》卷九百九十九）

　　另存文字差異較大者，錄於下：
　　和訶條國有大富〔一〕，長者條三。彌與佛作金銀薄承塵在其上〔二〕，一佛作兩重承塵。（《北堂書鈔》卷一百三十二。又見《太平御覽》卷七〇一，文字稍異。）

〔校記〕

〔一〕和訶條國，《太平御覽》作「斯訶調國」。

〔二〕「銀」、「在其上」，《太平御覽》無。

私呵調國王供養道人食，日銀三兩。（《太平御覽》卷八百一十二）

私訶條國全道遼山有毗呵羅寺。寺中有石鼉至，有神靈。眾僧飲食欲盡，寺奴輒向石鼉作禮，於是食具。（《太平御覽》卷九百三十二）

維那國

維邪離國去王舍城五十由旬，城周圓三由旬，維詰家在大城裏宮之南，去宮七里許，屋宇壞盡，惟見處所爾。（《水經注》卷一）

另存文字差異較大者，錄於下：

維那國〔一〕，去舍衛國五十由旬〔二〕。由旬者晉言四十里〔三〕。維摩詰家在城內，基井尚存〔四〕。（《藝文類聚》卷七十六。又見《太平御覽》卷七百九十七，文字稍異。）

〔校記〕

〔一〕此句，《太平御覽》作「維耶離國」。

〔二〕由旬，《太平御覽》脫。

〔三〕四十里，《太平御覽》作「三十里」。

〔四〕此句，《太平御覽》作「國人不復奉佛，悉事水火餘外道也」。

迦維羅越國

迦維羅越國，今無復王也〔一〕。城池荒穢，惟有空處，有優婆塞姓釋，可二十餘家，是昔淨王之苗裔，故為四姓，住在故城中〔二〕，為優婆塞〔三〕，故尚精進〔四〕，猶有古風〔五〕。彼日浮圖壞盡，條王彌更脩治一浮圖，私訶條王送物助成，今有十二道人住其中，太子始生時，妙後所扳樹，樹名須訶，阿育王以青石作後扳生太子像。昔樹無復有，後諸沙門取昔樹栽種之，展轉相承到今，樹枝如昔，尚蔭石像。又太子見行七步足跡，今日文理見存。阿育王以青石挾足跡兩邊，復以一長青石覆上，國人今日恒以香花供養，尚見足七形，文理分明。今雖有石覆無異，或人覆以數重吉貝，重覆貼著石上，逾更明也。太子生時，以龍王夾太子左右，吐水浴太子，見一龍吐水暖，一龍吐水冷，遂成二池。今尚一冷一暖矣。太子未出家前十日，出往王田閻浮樹下坐，樹神以七寶奉太子，太子不受，於是思惟欲出家也。王田去宮一據，

據者，晉言十里也。太子以三月十五日夜出家，四天王來迎，各捧馬足。爾時諸神天人側塞，空中散天香花。此時以至河南摩強水，即於此水邊作沙門。河南摩強水在迦維羅越北，相去十由旬。此水在羅閱祇瓶沙國，相去三十由旬。菩薩於是暫過，瓶沙王出見菩薩，菩薩於瓶沙隨樓那果園中住一日，日暮便去半達鉢愁宿。半達，晉言白也；鉢愁，晉言山也。白山北去瓶沙國十里，明旦便去，暮宿曇蘭山，去白山六由旬。於是徑詣貝多樹，貝多樹在閱祇北，去曇蘭山二十里。（《水經注》卷一。又見《古今姓氏書辯證》卷三十九，文字稍異。）

〔校記〕

〔一〕也，《古今姓氏書辯證》無。

〔二〕故城，《古今姓氏書辯證》作「古城」。

〔三〕此句，《古今姓氏書辯證》無。

〔四〕故，《古今姓氏書辯證》作「俗」。

〔五〕此句下，《古今姓氏書辯證》無。

另存文字簡潔者，附於下：

迦維羅越國，今屬播黎越國，猶有優婆塞，姓釋，可二十餘家，是白靜王之苗裔。昔太子生時，有二龍王，一吐冷水，一吐暖水。今有池，尚一冷一暖。（《藝文類聚》卷七十六）

迦維羅越國令，今無復王也。國人亦屬播黎日國，今尚精進。昔太子生時，有二龍，一吐水，一吐火，一冷一暖。今有二池，尚一冷一暖。（《太平御覽》卷七百九十七）

佛鉢

佛鉢，在大月氏國，一名佛律婆越國，是天子之都也，起浮圖。浮圖高四丈，七層。四壁裏有金銀佛像。像悉如人高。鉢處中央，在第二層上，作金絡絡鉢、鍊懸鉢。鑬是石也，其色青。（《藝文類聚》卷七十三）

毗婆梨佛

毗婆梨佛在此一樹下六年，長者女以金鉢盛乳糜上佛，佛得乳糜，住足尼連禪河浴。浴竟，於河邊啖糜竟，擲鉢水中，逆流百步，鉢沒河中。迦梨郊龍王接取在宮供養，先三佛鉢亦見。佛於河傍坐摩訶菩提樹，摩訶菩提樹去貝多樹二里，於此樹下七日，思惟道成，魔兵試佛。（《水經注》卷一）

另存文字差異較大者，錄於下：

摩竭提國，在迦維越之南〔一〕，相去四十由句〔二〕。貝多樹去摩竭提三十里，一名毗波梨。佛唯在此一樹下坐，滿六年。〔三〕長者女以金鉢盛牛乳糜上佛，佛得乳糜，往尼連禪河浴。浴竟，於水邊噉糜。噉糜竟，擲鉢水中，逆流可百步許，然後鉢復流河中。架梨那龍王接取鉢，在宮中供養。（《藝文類聚》卷七十三。又見《太平御覽》卷七百九十七，文字稍異。）

〔校記〕

〔一〕迦維越，《太平御覽》作「迦維羅城」。

〔二〕四十，《太平御覽》作「三十里」。

〔三〕「貝多樹」五句，《太平御覽》作「有貝多樹，佛在此樹下坐六年」。《太平御覽》引至此。

鳩留佛

鳩留佛姓迦葉，生那訶維國。（《藝文類聚》卷七十六）

彌勒佛

彌勒佛當生波羅奈國，在迦維羅越南。（《藝文類聚》卷七十六）

罽賓國

罽賓國〔一〕，在舍衛之西，國王民人悉奉佛〔二〕，道人及沙門到多〔三〕，未中前飲少酒〔四〕，過中不復飯〔五〕。（《藝文類聚》卷七十六。又見《太平御覽》卷七百九十七，文字稍異。）

〔校記〕

〔一〕此句，《太平御覽》作「罽密，小國耳」。

〔二〕此句下，《太平御覽》有「土地寒」句。

〔三〕此句，《太平御覽》作「羅漢道人及沙門到多月」。

〔四〕「未」上，《太平御覽》有「日」字。

〔五〕此句，《太平御覽》作「過中後，不復飲酒食果」。此句下，《太平御覽》有「國屬大秦」句。

佛泥洹

佛泥洹後，天人以新白緤裹佛，以香花供養，滿七日，盛以金棺，送出王宮，度一小水，水名醯蘭那，去王宮可三里許，在宮北，以旃檀木爲薪，天人各以火燒薪，薪了不燃，大迦葉從流沙還，不勝悲號，感動天地，從是之後，他薪不燒而自燃也。王斂舍利，用金作斗，量得八斛四斗，諸國王、

天龍神王各得少許，齎還本國，以造佛寺。阿育王起浮屠於佛泥洹處，雙樹及塔，今無復有也。此樹名娑羅樹，其樹花名娑羅佉也。此花色白如霜雪，香無比也。(《水經注》卷一)

另存文字差異較大者，錄於下：

佛在拘私那竭國般泥洹〔一〕。欲泥洹時〔二〕，自然有寶床從地出。有八萬四千國王爭將佛歸。神妙天人曰：「佛應就此土。」那竭王乃作金棺槂檀車〔三〕，送喪佛〔四〕，積薪不燒自燃。王將舍利歸宮，八萬四千國，興兵爭舍利。婆羅門分之，用金升量舍利，得八斛四斗。諸國各得，還立浮圖。〔五〕(《藝文類聚》卷七十六。又見《太平御覽》卷七百九十七，文字稍異。)

〔校記〕

〔一〕此句，《太平御覽》作「佛在拘私郍竭國」。拘私郍竭國，下同。

〔二〕此句，《太平御覽》作「佛欲入涅槃時」。

〔三〕槂，《太平御覽》作「枏」。

〔四〕此句，《太平御覽》作「送佛喪」。

〔五〕「諸國」二句，《太平御覽》作「諸國各得少許，還國各立浮屠」。

另存文字簡潔者，附於下：

佛涅盤時，自然有七寶床從地中出。(《北堂書鈔》卷一百三十三)

神龍

毗呵羅寺有神龍〔一〕，住米倉中。奴取米，龍輒卻後。奴若長取米〔二〕，龍不與。倉中米若盡，奴向龍拜，倉即盈溢。(《藝文類聚》卷九十六。又見《太平廣記》卷四百二十三，文字稍異。)

〔校記〕

〔一〕此句上，《太平廣記》有「平昌城舊與荊水通，有神出入焉，故名『龍城』」數句。
　　　此句，《太平廣記》作「外國有寺曰咀呵羅，寺有神龍」。

〔二〕長，《太平廣記》作「常」。

大拳國

大拳國人，援臂長脅。(《太平御覽》卷三百六十九)

播黎國

播黎曰國者，昔是小國耳，今是外國之大都。流沙之外，悉稱臣妾。(《太平御覽》卷七百九十七)

舍衛國

舍衛國，今無復王，盡屬播黎曰國。王遣小兒注，國人不奉佛法。（《太平御覽》卷七百九十七）

郁訶維

郁訶維國，土豐樂，多民物，在迦維越南，相去三十里。（《太平御覽》卷七百九十七）

磇國

迦葉佛生磇國，今無復此國，故處在舍衛國西，相去三十里。（《太平御覽》卷七百九十七）

拘郁舍

拘郁舍國，牟尼佛所生也，亦名拘郁舍，在迦維羅越西，相去復三十里。（《太平御覽》卷七百九十七）

波羅奈國

彌勒佛，當生波羅奈國，是《屈陁羅經》所說在迦羅越南。（《太平御覽》卷七百九十七）

拘宋婆國

拘宋婆國，今見過去佛四所，住處四屋。迦葉佛住中，教化四十年。釋迦文佛住五年，二佛不說。（《太平御覽》卷七百九十七）

《西域諸國志》　　佚名

《西域諸國志》，一作《西域諸國記》，史志不著錄。其佚文較早出自《齊民要術》。

天竺國

天竺十一月六日爲冬至〔一〕，則麥秀。十二月十六日爲臘，臘麥熟〔二〕。（《齊民要術》卷十。又見《太平御覽》卷八百三十八，文字稍異。）

〔校記〕

〔一〕「天竺」下，《太平御覽》有「一以」二字，「一」應爲衍字。

〔二〕此句，《太平御覽》作「則麥熟」。

另存文字簡潔者，附於下：

天竺國以十一月六日爲冬至，冬至則麥秀。（《太平御覽》卷二十八）

天竺國以十二月十六日爲臘，臘則麥熟。（《太平御覽》卷三十三）

月支國

月支國有佛澡灌，受二升許。青石，名羅勒，色碧玉班白，受水無定，隨其多少。（《北堂書鈔》卷一百三十五。又見《太平御覽》卷七百一十二）

佛鉢

佛鉢，在軋陁越國，青玉也，受三升許。彼國寶之，供養乞願，終日花香。不滿，則如言也；滿亦如言也。（《緯略》卷五。又見《太平御覽》卷七百五十九）

蔥嶺

蔥嶺，高行十二日可至頂。（《太平御覽》卷五十）

屈茨國

屈茨國有山，夜則有光火，晝則恒烟焉。（《太平御覽》卷八百七十一）

鼠王國

有鼠王國。鼠大如狗，著金鑠。小者如兔，或如此間鼠者。沙門過不咒願，白衣不祠祀，輒害人衣器。（《太平御覽》卷九百一十一）

耆闍崛山

耆闍崛山，在王舍城北四里。山有兩崖，鷲鳥常羣居其顚，土人號爲「靈鷲山」也。（《太平御覽》卷九百二十六）

《晉宮閣記》　佚名

《晉宮閣名》，一作《晉宮閣記》、《晉宮闕名》，作者佚名，史志未著錄。其佚文較早爲《水經注》徵引。

池舟

天泉池中有紫宮舟、曜陽舟、飛龍舟〔一〕。靈芝池中有鳴鶴舟、指南舟〔二〕。舍利池中有雲母舟〔三〕。(《編珠》卷四。又見《藝文類聚》卷七十一、《初學記》卷二十五、《太平御覽》卷七百六十九、《事類賦》卷十六，文字稍異。)

〔校記〕

〔一〕此句，《藝文類聚》作「池中有紫宮舟、升進舟、曜陽舟、飛龍舟、射獵舟」，《初學記》作「天泉池中有紫宮舟、升進舟、曜陽舟、飛龍舟、射獵舟」，《太平御覽》作「天淵池中紫宮舟、升進舡、曜陽、飛龍舟、射獵舟」，《事類賦》作「天淵池有紫宮舟、升進舟、曜陽舟、飛龍舟、射獵舟」。

〔二〕中，《初學記》無。此句，《事類賦》作「靈芝池有鳴鶴舟」，且引至此句。

〔三〕舍利池，《藝文類聚》作「合利池」。合，「舍」之形訛。中，《初學記》無。「雲母舟」下，《藝文類聚》、《初學記》、《太平御覽》有「無極舟」。此句下，《藝文類聚》有「都亭池有常安舟」句，《初學記》有「都亭池有華泉舟、常安舟」，《太平御覽》有「都亭池有華潤舟、常安舟」。

另存文字簡潔者，附於下：

天淵池內有飛龍舟。(《北堂書鈔》卷一百三十七)

都亭池廣八十步，內有華淵舟。(《北堂書鈔》卷一百三十七)

天淵池有升進、曜陽、飛龍、射獵舟。(《玉海》卷一百七十)

靈芝池有鳴鶴舟、指南舟。都池有華潤舟、常安舟。(《事類賦》卷十六)

另存文字差異較大者，錄於下：

靈芝池，廣長百五十步，深二丈。上有連樓飛觀，四出閣道。釣臺中有鳴鶴舟、指南舟。(《太平御覽》卷六十七)

金墉

金墉有崇天堂。(《水經注》卷十六。又見《玉海》卷一百六十四)

開陽門

開陽門，故建陽門也。(《水經注》卷十六)

廣莫門

洛陽城廣莫門，北向。(《文選·扶風歌》李善注)

閶闔門

洛陽城閶闔門，西向。(《文選·詠史八首》李善注)

東陽門

洛陽城東門，曰東陽門。(《初學記》卷二十四)

總章觀

總章觀，儀鳳樓一所〔一〕，在觀上廣望觀之南〔二〕。又別有翔鳳樓〔三〕。
(《藝文類聚》卷六十三。又見《初學記》卷二十四、《太平御覽》卷一百七十六、《錦
繡萬花谷》後集卷二十四，文字稍異。)

〔校記〕

〔一〕一所，《太平御覽》無。

〔二〕此句，《初學記》、《錦繡萬花谷》作「觀之南極」。

〔三〕此句，《初學記》、《錦繡萬花谷》無。此句下，《太平御覽》有「有慶雲樓」句。

洛陽宮堂

洛陽宮有則百堂、螽斯堂、休徵堂、延祿堂、承慶堂、仁壽堂、綏福堂、
含芳堂、樂昌堂、椒華堂、芳音堂、永光堂。(《藝文類聚》卷六十三)

另存文字稍有差異者，錄於下：

洛陽宮有則百堂、螽斯堂、休徵堂、延祿堂、仁壽堂、綏福堂、含芳堂、
樂日堂、椒華堂、芳音堂、顯成堂、承光堂、五福堂、嘉寧堂。(《太平御覽》
卷一百七十六)

洛陽宮有則百堂、螽斯堂、休證堂、延祿堂、仁壽堂、綏福堂、含芳堂、
樂日、椒華、芳音、顯成、承光、五福、嘉寍、堯母、永光、長壽堂。(《玉海》
卷一百六十一)

又存文字簡潔者，附於下：

洛陽有芙蓉堂。(《編珠》卷二)

洛陽有椒華堂。(《編珠》卷二)

有堯母堂、永光堂、長壽堂。(《初學記》卷二十四)

洛陽宮有水碓堂皇、擇果堂皇。(《太平御覽》卷一百七十六)

洛陽園、鄴園

洛陽有瓊圃園、靈芝園、石祠園〔一〕。鄴有鳴鵠園、蒲萄園、華林園〔二〕。
(《藝文類聚》卷六十五。又見《初學記》卷二十四、《玉海》卷一百七十、《錦繡萬
花谷》後集卷二十五，文字稍異。)

〔校記〕

〔一〕洛陽，《錦繡萬花谷》作「洛陽宮」。此句，《初學記》作「洛陽宮有瓊圃園、靈芝、石祠園」，《玉海》作「洛陽宮有瓊□□、靈芝□」。

〔二〕此句，《初學記》、《錦繡萬花谷》作「鄴有鳴鵠園、蒲萄園」，《玉海》作「鄴有鳴鶴、蒲陶園」。

另存文字簡潔者，附於下：

靈芝園。鄴有鳴鶴園、蒲陶園、華林園。（《太平御覽》卷一百九十七）

鄴有鴻鵠園。（《初學記》卷二十四。又見《錦繡萬花谷》後集卷二十五）

另存文字差異較大者，錄於下：

有靈芝園、蒲萄園，此皆因草木樹果以立名也。又有玄圃。（《初學記》卷二十四。又見《錦繡萬花谷》後集卷二十五，文字稍異。又有玄圃，《錦繡萬花谷》無。）

洛陽宮殿

有靈圃、百子、虞泉、清冥諸殿。（《初學記》卷二十四。又見《古今考》卷二十九）

樓

洛陽有鳳皇樓、總章觀。儀鳳樓在觀上。廣望觀之南，又別有翔鳳樓，又有慶雲樓、伺星樓。（《玉海》卷一百六十四）

另存文字簡潔者，附於下：

洛陽有儀鳳樓。（《編珠》卷二）

晉有伺星樓、儀鳳樓、翔鳳樓。（《初學記》卷二十四）

洛陽有鳳皇樓。（《太平御覽》卷一百七十六）

晉有伺星樓。（《太平御覽》卷一百七十六）

臺

晉有崇天臺、織室臺。（《初學記》卷二十四）

鄴有銅雀臺、織室臺。（《藝文類聚》卷六十二）

洛陽門

又有大夏門、長春門、朱明門、青陽門。（《初學記》卷二十四）

另存文字有差異者，錄於下：

洛陽有崇禮門。(《初學記》卷二十四)

洛陽有承明門。(《太平御覽》卷一百八十三、《玉海》卷一百六十九)

許昌宮有崇禮門。(《玉海》卷一百六十九)

洛陽坊

洛陽宮有顯昌坊、修成坊、綏福坊、延祿坊、休徵坊、承慶坊、桂芬坊、椒房坊、舒蘭坊、藝文坊。(《藝文類聚》卷六十二。又見《太平御覽》卷一百五十七)

另存文字簡潔者，錄於下：

洛陽宮有顯昌、桂芳、椒芳等坊。(《金陵新志》卷十二上)

洛陽宮閣

洛陽宮有金光閣、清陽閣、朱明閣、承休閣、安樂閣、白藏閣、顯仁閣、崇明閣、章德閣、飛雲閣、安世閣、長安閣〔一〕。長安有東明閣、西華閣、紫闥閣〔二〕。(《太平御覽》卷一百八十四。又見《太平御覽》卷一百八十四、《玉海》卷一百六十四，文字稍異。)

〔校記〕

〔一〕此句，《太平御覽》作「洛陽有金光閣、文成閣、明度閣、飛雲閣、安世閣」，《玉海》作「洛陽宮有金光閣、文成、青陽、朱明、承休、安樂、白藏、顯仁、崇明、章德、飛雲、安世、長安閣」。

〔二〕此句，《玉海》作「長安有東明、西華、紫關閣」。

雲母船

含元池中有雲母船。(《太平御覽》卷八〇八)

洛陽宮闥

洛陽宮有崇陽闥、延明闥、通明闥、脩雲闥、通福闥、徵音闥、承休闥、玄明闥、玄暉闥、崇禮闥、白藏闥〔一〕。(《太平御覽》卷一百八十四。又見《玉海》卷一百六十九，文字稍異。)

〔校記〕

〔一〕《玉海》，「延明」、「通明」、「修雲」、「通福」、「徵音」、「承休」、「元明」、「元暉」、「崇禮」下，無「闥」字。徵音，《玉海》作「徽音」。

義和溫房

洛陽宮內有義和溫房。(《太平御覽》卷一百八十五。又見《玉海》卷一百六十一)

華林館

華林館有繁昌館、建康館、顯昌館、延祚館、壽安館、干祿館。(《太平御覽》卷一百九十四)

洛陽宮苑

洛陽有洪德苑、靈崑苑、平樂苑。(《太平御覽》卷一百九十六。又見《玉海》卷一百七十)

春王囿

洛陽有春王囿。(《海錄碎事》卷二十二下)

洛陽諸里

洛陽城中諸里:年和里、宜壽里、永年里、宜都里、太學里、富弼里、大雅里、孝敬里、安城里、左池里、東臺里、安民里、延壽里、日中里、西國里、東牛里、穀陽里、北恢里、安武里、孝西里、太始里、光林里、石市里、宜秋里、葛西里、西河里、宣賜里、南孝里、中恢里、宜年里、渭陽里、利民里、西樂里、北溪里、西義里、中統里、宣都里、石羊里、中安里、右池里。(《河南志》卷二)

杏

明光殿,杏八株。(《藝文類聚》卷八十七)

另存文字有異者,錄於下:
暉章殿前杏一株。(《太平御覽》卷九百六十八)

李

暉章殿前李一株。(《太平御覽》卷九百六十八)

另存文字稍異者,錄於下:
暉章殿前有嘉李。(《事類賦》卷二十六)

梨

明光殿前梨一株。(《太平御覽》卷九百六十九。又見《事類賦》卷二十七)

白檦

華林園有白檦四百株。(《太平御覽》卷九百七十。又見《事類賦》卷二十六)

君子樹

華林園中〔一〕,有君子樹三株〔二〕。(《藝文類聚》卷八十九。又見《太平御覽》卷九百五十九、《事類賦》卷二十四,文字稍異。)

〔校記〕

〔一〕中,《太平御覽》無。

〔二〕有,《太平御覽》、《事類賦》無。

木瓜

華林園木瓜五株〔一〕。(《藝文類聚》卷八十七。又見《太平御覽》卷九百七十三,文字稍異。)

〔校記〕

〔一〕「木瓜」上,《太平御覽》有「有」字。

㮯

華林園㮯三株。(《太平御覽》卷九百九十二)

芸香

太極殿前芸香四畦,式乾殿前芸香八畦〔一〕。徽音殿前,芸香雜花十一畦。明光殿前,芸香雜花八畦。顯陽殿前,芸香二畦。(《太平御覽》卷九百八十二。又見《藝文類聚》卷八十一、《爾雅翼》卷三,文字稍異。按:此條,《藝文類聚》引作「《晉室閣名》」,當是《晉宮閣名》之誤。)

〔校記〕

〔一〕此句下,《藝文類聚》、《爾雅翼》無。

櫻桃

式乾殿前,櫻桃二株。含章殿前,櫻桃一株。華林園櫻桃二百七十株。(《藝文類聚》卷八十六)

桃

華林園桃,七百三十八株,白桃三株,侯桃三株。(《藝文類聚》卷八十六)

柿

華林園柿六十七株,暉章殿前柿一株。(《藝文類聚》卷八十六)

另存文字有異者，錄於下：

徽章殿前柿一株。(《太平御覽》卷九百七十一)

棗

華林園棗六十二株，王母棗十四株。(《藝文類聚》卷八十七。又見《太平御覽》卷九百六十五)

胡桃

華林園胡桃八十四株。(《藝文類聚》卷八十七。又見《太平御覽》卷九百七十一、《樹藝篇》卷五)

枇杷

華林園枇杷四株。(《藝文類聚》卷八十七。又見《太平御覽》卷九百七十一)

蒲萄

華林園蒲萄百七十八株〔一〕。(《藝文類聚》卷八十七。又見《太平御覽》卷九百七十二，文字稍異。)

〔校記〕

〔一〕百七十八，《太平御覽》作「百七八十」。

芭蕉

華林園有芭蕉二株〔一〕。(《藝文類聚》卷八十七。又見《太平御覽》卷九百七十五，文字稍異。)

〔校記〕

〔一〕有，《太平御覽》無。

柏

華林園柏二株。(《藝文類聚》卷八十八)

榆

華林園榆十九株。(《藝文類聚》卷八十八。又見《太平御覽》卷九百五十六)

楓香

華林園楓香三株。(《藝文類聚》卷八十九。又見《太平御覽》卷九百五十七)

女貞

華林園女貞一株。(《藝文類聚》卷八十九)

長生樹

華林園長生六株，萬年殿前，長生二株。(《藝文類聚》卷八十九)

木槿

華林園有三株。(《藝文類聚》卷八十九)

木蘭

華林園木蘭四株。(《藝文類聚》卷八十九)

合歡

華林園合歡四株。(《藝文類聚》卷八十九。又見《太平御覽》卷九百六十)

梔子

華林園梔子五株〔一〕。(《藝文類聚》卷八十九。又見《太平御覽》卷九百五十九，文字稍異。)

〔校記〕

〔一〕梔子，《太平御覽》作「支子」。

白銀

華林園白銀八株。(《太平御覽》卷九百六十)

橘

華林園橘十一株。(《太平御覽》卷九百六十六)

陽檖

華林園陽檖二株。(《太平御覽》卷九百七十二)

芍藥

暉章殿前芍藥華六畦。(《太平御覽》卷九百九十)

白及

華林白及三株。(《太平御覽》卷九百九十)

茱萸

華林園茱萸三十六株。(《太平御覽》卷九百九十一)

扶老

華林園扶老三株。(《太平御覽》卷九百九十八)

栗

華林園中栗一株，侯栗六株〔一〕。(《太平御覽》卷九百六十四。又見《初學記》卷二十八，文字稍異。)

〔校記〕

〔一〕侯，《初學記》脫。

車下李、薁李

華林園中有車下李三百一十四株，薁李一株。(《毛詩集解》卷十七)

另存文字簡潔者，附於下：

華林園薁李一林。(《太平御覽》卷九百七十三。按：林，當是「株」之形訛。)

華林園中有車下李。(《玉海》卷一百七十)

梗

華林園梗棗四株。(《太平御覽》卷九百七十三)

青白桐

華林園青白桐三株。(《初學記》卷二十八。又見《太平御覽》卷九百五十六)

萬年樹

華林園有萬年樹十四株。(《文選・直中書省》李善注。又見《太平御覽》卷九百五十九、《事類賦》卷二十四、《文章正宗》卷二十二下)

椑子

華林園椑子二株。(《太平御覽》卷九百七十一)

柹

華林園柹六十七株。(《白氏六帖事類集》卷三十)

《漢宮閣名》　佚名

《漢宮閣名》，一作《漢宮闕名》，佚名，史志不著錄。其佚文較早見
於隋杜公瞻《編珠》。

長安諸殿

長安有披香殿、鴛鸞殿、飛翔殿〔一〕，餘未詳〔二〕。（《後漢書·班彪列傳》
李賢等注。又見《文選·西都賦》李善注，文字稍異。）

〔校記〕
〔一〕「披香殿」上，《文選·西都賦》有「合歡殿」。
〔二〕此句，《文選·西都賦》作「餘亦皆殿名」。

另存文字簡潔者，附於下：
長安有合歡殿、披香殿。（洪芻《香譜》卷下。又見陳敬《陳氏香譜》卷四）

又存文字差異較大者，錄於下：
長安有獲福殿、永寧殿、永壽殿、長秋殿、永延殿。（《編珠》卷二）
（長安）有鳳皇殿。（《文選·西京賦》李善注。又見《長安志》卷三）
長安有鴛鴦殿。（《文選·應詔詩》李善注）
長安有麒麟殿、朱鳥殿。（《文選·西京賦》李善注、《長安志》卷四）
長安有玉堂殿、銅柱殿。（《初學記》卷二十四。又見《玉海》卷一百五十九、
《錦繡萬花谷》後集卷二十三）
長安有臨華、飛雲、昭陽等殿。（《考古質疑》卷六）

長安閣

長安有東明閣、西華閣、西華閣、紫闥閣。（《長安志》卷四）

承雲臺、承雲殿

長安有承雲臺、承雲殿。（《編珠》卷二）

長安宮

長安有長樂宮、未央宮、長門宮、鼓簧宮、承光宮、宜春宮、池陽宮、
長平宮、黃山宮、望仙宮、長楊宮、集靈宮、延壽宮、祈年宮、通天宮、駮
娑宮、沛宮、林光宮、甘泉宮、龍泉宮、首山宮、交門宮、明光宮、五柞宮、

萬歲宮、竹宮、壽宮、建章宮、太一宮、思子宮、夜光宮、棠梨宮、扶荔宮、桂宮、鼎湖宮、谷口宮。(《太平御覽》卷一百七十三)

長安有長樂宮、未央宮、長門宮、鼓簧宮、承光宮、林光宮、宜春宮、池陽宮、長平宮、黃山宮、望仙宮、長楊宮、集靈宮、萬歲宮、延壽宮、初年宮、通天宮、馺娑宮。(《藝文類聚》卷六十二)

長安有馺娑宮。(《編珠》卷二。又見《初學記》卷二十四)

長安有宜春宮。(《初學記》卷二十四)

長安有祈年宮、延壽宮。(《初學記》卷二十四。又見《玉海》卷一百五十六)

長安有長樂宮、未央宮。(《河東先生集》卷十五)

望仙宮

武帝於華陽立望仙宮,於東海亦立望仙宮,皆有道士十二人。(《編珠》卷二)

曾城

長安有曾城。(《初學記》卷二十四)

馬伯騫樓、貞女樓

(長安有)馬伯騫樓、貞女樓〔一〕。(《初學記》卷二十四。又見《太平御覽》卷一百七十六、《長安志》卷四,文字稍異。)

〔校記〕

〔一〕「貞女樓」上,《太平御覽》、《長安志》有「又有」二字。

九子坊

洛陽故北宮,有九子坊。(《藝文類聚》卷六十二。又見《太平御覽》卷一百五十七、《玉海》卷一百二十八、《河南志》卷二)

《華山記》 佚名

《華山記》,作者佚名,史書不著錄。其佚文較早出自《三輔黃圖》。

華山

此山分秦、晉之境〔一〕。晉之西鄙則曰陰晉〔二〕，秦之東邑則曰寧〔三〕。（《史記‧蘇秦列傳》張守節正義。又見《太平寰宇記》卷二十九，文字稍異。）

〔校記〕

〔一〕境，《太平寰宇記》作「地」。

〔二〕此句，《太平寰宇記》作「鄙晉之西則曰陰晉」。

〔三〕此句，《太平寰宇記》作「邊秦之東則曰寧秦」。

太元真人

昔有太元真人。（《三輔黃圖》卷三）

童子

弘農鄧紹，八月曉入華山〔一〕，見童子執五綵囊，盛栢葉露食之〔二〕。武帝即其地造宮殿，歲時祈禱焉。（《三輔黃圖》卷三。又見《太平寰宇記》卷二十九、《瀡水集》卷四、《野客叢書》卷七、《困學紀聞》卷十四，文字稍異。）

〔校記〕

〔一〕華，《太平寰宇記》無。

〔二〕此句，《瀡水集》作「盛栢露飲之」，《困學紀聞》作「盛栢露食之」。此句下，《太平寰宇記》、《瀡水集》、《野客叢書》、《困學紀聞》皆無。

千葉蓮華

山頂有池〔一〕，池中生千葉蓮花，服之羽化〔二〕，因名華山。（《藝文類聚》卷八十二。又見《太平御覽》卷九百九十九、《全芳備祖》前集卷十一、《古今合璧事類備要》別集卷三十五，文字稍異。）

〔校記〕

〔一〕此句，《全芳備祖》、《古今合璧事類備要》作「華山頂有池」。

〔二〕羽化，《全芳備祖》、《古今合璧事類備要》作「通仙」。

山頂有池，生千葉蓮花，〔一〕服之羽化，因曰華山〔二〕。（《初學記》卷五。又見《白氏六帖事類集》卷二、《杜工部草堂詩箋》卷十、十三、《太平寰宇記》卷二十九、《事文類聚》前集卷十三、《群書通要》甲集卷八，文字稍異。）

〔校記〕

〔一〕以上二句，《白氏六帖事類集》作「山頂有千葉蓮花」。

〔二〕曰，《太平寰宇記》作「名」。

另存文字簡潔者，附於下：

華山峰上有池，池中生千葉蓮花。（《白氏六帖事類集》卷三十）

華山頂生千葉蓮花。（《初學記》卷五）

華山頂上有池，生千葉蓮花，服之者羽化。（《初學記》卷二十七）

華山頂有池，生千葉蓮花，服之羽化。（《證類本草》卷二十三）

華山頂有池，生千葉蓮花。（《玉海》卷一百九十七）

華山頂有池，生千葉蓮華，服者羽化。（《錦繡萬花谷》後集卷三十七）

華山峰頭有池，有千葉蓮花。（《事文類聚》後集卷三十二）

華山勝跡

山下自華岳廟列柏〔一〕，南行十一里，又東迴三里，至中祠。又西南出五里，至南祠。南入谷口七里，又至一祠。又南一里，至天井。天井纔容人，上可長六丈餘。出井如望空視明，如在室窺窗矣〔二〕。出井東南二里，至峻坂斗上。又東上百丈崖，皆須攀繩挽葛而後行。又西南出六里，又至一祠，名胡越寺神。又行二里，便屆山頂，上方七里，有靈泉二所，一名蒲池，一名太上泉池。北有石鼓，嘗聞其鳴其上。有三峯，直上晴霽可睹。（《初學記》卷五。又見《杜工部草堂詩箋》卷十三，文字稍異。）

〔校記〕
〔一〕此句，《杜工部草堂詩箋》作「山下有華嶽廟列宿」。
〔二〕此句，《杜工部草堂詩箋》作「如在室窺牖」，且引至此。

箭筈峰

箭筈峰上有穴，纔見天，攀緣自穴中而上，有至絕頂者。〔一〕（《杜工部草堂詩箋》卷十三。又見《類編長安志》卷六，文字稍異。）

〔校記〕
〔一〕以上二句，《類編長安志》作「攀緣自穴中而上東峰，有仙掌石」。

華山高巖

華山高巖四合，重嶺秀起。上有石池，北有石鼓，父老相傳云：嘗有聞其鳴者。（《藝文類聚》卷七）

另存文字簡潔者，附於下：
華山，高巖四合，重嶺秀起。（《初學記》卷五）
華山頂有石鼓。父老傳云：嘗有聞其鳴者。（《初學記》卷五）
北有石鼓。（《太平寰宇記》卷二十九）

二小山

南嶺東巖北面有二小山。一山有雙石竪生，號曰石門。一山石孤崖特秀〔一〕，上有客觀，涉之，遠者眺十里。〔二〕（《藝文類聚》卷六十三。又見《太平御覽》卷一百七十九，文字稍異。）

〔校記〕

〔一〕石，《太平御覽》無。

〔二〕「涉之」二句，《太平御覽》作「涉之者遠眺千里」。

枇杷園

華山講堂西頭，有枇杷園。（《藝文類聚》卷八十七。又見《太平御覽》卷九百七十一）

栗林

西山麓中有栗林，藝植以來，蕭森繁茂。（《初學記》卷二十八。又見《太平御覽》卷九百六十五）

明星玉女

華山上有明星玉女，持玉漿。（《太平御覽》卷八百六十一）

槐市

槐市，在華嶽西北谷。〔一〕楊震講授學徒成市〔二〕，其處多槐，故號焉。（《記纂淵海》卷一○○。又見《古今合璧事類備要》前集卷三十三，文字稍異。）

〔校記〕

〔一〕「槐市」二句，《古今合璧事類備要》作「華嶽西北谷有槐市」。

〔二〕「楊震」上，《古今合璧事類備要》有「云」字。

華山三峰

其上有三峰，直上晴霽，可睹三峰、蓮華、松檜、毛女也。（《施注蘇詩》卷二）

王玄仲

王玄仲欲登蓮花峰，約寺僧到峰頂，當起煙爲信。翌日持火而登，僧候之數，果有煙起，留二旬乃下。僧問之，云：「峰頂有池，菡萏盛開，可愛其中，又有破鐵舟存焉。」（《古今合璧事類備要》前集卷五）

《外國圖》 佚名

《外國圖》，作者佚名，史志未著錄。其佚文較早見於《水經注》。

亶洲

亶洲，去琅邪萬里。(《史記·秦始皇本紀》張守節正義)

君子國

君子之國，多木槿之華，人民食之。去琅瑘三萬里。(《藝文類聚》卷八十九)

另存文字簡潔者，附於下：

去琅邪三萬里。(《後漢書·東夷列傳》李賢等注)

君子之國多木菫之花，人民食之。(《齊民要術》卷十)

蒙雙民

高陽氏有同產而爲夫婦者。帝怒，放之，於是相抱而死。有神鳥，以不死竹覆之。七年，男女皆活，同頸異頭，共身，四足，是爲蒙雙民。(《齊民要術》卷十)

崑崙之墟

從大晉國正西七萬里，得崑崙之墟，諸仙居之。(《水經注》卷一)

員丘、蕭丘、青丘、神丘

員丘之上有不死樹，食之乃壽；有赤泉，飲之不老。蕭丘多大風，無人民，群犬居之。青丘之民食穀，衣野絲，去琅瑘萬三千里。神丘有火穴，其光照千里，去琅瑘三萬里。(《太平御覽》卷五十三)

另存文字有異者，錄於下：

圓丘有不死樹，食之乃壽。有赤泉，飲之不老。有大蛇，多爲人害，不可得居。帝遊圓丘，以雌黃精厭大蛇。(《太平御覽》卷九百三十四)

另存文字簡潔者，附於下：

圓丘有不死樹，食之乃壽。(《文選·遊仙詩七首》李善注)

員丘有赤泉，飲之不老。（《文選・雜體詩三十首》李善注。又見《太平御覽》卷七十）

神丘有火穴，其光照千里，去琅邪三萬里。（《太平御覽》卷五十四）

楊山

楊山，丹蛇居之，去九疑五萬里。（《文選・樂府八首》李善注）

大秦

從隅巨北有國，名大秦〔一〕。其種長大身，丈五六尺〔二〕。（《通典》卷一百九十三。又見《太平寰宇記》卷一百八十四，文字稍異。）

〔校記〕

〔一〕「名」上，《太平寰宇記》有「亦」字。

〔二〕「丈」上，《太平寰宇記》有「身」字。

另存文字差異較大者，錄於下：

大秦國人，長一丈五尺，猨臂長脇〔一〕，好騎駱駝。（《法苑珠林》卷八。又見《重修廣韻》卷二、《太平御覽》卷三百七十七，文字稍異。）

〔校記〕

〔一〕此句，《重修廣韻》無。

另存文字簡潔者，附於下：

大秦國人長脅。（《太平御覽》卷三百七十一）

僬僥國

僬僥國人，長尺六寸〔一〕，迎風則偃，背風則伏，眉目具足，但野宿；一曰僬僥，長三尺。其國草木，夏死而多生，去九疑三萬里。（《法苑珠林》卷八。又見《太平御覽》卷三百七十八，文字稍異。）

〔校記〕

〔一〕此句，《太平御覽》作「長一尺六寸」。

另存文字有異者，錄於下：

僬僥民，善沒游，善捕鷲鳥。其草木夏死而多生，去九疑三萬里。（《太平御覽》七百九十）

從啖水，南曰僬僥。其人長尺六寸，一曰迎風則偃，背風則伏，不衣而野宿。（《太平御覽》七百九十）瑕

蛇丘

蛇丘有眾蛇居其上。(《北堂書鈔》卷一百五十七)

青丘之民

青丘之民，食穀，衣野絲。(《北堂書鈔》卷一百五十七)

藏路之民、丁零之民、納民、無繼民、自民、蕭民

藏路之民，地寒穴居，冬食草根，去朔方萬二千里。丁零之民，地寒穴居，食禽鼠肉。神丘有火穴，其光照千里，去瑯琊三萬里。納民、無繼民，並穴居，食土，無夫婦，死則埋之，肝心不朽。自民、蕭民並穴，處日入時曙也，去玉門三萬里。(《北堂書鈔》卷一百五十八)

另存文字簡潔者，附於下：

無繼民，穴居，食土，無夫婦，死則埋之，心不朽，百年復生。去玉門四萬六千里。(《太平御覽》七百九十七)

錄民

錄民，穴居，食土，無夫婦，死則埋之，肺不朽，百二十年復生，去玉門萬一千里。(《太平御覽》七百九十七)

納民

納民，陛居，食土，無夫婦，死埋之。其肝不朽，八年復生，去玉門五萬里。(《太平御覽》七百九十七)

西王母國

西王母國前弱水中，有玉山白兔。(《太平御覽》卷三十八)

風山

風山之首，高三百里。風穴，方三十里，春風自此出也。(《太平御覽》卷五十四)

桂林、龜林

桂林地多林木，無平土，眾猴居之，無人民，去九疑四萬里。龜林地險，無平土，眾龜居之。(《太平御覽》卷五十七)

方丘

方丘之上暑濕〔一〕，生男子，三年而死。其潢水〔二〕，婦人入浴，出則乳矣，是去九疑二萬四千里〔三〕。（《太平御覽》卷三百六十。又見《太平御覽》卷三百九十五，文字稍異。）

〔校記〕

〔一〕方丘，《太平御覽》卷三百九十五作「方江」。

〔二〕此句，《太平御覽》卷三百九十五作「有黃水」。

〔三〕是，《太平御覽》卷三百九十五無。

長人國

長人國，妖六年乃生，而白首。兒則長大，乘雲而不還，龍類也。（《太平御覽》卷三百六十一）

毛民國

毛民國，出名裘，去朔方七千里。（《太平御覽》卷六百九十四）

羽民

羽民，羽飛不能遠。其人卵產，去九疑四萬里。（《太平御覽》七百九十）

三苗民

昔唐以天下授虞，有苗之君，非之苗之民，浮黑水入南海，是爲三苗民，去九疑三萬三千里。（《太平御覽》七百九十）

交脛民

交脛民長四尺。（《太平御覽》七百九十）

巫咸民

昔殷帝大戊，使巫咸禱於山河。巫咸居於此，是爲巫咸民，去南海萬千里。（《太平御覽》七百九十）

無首民

無首民，乃與帝爭。神帝斬其首，勑之此野。以乳爲目，臍爲口，去玉門三萬里。（《太平御覽》七百九十七）

《西域記》　　*釋氏*

《西域記》，釋氏撰，史志未著錄。其佚文皆出自《水經注》。

阿耨達太山

阿耨達太山，其上有大淵水，宮殿樓觀甚大焉。山即昆崙山也。（《水經注》卷一）

新頭河

新頭河經罽賓、犍越、摩訶剌諸國，而入南海是也。（《水經注》卷一）

恆曲

有恆曲之目。恆北有四國，最西頭恆曲中者是也。（《水經注》卷一）

毗舍利

毗舍利，維邪離國也。（《水經注》卷一）

僧迦扇奈揭城

恒曲中次東，有僧迦扇奈揭城，佛下三道寶階國也。（《水經注》卷一）

恒水

（迦維羅衛）城北三里恒水上，父王迎佛處，作浮圖，作父抱佛像。（《水經注》卷一）

耆闍崛山

耆闍崛山在阿耨達王舍城東北，西望其山，有兩峰雙立，相去二三里，中道鷲鳥，常居其嶺，土人號曰耆闍崛山。（《水經注》卷一）

佛樹

尼連水南注恒水，水西有佛樹，佛於此苦行，日食麋六年。西去城五里許，樹東河上，即佛入水浴處。東上岸尼拘律樹下坐脩，舍女上麋於此。於是西度水，於六年樹南貝多樹下坐，降魔得佛也。（《水經注》卷一）

瞻婆國城

恒曲次東有瞻婆國城，南有卜伕蘭池，恒水在北，佛下說戒處也。(《水經
注》卷一)

大秦

大秦，一名梨靬。(《水經注》卷一)

恒水

恒水，東流入東海。(《水經注》卷一)

河水

(黃)河自蒲昌，潛行地下，南出積石。(《水經注》卷一)

蜺羅跂禘

蜺羅跂禘出阿耨達山之北，西逕于闐國。(《水經注》卷二)

鉢吐羅越城

揵陀越王城西北有鉢吐羅越城，佛袈裟王城也。東有寺。重復尋川水，
西北十里有河步羅龍淵，佛到淵上浣衣處，浣石尙存。(《水經注》卷二)

安息國

揵陀越西，西海中有安息國。(《水經注》卷二)

伽舍羅逝

(西域)有國名伽舍羅逝。此國狹小，而總萬國之要道，無不由。(《水經
注》卷二)

河水

河水東流三千里，至于闐，屈東北流者也。(《水經注》卷二)

大水

阿耨達山西北有大水，北流注牢蘭海者也。其水北流，逕且末南山，又
北逕且末城西。國治且末城，西通精絕二千里，東去鄯善七百二十里，種五
穀。其俗略與漢同。(《水經注》卷二)

且末河

且末河東北流逕且末北，又流而左會南河，會流東逝，通爲注濱河。(《水經注》卷二)

南河

南河，自于闐東於北三千里，至鄯善入牢蘭海者也；北河自岐沙東分南河。二支北流，逕屈茨、烏夷、禪善，入牢蘭海者也。(《水經注》卷二)

佛浴床

(疏勒)國有佛浴床，赤眞檀木作之，方四尺，王於宮中供養。(《水經注》卷二)

屈茨北山

屈茨北二百里有山，夜則火光，畫日但煙，人取此山石炭，冶此山鐵，恒充三十六國用。(《水經注》卷二)

雀離大清淨

(龜茲)國北四十里，山上有寺，名雀離大清淨。(《水經注》卷二)

牢蘭海

牢蘭海東伏流龍沙堆，在屯皇東南四百里阿步干鮮卑山。(《水經注》卷二)

《西河記》　佚名

《西河記》，佚名。《隋書·經籍志》著錄：「《西河記》二卷，記張重華事，晉侍御史喻歸撰。」今存《西河記》之佚文，皆不冠作者，或爲喻歸所撰，又或爲他人者，暫輯爲一篇。

姑臧匈奴

姑臧匈奴，故曰蓋藏城也。城不方，有頭尾兩翅，名蓋鳥城。(《初學記》卷八)

西河

西河無蚕桑。婦女著碧纈裙，上加細布裳。且爲戎狄性，著紫纈襦袴，以外國色錦爲袴褶。（《太平御覽》卷八百一十四）

另存文字簡潔者，附於下：

西河無蠶桑，婦女著碧纈裙，上加細布裳。（《北堂書鈔》卷一百二十九）

西河無蚕桑，婦女以外國異色錦爲袴褶。（《太平御覽》卷六百九十五）

白雄雞

涼州罪人於市將刑。忽有一白雄雞飛於人邊，請命引頸，長鳴伏地。向吏驅之去，輒來。刺史張義免其坐。（《太平御覽》卷九百一十八）

五龍

張駿立謙光殿成，後池中水有五龍〔一〕，晝日見，移時乃滅，水通變綠色。駿即爲銅龍以猒之〔二〕。駿卒，不勝此殿。（《太平御覽》卷九百三十。又見《事類賦》卷二十八，文字稍異。）

〔校記〕
〔一〕此句，《事類賦》作「後池中有五龍」。
〔二〕爲，《事類賦》作「鑄」。

《日南傳》　佚名

《日南傳》，作者佚名。《隋書·經籍志》著錄：「《日南傳》，一卷。」其文較早爲《北堂書鈔》徵引。

南越王攻安陽

南越王尉佗攻安陽。安陽王有神人臯通，爲安陽王治神弩一張，一發萬人死，三發殺三萬人。佗退，遣太子始降安陽。安陽不知通神人，遇無道理，通去。始有姿容端美，安陽王女眉珠，悅其貌而通之。始與珠入庫盜，鋸截神弩，亡歸報佗。佗出其非意。安陽王弩折，兵挫，浮海奔竄。（《太平御覽》卷三百四十八）

另存文字簡潔者，附於下：

南越王尉他攻安陽王，有神人皋通爲安陽王治神弩一張，一發大死，三發殺三萬人。（《藝文類聚》卷六十）

南越王尉佗攻安陽王。有神人皋通爲安陽王治神弩，一發萬人死，三發殺三萬人。佗退矣。（《北堂書鈔》卷一百二十五）

金陳國

金陳國，入四月便雨，六月乃止，少有晴日。六月不雨常晴，歲歲如此。（《太平御覽》卷十一）

《林邑記》 佚名

《林邑記》，一作《林邑國記》，作者佚名。《隋書·經籍志》、《舊唐書·經籍志》、《新唐書·藝文志》皆著錄：「《林邑國記》，一卷。」佚文較早見於《水經注》。宋代後史志皆不著錄，大約亡佚於宋元之際。

仁頻

樹葉似甘焦〔一〕。（《史記·司馬相如列傳》司馬貞索隱）。又見《西溪叢語》卷下，文字稍異。）

〔校記〕

〔一〕樹，《西溪叢語》無。

楊梅

林邑山楊梅，其大如杯椀。青時極酸，既紅，味如崖蜜〔一〕，以醃酒，號「梅香酎」。非貴人重客不得飲之。（《南方草木狀》卷下。又見《樹藝篇》卷三，文字稍異。按：此則內容冠以「東方朔」）

〔校記〕

〔一〕如，《樹藝篇》無。

西捲縣

城去林邑，步道四百餘里。（《水經注》卷三十六）

區粟

其城治二水之間，三方際山，南北瞰水，東西澗浦，流湊城下，城西折十角，周圍六里一百七十步，東西度六百五十步，磚城二丈，上起磚牆一丈，開方隙孔。磚上倚板，板上五重層閣，閣上架屋，屋上架樓，樓高者七八丈，下者五六丈。城開十三門，凡宮殿南向，屋宇二千一百餘間。市居周繞，阻峭地險，故林邑兵器戰具，悉在區粟。多城壘，自林邑王范胡達始，秦餘徙民，染同夷化，日南舊風，變易俱盡。巢棲樹宿，負郭接山，榛棘蒲薄，騰林拂雲，幽煙冥緬，非生人所安。區粟建八尺表，日影度南八寸，自此影以南在日之南，故以名郡。望北辰星，落在天際。日在北，故開北戶以向日。此其大較也。（《水經注》卷三十六）

浦口

盡紘滄之徼遠，極流服之無外。地濱滄海，眾國津逕。鬱水南通壽泠，即一浦也。浦上承交趾郡南都官塞浦。（《水經注》卷三十六）

銅鼓

浦通銅鼓、外越、安定、黃岡心口，蓋藉度銅鼓，即駱越也。有銅鼓，因得其名。馬援取其鼓以鑄銅馬。（《水經注》卷三十六）

咸驩

外越、紀粟、望都，紀粟出浦陽，渡便州，至典由，渡故縣，至咸驩。咸驩屬九眞。咸驩已南，麖麂滿岡，鳴咆命疇，警嘯眕野，孔雀飛翔，蔽日籠山。渡治口，至九德。（《水經注》卷三十六）

九德

九德，九夷所極，故以名郡。郡名所置，周越裳氏之夷國。（《水經注》卷三十六）

杜慧度

義熙九年，交趾太守杜慧度造九眞水口，與林邑王范胡達戰，擒斬胡達二子，虜獲百餘人，胡達遁。五月，慧度自九眞水歷都粟浦，復襲九眞，長圍跨山，重柵斷浦，驅象前鋒，接刃城下，連日交戰，殺傷乃退。（《水經注》卷三十六）

比景縣

松原以西，鳥獸馴良，不知畏弓，寡婦孤居，散髮至老，南移之嶺，崒不逾仞，倉庚懷春於其北，翡翠熙景乎其南。雖嚶譆接響，城隔殊非，獨步難遊，俗姓塗分故也。自南陵究出於南界蠻，進得橫山。太和三年，范文侵交州，於橫山分界，度比景廟，由門浦至古戰灣。吳赤烏十一年，魏正始九年，交州與林邑於灣大戰，初失區粟也。渡盧容縣，日南郡之屬縣也。自盧容縣至無變，越烽火至比景縣，日中頭上，景當身下，與景爲比。如淳曰：故以比景名縣。（《水經注》卷三十六）

朱吾縣

渡比景至朱吾。朱吾縣浦，今之封界，〔一〕朱吾以南〔二〕，有文狼人〔三〕，野居無室宅〔四〕，依樹止宿，食生魚肉〔五〕，採香爲業，與人交市〔六〕，若上皇之民矣〔七〕。（《水經注》卷三十六。又見《太平寰宇記》卷一百七十、《太平御覽》卷一百七十二、九百八十一，文字稍異。）

〔校記〕

〔一〕以上三句，《太平寰宇記》、《太平御覽》無。

〔二〕朱吾，《太平寰宇記》、《太平御覽》卷一百七十一作「蒼梧」。

〔三〕文狼人，《太平御覽》卷一百七十一作「文郎野人」，《太平御覽》卷九百八十一作「文狼野人」。

〔四〕野，《太平御覽》無。

〔五〕此句，《太平寰宇記》作「漁食生肉」，《太平御覽》作「食生肉」。

〔六〕交市，《太平御覽》卷一百七十一作「交易」。

〔七〕此句，《太平寰宇記》作「若上皇之民」，《太平御覽》卷一百七十一作「若上皇之人」。

另存文字簡潔者，附於下：

狼野人，居無室，依樹宿止。（《初學記》卷八。又見《錦繡萬花谷》後集卷六）

林邑立國

屈都，夷也。朱吾浦內通無勞湖，無勞究水通壽泠浦。元嘉元年，交州刺史阮彌之征林邑，陽邁出婚不在，奮威將軍阮謙之領七千人，先襲區粟，已過四會，未入壽泠，三日三夜無頓止處，凝海直岸，遇風大敗。陽邁攜婚，都部伍三百許船來相救援，謙之遭風，餘數船艦，夜於壽泠浦里相遇，暗中

大戰，謙之手射陽邁柁工，船敗縱橫，昆侖單舸，接得陽邁。謙之以風溺之餘，制勝理難，自此還渡壽泠，至溫公浦。升平三年，溫放之征范佛於灣分界陰陽圻，入新羅灣，至焉下，一名阿賁浦，入彭龍灣隱避風波，即林邑之海渚。元嘉二十三年，交州刺史檀和之破區粟已，飛旆蓋海，將指典沖，於彭龍灣上鬼塔，與林邑大戰，還渡典沖、林邑入浦，令軍大進，持重故也。浦西，即林邑都也。治典沖，去海岸四十里，處荒流之徼表，國越裳之疆南，秦漢象郡之象林縣也。東濱滄海，西際徐狼，南接扶南，北連九德。後去象林，林邑之號，建國起自漢末，初平之亂，人懷異心，象林功曹姓區，有子名達，攻其縣殺令，自號為王。值世亂離，林邑遂立。後乃襲代，傳位子孫，三國鼎爭，未有所附。吳有交土，與之鄰接，進侵壽泠，以為疆界。自區達以後，國無文史，失其纂代，世數難詳，宗胤滅絕，無復種裔。外孫范熊代立，人情樂推。後熊死，子逸立。有范文，日南西卷縣夷帥范椎奴也。文為奴時，山澗牧羊，於澗水中得兩鯉魚，隱藏挾歸，規欲私食。郎知檢求，文大慚懼，起托云：「將礪石還，非為魚也。」郎至魚所，見是兩石，信之而去，文始異之。石有鐵，文入山中，就石冶鐵，鍛作兩刀，舉刀向鄣，因祝曰：鯉魚變化，冶石成刀，斫石鄣破者是有神靈，文當得此，為國君王。斫不入者，是刀無神靈。進斫石鄣，如龍淵、干將之斬蘆藁，由是人情漸附。今斫石尚在，魚刀猶存，傳國子孫，如斬蛇之劍也。椎嘗使文遠行商賈，北到上國，多所聞見。以晉愍帝建興中，南至林邑，教王范逸製造城池，繕治戎甲，經始廓略。王愛信之，使為將帥，能得眾心。文譖王諸子，或徙或奔，王乃獨立，成帝咸和六年死，無胤嗣。文迎王子於外國，海行取水，置毒椰子中，飲而殺之。遂脅國人，自立為王。取前王妻妾置高樓上，有從己者，取而納之；不從己者，絕其飲食而死。（《水經注》卷三十六）

　　另存文字簡潔者，附於下：

　　林邑王范文，先是夷奴。初牧牛洞中，得鱧魚，私將還家〔一〕，欲食之。其主檢求，文恐，因曰：「將礪石還，非魚也。」使主往看〔二〕，果是石。文知異，看石有鐵，作兩刀〔三〕。咒曰：「魚作為刀〔四〕，若斫石入者，文當為此國王。」斫，果入石，〔五〕人漸附之〔六〕。（《北堂書鈔》卷一百二十三。又見《太平御覽》卷三百四十五，文字稍異。）

〔校記〕
〔一〕家，《太平御覽》無。

〔二〕使，《太平御覽》無。

〔三〕此句，《太平御覽》作「鑄石爲兩刀」。

〔四〕此句，《太平御覽》作「魚爲刀」。

〔五〕以上二句，《太平御覽》作「斫石即入」。

〔六〕此句，《太平御覽》作「人情漸附之」。

又存文字簡潔者，附於下：

范文夷師父奴也〔一〕，以刀斫石障，如斬蘆葦，後爲國王。（《初學記》卷十九。又見《藝文類聚》卷三十五、《古今事類備要》前集卷五十四、《錦繡萬花谷》後集卷十六，文字稍異。）

〔校記〕

〔一〕父，《藝文類聚》無。

范文得鱧魚，變爲鐵。斫石如斬盧，世傳魚刀。（《太平御覽》卷九百三十七）

儋耳國

漢置九郡，儋耳與焉。民好徒跣，耳廣垂以爲飾，雖男女褻露，不以爲羞。暑褻薄日，自使人黑，積習成常，以黑爲美，《離騷》所謂玄國矣。（《水經注》卷三十六）

另存文字簡潔者，附於下：

有儋耳民，以黑爲美。（《南越筆記》卷七）

馬流

建武十九年〔一〕，馬援樹兩銅柱於象林南界〔二〕，與西屠國分，漢之南疆也〔三〕。土人以之流寓，號曰馬流，世稱漢子孫也。（《水經注》卷三十六。又見《通典》卷一百八十八、《太平寰宇記》卷一百七十六、《玉海》卷二十五、《通志》卷一百九十八、《文獻通考》卷三百三十一，文字稍異。）

〔校記〕

〔一〕此句，《通典》、《太平寰宇記》、《通志》、《文獻通考》無。

〔二〕樹，《玉海》、《文獻通考》作「植」。銅柱，《通典》作「銅枝」。枝，當爲「柱」之形訛。

〔三〕此句，《通典》作「漢之南墳」，《太平寰宇記》作「漢之南界」，《通志》作「漢之南境」，《文獻通考》作「枝之南境」。枝，當爲「漢」。此句下，《通典》、《太平寰宇記》、《玉海》、《通志》、《文獻通考》皆無。

銅柱山

銅柱山，周十里，形如倚蓋，西跨重巖，東臨大海。（《通典》卷一百八十八。又見《太平寰宇記》卷一百七十六、《通志》卷一百九十八、《文獻通考》卷三百三十一）

都官塞浦

自交趾南行，都官塞浦出焉。（《水經注》卷三十七）

黃枝洲

黃枝洲上〔一〕，戶口殷富，多明珠雜寶。（《編珠》卷三補遺。又見《初學記》卷二十七、《太平御覽》卷八〇三，文字稍異。）

〔校記〕
〔一〕黃枝洲，《初學記》作「黃枝州」，《太平御覽》作「黃被州」，被，「枝」之形訛。

上金

上金爲紫磨金，又曰揚邁金，虹玉鳳珠〔一〕。（《編珠》卷三補遺。又見《初學記》卷二十七，文字稍異。）

〔校記〕
〔一〕此句，《初學記》無。

銅屋

林邑王范文，鑄銅爲牛、銅屋行宮。（《太平御覽》卷八百一十三）

另存文字簡潔者，附於下：
林邑王范文，鑄銅屋。（《藝文類聚》卷八十四）

檳榔

檳榔樹，大圍丈餘〔一〕，高十餘丈〔二〕。皮似青桐，節如桂竹，下本不大，上末不小，調直亭亭，千萬若一，〔三〕森秀無柯〔四〕。端頂有葉，葉似甘蕉，條浤開破。仰望沙沙〔五〕，如活蔉蕉於竹杪〔六〕，風至獨動，似舉羽扇之掃天。〔七〕葉下繫數房，房綴十數子〔八〕。家有數百樹，雲疎如墜繩也〔九〕。（《太平御覽》卷九百七十一。又見《齊民要術》卷十、《藝文類聚》卷八十七，文字稍異。）

〔校記〕
〔一〕此句，《齊民要術》、《藝文類聚》無。
〔二〕此句，《齊民要術》作「高丈餘」。

〔三〕「下本不大」四句，《齊民要術》、《藝文類聚》無。

〔四〕「森秀」上，《齊民要術》、《藝文類聚》有「下」。

〔五〕沙沙，《藝文類聚》作「眇眇」。

〔六〕滷藜，《藝文類聚》作「錪叢」。

〔七〕「葉似甘蕉」六句，《齊民要術》無。

〔八〕十數子，《齊民要術》、《藝文類聚》作「數十子」。

〔九〕此句，《齊民要術》、《藝文類聚》無。

林邑王

林邑俗謂上金爲紫磨金。夷俗謂上金爲楊邁金。〔一〕初范楊邁母懷身，夢人鋪楊邁金席，〔二〕與其生兒，兒落席上〔三〕，金色光起，昭晰艷燿。〔四〕及其生也，名曰楊邁。後襲王位，能得人情。〔五〕（《太平御覽》卷三百九十八。又見《北堂書鈔》卷一百三十三、《太平廣記》卷二百七十六，文字有異。）

〔校記〕

〔一〕以上二句，《北堂書鈔》無，《太平廣記》作「林邑謂紫磨金爲上金，俗謂之楊邁金」。

〔二〕以上二句，《北堂書鈔》作「林邑王范楊邁，其母懷之，夢人鋪枏邁金席」，《太平廣記》作「范邁母夢人鋪楊邁金席」。

〔三〕此句，《北堂書鈔》作「兒生，落地席上」，《太平廣記》作「兒生席」。

〔四〕以上二句，《北堂書鈔》作「金光照耀」，《太平廣記》作「色昭晰」。《北堂書鈔》引至此句。

〔五〕以上四句，《太平廣記》作「後因生兒，名曰楊邁，爲林邑王」。

琉璃蘇鉝

林邑王范明達獻琉璃蘇鉝二口。（《太平御覽》卷七百六十）

金鋼指鐶

林邑王范明達獻金鋼指鐶。（《太平御覽》卷八百一十三）

金山

從林邑往金山，三十日至。遠望金山，嵯峨如赤城，照耀似天光。澗壑谷中，亦有生金形如蟲多，細者似蒼蠅，大者若蜂蟬，夜行耀熠光如螢火。（《太平御覽》卷八百一十一。按：螢，原作「瑩」，改之。）

九真郡蠶

九眞郡蠶年八熟，繭小輕薄，絲弱綿細。（《太平御覽》卷八百二十五。又見《爾雅翼》卷二十四）

播栘樹

播栘樹，柯節發根下垂，虛中森羅，望之似懸髮。（《太平御覽》卷九百六十）

由梧

由梧，堪爲屋梁柱。（《太平御覽》卷九百六十三）

九真紙

九眞俗，書樹葉爲紙。（《文房四譜》卷四。又見《事類賦》卷十五）

朱崖

朱崖人，多長髮。漢時，郡守貪殘，縛婦女，割頭取髮，由是叛亂，不復賓伏。（《太平御覽》卷三百七十三）

犀

犀行過叢林，不通便開口露齒，前向直指，棘林自開。（《太平御覽》卷八百九十）

唉䗪虫

西南界有唉䗪虫，食死人肉。豹皮覆屍，畏而不來。（《太平御覽》卷八百九十二）

靈鷲鳥

西南遠界有靈鷲鳥，能知吉凶，覰人將死，食屍肉盡乃去。家人取骨燒爲灰，投之漲海。（《太平御覽》卷九百二十六）

飛魚

飛魚，身圓，長丈餘，羽重沓，翼如胡蟬。出入群飛，遊翔翳薈而沉，則泳海底。（《太平御覽》卷九百三十九）

另存文字簡潔者，附於下：

飛魚，翼如蟬，飛則凌雲，沉泳海底。（《太平御覽》卷九百三十六）

飛魚，翼如胡蟬，沉泳海底，飛則陵雲。（《事類賦》卷二十九）

《交州外域記》 佚名

《交州外域記》，佚名，史志不著錄。其佚文皆見於《水經注》。

林邑國

從日南郡南，去到林邑國，四百餘里。（《水經注》卷三十六）

九德縣

九德縣屬九眞郡，在郡之南，與日南接。蠻盧肇居其地，死，子寶綱代，孫黨，服從吳化，定爲九德郡，又爲隸之。（《水經注》卷三十六）

越王令二使者

越王令二使者典主交趾、九眞二郡民，後漢遣伏波將軍路博德討越王，路將軍到合浦，越王令二使者，賚牛百頭，酒千鍾，及二郡民戶口名簿，詣路將軍，乃拜二使者爲交趾、九眞太守，諸雒將主民如故。（《水經注》卷三十七）

雒田

交趾昔未有郡縣之時，土地有雒田，其田從潮水上下，民墾食其田，因名爲雒民，設雒王、雒侯，主諸郡縣。縣多爲雒將，雒將銅印青綬。後蜀王子將兵三萬來討雒王、雒侯，服諸雒將，蜀王子因稱爲安陽王。後南越王尉佗舉眾攻安陽王，安陽王有神人名皋通，下輔佐，爲安陽王治神弩一張，一發殺三百人，南越王知不可戰，卻軍住武寧縣。（《水經注》卷三十七）

嬴𨛌縣

縣本交趾郡治也。（《水經注》卷三十七）

扶嚴究

交趾郡界有扶嚴究，在郡之北。隔渡一江，即是水也。（《水經注》卷三十七）

《外荒記》　佚名

　　《外荒記》，佚名。史志未著錄。今見於《太平廣記》徵引。今見佚文
1 則，其所記內容與六朝諸多《異物志》及遊歷外國之志相類，或爲六朝
時期作品。

飛涎鳥

　　南海去會稽三千里，有狗國。國中有飛涎鳥，似鼠，兩翼如鳥而腳赤。
每至曉，諸栖禽未散之前，各各占一樹，口中有涎如膠，遶樹飛。涎沾洒眾
枝葉，有他禽之至，而如網也，然乃食之。如竟午不獲，即空中逐而涎惹之，
無不中焉。人若捕得脯，治渴。其涎每布後半日即乾，自落，落即布之。（《太
平廣記》卷四百六十三）

《交州記》　姚文咸

　　《交州記》，姚文咸撰。咸，生平里籍不詳。

朝殿

　　尉佗作朝殿，以朝天子。（《太平寰宇記》一百五十七）

《三輔宮殿簿》　佚名

　　《三輔宮殿簿》，佚名，史志不著錄。今存佚文 1 則，見於《藝文類聚》。

長樂宮

　　長樂宮有臨華臺、神仙臺。（《藝文類聚》卷六十二。又見《太平御覽》卷一
百七十八、《玉海》卷一百六十二）

《河南十二縣境簿》 佚名

《河南十二縣境簿》，一作《河南十二境簿》，作者佚名，史志未著錄。其佚文較早見於《水經注》。

廣成澤

廣成澤在新城縣界黃阜。（《水經注》卷十五）

千金堨

河南縣城東十五里，有千金堨。（《水經注》卷十六）

九曲瀆

九曲瀆在河南鞏縣西，西至洛陽。（《水經注》卷十六。又見《玉海》卷二十一）

繭觀

繭觀，在廣陽門次北。（《太平寰宇記》卷三）

璽觀

在廣陽門北。（《元河南志》卷二）

晉苑

晉有平樂、鹿子、桑梓諸苑。（《初學記》卷二十四）

洛陽城西有桑梓苑。（《初學記》卷二十四）

河南縣有鹿子苑，洛陽城西有桑梓苑。（《太平御覽》卷一百九十六）

《關中圖》 佚名

《關中圖》，作者佚名，史志未著錄。其佚文較早見於《水經注》，約為魏晉作品。

風涼原

麗山之西，川中有阜，名曰風涼原，在䰟山之陰，雍州之福地。(《水經注》卷十九)

新豐原

(新豐)縣南有新豐原。(《後漢書‧郡國志》李賢等注)

《齊記》　　解道虔

《齊記》，解道虔撰。解道虔，一作解道彪，生平、里籍不詳。《太平御覽‧經史圖書綱目》載:「解道虔《齊記》。」

天齊

臨菑城南有天齊，五泉並出，有異於常，言如天之腹齊也。(《史記‧封禪書》司馬貞索隱)

另存文字差異較大者，錄於下:

臨淄城南十五里，天齊淵五泉並出，有異於常，故廟屋以同。瓦有天齊字，在齊八祠，祠天於此，故名云。(《太平御覽》卷五百二十六)

另存文字簡潔者，附於下:

齊地泉中或出，瓦上有「天齊」字。(《海錄碎事》卷三下。又見《古今合璧事類備要》卷九)

不夜城

不夜城，在陽庭東南一百二十里。淳于髡稱海童作妖，城古有日夜出見於東境，故萊子此城以不夜爲名異之。(《太平御覽》卷一百九十二)

另存文字簡潔者，附於下:

不夜城，蓋古有日夜出見於東境，故萊子立城以不夜爲名也。(《史記‧封禪書》司馬貞索隱)

石戶

巢父城北十五里石戶，聖人去轉欲閉，今裁廣數寸，窺屋裏方二丈。（《太平御覽》卷一百八十四）

濮陽王

魏黃初三年，文帝弟巒封濮陽王。臨終顧命「葬近蘧瑗之墓。吾常想其爲人，願托賢哲之靈。」（《太平御覽》卷五百五十六）

《洛陽宮殿記》　佚名

《洛陽宮殿記》，作者佚名，史志未著錄。

洛陽宮殿

宮中有林商等觀，皆雲母置窻里，日照之，煒煒有光。（《太平御覽》卷八〇八）

宮殿

魏有太極、九龍、芙蓉、九華、承光等殿。（《錦繡萬花谷》後集卷二十三）

《洺州記》　佚名

《洺州記》，作者佚名，史志未著錄。洺州，北周始置。章宗源考證其爲六朝作品。其佚文較早見於《初學記》。

百巖山

龍岡縣西北有百巖山。其山峻極，有百巖，爲名。（《太平寰宇記》卷五十九）

另存文字簡潔者，錄於下：

龍崗縣西北有百巖山。（《初學記》卷八）

干將城

城南門外有干將劍爐，及淬劍池。(《太平寰宇記》卷五十六)

另存文字有異者，附於下：

南有干將城，即干將鑄劍並爐池俱存。俗語訛爲韓子城。。(《太平寰宇記》卷五十八)

榆溪山

山有榆溪水，因以名之。(《太平寰宇記》卷五十八)

風門山

龍岡有風門山，冬夏多風。(《太平寰宇記》卷五十九)

《金陵地記》　佚名

《金陵地記》，作者佚名。今存佚文較早見於《太平御覽》。

落星樓

吳嘉禾元年，於桂林苑落星山起三重樓，名曰落星樓。(《太平御覽》卷一百七十六)

秣陵

秦始皇時，望氣者云：金陵有天子氣。乃東巡，埋金玉雜寶於鍾山，仍斷其地，更名曰秣陵。(《太平御覽》卷四十一)

蔣山

蔣山本少林木，東晉令刺史罷還都，種松百株，郡守五十株。(《太平御覽》卷四十一)

周顒

周顒，字彥倫。隱居蔣山，出爲臨海令，罷還都，欲遊舊居。孔稚珪作《北山移文》以譏之曰：「鍾山之英，草堂之靈，馳煙驛霧，勒移山庭。」(《太平御覽》卷四十一)

《城冢記》　皇甫鑒

　　《城塚記》，城，一作城，《隋志》及兩《唐志》皆不著錄。《宋史·藝文志》著錄：「《城塚記》一卷。按序，魏文帝三年，劉裕得此記。」《大清一統志》卷一九二、二○○、二一八徵引此書皆冠以「皇甫鑒」。魏文帝三年，即黃初三年。皇甫鑒大約爲三國魏時人。《太平寰宇記》徵引條目中有涉及晉代之事者，或爲後人引用時所增補。另，晁公武《郡齋讀書志》載：「《古城塚記》二卷，右唐皇甫鑒撰，記古城新築之人姓名，初不及塚，而名曰「城塚記」，未知其說。」《文獻通考·經籍考》沿此說。今存佚文內容大多記築城之人姓名，亦及塚墓。

期城

　　期城者，夏禹理水時所築。(《太平寰宇記》卷一)

陳元方祖父墓

　　大梁城東三十里、汴水北五里有黃柏山，陳元方祖父墓二十區，有碑存。(《太平寰宇記》卷一)

裘氏城

　　秦時故縣也。(《太平寰宇記》卷一)

張城

　　張城，漢高祖爲張良築，亦名張良城。(《太平寰宇記》卷一)

肥陽城

　　禹治洪水時，在肥澤之陽所築。(《太平寰宇記》卷一)

簸箕城

　　禹治水時所築。(《太平寰宇記》卷二)

鶴城

　　昔夏累養鶴於此，遂號鶴城。(《太平寰宇記》卷二)

古酸棗城

韓襄子所築。(《太平寰宇記》卷二)

新祠城

新祠者，吳王孫休相虞翻，至晉伐孫皓時，憐翻忠節，設少牢以祭，築城於亭上，因以名之。(《太平寰宇記》卷二)

虞翻墓

新城南有太尉虞翻墓。(《太平寰宇記》卷二)

陳柏先墓

漢宣帝時，中郎將、濟陽侯、荊州刺史伯先，即陳平之孫子也。(《太平寰宇記》卷二)

關龍逢墓

關龍逢葬在龜頭原左脇，高三丈。(《太平寰宇記》卷六。又見《中州雜俎》卷一)

武陰城

周武王祭南嶽，迴至汝水西野，宿於武邱。夜夢云：「築城在此，兼祭天地，可王七百年。」遂城於武邱，因名武陰。(《太平寰宇記》卷十一)

安陽城

漢高祖與項羽相守，築此城。(《太平寰宇記》卷十二)

二亳

濟陰界梁國有二亳：南亳，穀熟城；北亳，在蒙城西北，屬睢陽郡。(《太平寰宇記》卷十二)

鄴城

鄴城北有漳水，今鄴郡臨漳是也。(《太平寰宇記》卷五十八)

栢鄉故城

堯時所筑。(《太平寰宇記》卷五十九)

宣務山

堯登此山，東瞻洪水，務訪賢人。其山西三里出文石，五色錦章，山上有堯祠。（《太平寰宇記》卷五十九）

石苞墓

南皮有石苞墓。（《太平寰宇記》卷六十五）

趙簡子祠

趙簡子築北平城以拒燕，今滿城是也。其祠在城北一百步眺山下。晉永康元年立。（《太平寰宇記》卷六十七）

三臺城

燕魏二國各據一城，分易水爲界，燕築三臺，登降耀武。漢赤眉賊起兵於此，亦增築三臺。（《太平寰宇記》卷六十七）

堂陽氏

太丁侯母弟堂陽，爲堂陽氏。（《路史》卷十九）

堯臺

堯臺二所、九門，城縣所造。（《路史》卷二十）

楚邱

齊桓公築，衛文公居。僖二年所城。（《路史》卷二十八）

堂陽城

商皇太子封母弟才爲堂陽侯。在堂之陽，故名之。（《元豐九域志》附錄《新定九域志》卷二）

九門城

鮌所造也。（《元豐九域志》附錄《新定九域志》卷二）

善繉城

夏上劉繉造。（《元豐九域志》附錄《新定九域志》卷二）

市栢鄉

堯所築。（《元豐九域志》附錄《新定九域志》卷二）

堯廟

堯於此登山，東瞻（贈）洪水，訪賢人，故立廟。（《元豐九域志》附錄《新定九域志》卷二）

古徐城

周景王時大將軍徐峻造。（《元豐九域志》附錄《新定九域志》卷二）

古京陵

周宣王北伐獫狁時築。（《元豐九域志》附錄《新定九域志》卷四）

遼陽城

遼陽城，祝融所築。（《元豐九域志》附錄《新定九域志》卷四）

譙陵城

譙陵城，楚平王築，今亳州是也。（《元豐九域志》附錄《新定九域志》卷五）

苦縣

縣之瀨鄉，老君所生之地，舊有宅。今太清宮是也。（《元豐九域志》附錄《新定九域志》卷五）

存疑

以下條目不見於明代之前諸書徵引，暫存疑。

咸陽谷

秦伐趙築城，以咸陽兵戍之城近此谷，因以名之。（《永樂大典》卷五二〇二）

洛漠城

秦王翦伐趙所築，今廢。（《永樂大典》卷五二〇五）

鄴城

狄滅邢、衛，齊桓公築鄴城以衛諸侯。（《（嘉靖）彰德府志》卷二、《大事記續編》卷二十七、《漢書地理志補注》卷二十二）

屈頓城

晉武帝於堤側屈曲爲頓。（《（咸化）山西通志》卷七。《（乾隆）汾州府志》卷

二十三、《讀史方輿紀要》卷四十二、《（嘉慶）大清一統志》卷一百四十四亦存，文稍略。）

蔚州故城

謂之屈頓城。（《（乾隆）汾州府志》卷二十三、《讀史方輿紀要》卷四十二、《（嘉慶）大清一統志》卷一百四十四）

歷城縣

縣東三十里有鮑山，山下有城，鮑叔牙食邑也。（《（道光）濟南府志》卷六十三）

來城

後漢來歙所築。（《（乾隆）汾州府志》卷二十三。又見《讀史方輿紀要》卷四十二，文字稍異。）

平陶縣

平陶東南有過山。（《（乾隆）汾州府志》卷二十九）

范巨卿墓

范山在嘉祥縣南。相傳范巨卿家其下。巨卿墓在大鼎山前，距此山十里。（《古諺謠》卷三十）

南北二盧蒲城

（文安）縣西二十七里有古南北二盧蒲城。（《讀史方輿紀要》卷十一）

原南北盧蒲城在縣西二十七里，齊侯放盧蒲嫳於此。（《日下舊聞考》卷一百二十二）

樂鄉城

樂鄉城在今府治西北高齊。（《讀史方輿紀要》卷十二）

廣養城

城周五里，南有河藪。相傳，燕昭王築此城以牧馬。（《讀史方輿紀要》卷十二）

亞古城

漢景帝時，匈奴王盧它之降，封爲亞谷侯。（《讀史方輿紀要》卷十二）

英陵、甘陵

漢安帝父清河孝王慶葬處在清河縣東南三十里，謂之英陵。帝母左氏葬於縣東北角，名曰甘陵。(《讀史方輿紀要》卷十五)

東海故城

東海故城有大小二城。(《讀史方輿紀要》卷二十二)

頡羹城

縣西十里有花家城，一名竹市，其相近者曰繆家城。又西五里曰團箕城，其相近者曰霍胡城。又有桃城，在縣北三十五里。(《讀史方輿紀要》卷二十六)

大城、金牛城

(廬江)縣西南二十五里有大城，相傳曹操拒吳時築。又縣西北四十里有金牛城，在金牛山下，亦魏武駐兵處。(《讀史方輿紀要》卷二十六)

黃沙城

山一名小隴山，昔嘗置黃沙城，於此為戍守處，亦謂之龜頭城。(《讀史方輿紀要》卷二十六)

郯城

郯城在沂、沭二水間，城周十餘里，西南去邳州八十里。(《讀史方輿紀要》卷三十三、《漢書地理志補注》卷三十六)

微子城

商受封微子於此。周改封之於商邱。(《讀史方輿紀要》卷三十四)

齊康公城

(登)州東十里有齊康公城。(《讀史方輿紀要》卷三十六)

賽魚城

(鎮)州西北三十里有賽魚城。(《讀史方輿紀要》卷四十)

王官城

在虞鄉南二里。(《讀史方輿紀要》卷四十一)

商城

（臨潁）縣東北有商城，商高宗巡狩時所築。（《讀史方輿紀要》卷四十七）

始皇陵

始皇陵在（臨潼）縣東八里驪山下。驪山水泉本北流，皆陂障，使東注，北逕陵下，水積成池，謂之魚池。又山無石，取於渭北，故靡費功力最多。（《讀史方輿紀要》卷五十三）

物定倉城

下邽城東南有物定倉城。（《讀史方輿紀要》卷五十三）

漢王城

（城固）縣東十里有漢王城，高十餘丈，南北二百步，東西三百步，其東五里有韓信臺。（《讀史方輿紀要》卷五十六）

石堡城

（西和）縣南十八里有石堡城，高百丈，上有石城，城中有石井，深一丈，水色湛然。相傳昔人避難於此，開水以飲。敵欲漏其水，左右穿鑿，不見水脈。（《讀史方輿紀要》卷五十九）

巴陵城

巴陵城，魯肅所立。（《讀史方輿紀要》卷七十七、《（嘉慶）大清一統志》卷三百五十九）

古茶于城

在州東五十里。漢元朔中節侯所築。（《讀史方輿紀要》卷八十、《漢書疏證》卷三。《漢書地理志補注》卷一〇三亦存，文字稍異。）

奉國城

昔吳王夫差憾越王傷其父，進軍伐之，築壘於此。（《讀史方輿紀要》卷九十一）

農城廢縣

蒼梧西南有農城廢縣，晉置，屬蒼梧郡，劉宋初廢。（《讀史方輿紀要》卷一〇八）

魏文帝陵

魏文帝陵在首陽山南。（《三國志補注》卷一）

樂毅墓

在良鄉縣南三里。（《（嘉慶）大清一統志》卷九）

原燕廣城君樂毅墓在縣南三里。（《日下舊聞考》卷一百三十三）

堯陵

俗謂之神林，又曰神陵。粟臨陵高一百五十尺，廣二百餘步。（《（嘉慶）大清一統志》卷一百三十八）

關寶容墓

寶容，石艾人，魏冀州刺史，有武定八年紀德碑。（《（嘉慶）大清一統志》卷一百四十九）

陳留縣

秦時故縣也。（《（嘉慶）大清一統志》卷一百八十七）

丁蘭、郭巨墓

孝子丁蘭、郭巨墓，俱在沁水北岸。（《（嘉慶）大清一統志》卷二〇三）

婁師德墓

在（原武）縣東北二十里。（《（嘉慶）大清一統志》卷二〇三）

穎考叔墓

穎考叔墓在許州城北二十里。（《（嘉慶）大清一統志》卷二百一十八）

行唐故城

今縣北三十里有行唐故城。（《晉書斠注》卷一百二十三）

京陵城

平遙縣東七里有京陵城，尹吉甫北伐時所築，漢爲縣。（《漢書地理志補注》卷六）

白馬城

秦昭王逐白馬至此而臥，遂築城以擁之，故名白馬城。（《漢書地理志補注》卷十）

大梁城

大梁城，畢公高所築。（《漢書地理志補注》卷十一）

伯禽墓

伯禽墓高四丈四尺，去縣七里。（《漢書地理志補注》卷九十八）

女媧墓

女媧墓有五，其一在趙簡子城東五里。（《讀禮通考》卷八十八）

趙雲墓

南陽縣南十五里爲蜀偏將軍趙雲墓，有石碑。（《三國志注補》卷三十七）